Tobias Brocher

Psychosexuelle Grundlagen der Entwicklung

Im Auftrag des Bundesministers für Jugend, Familie und Gesundheit, herausgegeben von der Bundeszentrale für gesundheitliche Aufklärung, Köln

Leske Verlag Opladen 1971

ISBN 3-7850-0202-5

Gesamtherstellung: Dr. Friedrich Middelhauve GmbH, Opladen
Umschlaggestaltung: Hanswerner Klein, Opladen
Printed in Germany

Dr. Gerd und Else Kreyssig
in dankbarer Erinnerung
an die Jahre 1918-1933 gewidmet

Inhaltsverzeichnis

Vorwort des Herausgebers

Durch die »Empfehlungen zur Sexualerziehung« der Ständigen Konferenz der Kultusminister aus dem Jahre 1968 haben die Lehrer eine neue Aufgabe zugewiesen erhalten. Dem damit verbundenen Informationsbedürfnis standen seinerzeit nur wenige geeignete Sachbücher gegenüber. Deshalb wurden von der Bundeszentrale für gesundheitliche Aufklärung zunächst die biologischen Daten der Sexualität des Menschen in einem Atlas zusammengestellt und herausgegeben. Nach dessen Erscheinen ist in der lebhaften öffentlichen Diskussion deutlich geworden, daß über die vordringliche Sachinformation zu den biologischen Tatbeständen hinaus sowohl die psychischen Parallelen dazu, geordnet nach dem Entwicklungsablauf, als auch die sozialen Wertungen gleichrangig und im Zusammenhang vorgestellt und erörtert werden müssen.
Als erste Ergänzung zum Sexualkunde-Atlas, in der die psychosexuellen Grundlagen der Entwicklung beschrieben sind, wird hiermit eine Schrift von Prof. Brocher vorgelegt. Die Kenntnis der psychosexuellen Grundlagen ist unerläßlich für die pädagogisch richtige Einordnung der Sexualerziehung in den Gesamtablauf der Entwicklung; sie hilft zugleich Fehleinschätzungen der Erziehungssituationen vermeiden. Die Schrift ist gedacht als eine spezifische Hilfe für Lehrer, die Sexualerziehung durchführen.
Für die Darstellung und Wertung des psychischen Hintergrundes der sexuellen Entwicklung gibt es unterschiedliche Auffassungen. Anders als bei biologischen Daten weichen die Auffassungen hier stärker voneinander ab. Dieser Schwierigkeit versuchten wir dadurch zu begegnen, daß ein Autor gewählt wurde, der für die hier zur Diskussion stehenden Bereiche die wissenschaftlich am stärksten begründete Auffassung vertritt und der bereit war, seinen Textentwurf von einem Gremium von Sachverständigen der Kultusministerien und Lehrern aller Schularten kritisieren zu lassen, in dem sehr verschiedene Auffassungen zu diesem Themenbereich vertreten waren. Dieses für einen Autor ungewöhnliche Ansinnen hat einen Text entstehen lassen, in dem stärker als üblich auf abweichende Auffassungen eingegangen wurde.
Prof. Dr. med. Tobias Brocher wurde als Mitarbeiter von Prof. Alexander Mitscherlich am Sigmund-Freud-Institut in Frankfurt als Autor für diese Schrift gewonnen. Mit der Wahl eines Vertreters dieser tiefenpsychologischen Richtung ist nicht deren Installierung als alleinverbindliche Lehrmeinung beabsichtigt. Sie bedeutet hingegen wohl, daß wir dieser Auffassung einen wesentlichen Rang einräumen. Der Autor hat sich zudem als ein hervorragender Sachkenner ausgewiesen, wie auch seine Arbeit »Kritische Überlegungen zu den Problemen der Sexualerziehung«, Verlag Diesterweg, 1968, belegt.
Mit dem psychoanalytischen Denkmodell läßt sich für die Sexualpädagogik darstellen, wie die Erziehungsprobleme begründet sind, die in der Pubertät als Symptom der sexuellen Reifung allgemein bekannt sind, in anderen Formen, die sich während der gesamten Entwicklungszeit finden, jedoch häufig falsch bewertet werden. Für diesen Zusammenhang konnte die psychoanalytische Pädagogik als erste ein geschlossenes Modell vorlegen. Dieses Modell soll für die praktische Schulerziehung nutzbar gemacht werden.
Für die Mehrzahl der deutschen Pädagogen ist dieser Ansatz Neuland. Nach den uns vorliegenden Aussagen wird man jedoch gern eine gewisse Anstrengung auf sich nehmen, die erforderlich ist, um sich in die psychoanalytische Terminologie und in die ungewohnten Denkansätze einzuarbeiten. Diese Mühe verspricht eine grundlegende Klärung der eigenen Situation und eine Begründung des Standpunktes, von dem aus eine sachorientierte moderne Sexualerziehung möglich wird. Die dem Buch beigegebenen Begriffserläuterungen

werden die Einarbeitung erleichtern. Mit der Vorlage dieser Schrift soll nicht nur dem Informationsbedürfnis der Lehrer in angemessener Form entsprochen werden. Sie soll zugleich Anstoß dafür sein, die wissenschaftliche Fundierung der Sexualpädagogik stärker voranzubringen. Dazu würde eine kritische Diskussion des vorherrschenden psychoanalytischen Denkansatzes ebenfalls wesentlich beitragen.

Prof. Dr. med. *Wolfgang Fritsche*

Präsident der Bundeszentrale
für gesundheitliche Aufklärung

**Das Werk „Psychosexuelle Grundlagen der Entwicklung"
ist im Buchhandel zum Preis von DM 4,25 erhältlich.**

Vorwort

Das Thema Sexualerziehung in der Schule war in den zwanziger Jahren unter dem Einfluß mutiger Fortschritte in der Pädagogik hochaktuell. Wie vielen Erneuerungen und geistigen Bewegungen einer Epoche folgten den fortschrittlichen Bemühungen politisch-ideologisch begründete Rückentwicklungen. Erreichtes wurde aufgegeben oder verloren, der Mut zu neuen Entwicklungen schwand unter der Gleichschaltung. An den Trümmern erwies sich, wie sehr der Idealismus mißbraucht worden war. Die Wiederaufbauphase in der Bundesrepublik zwang zur Bewältigung vordringlicher wirtschaftlicher Aufgaben auch im Bereich der Schule. Schulen und Schulräume waren zunächst wichtiger.

Als in den fünfziger Jahren während der Jugendschutzwochen das Thema Sexualität und Erziehung auftauchte und in der Öffentlichkeit diskutiert wurde, erschien das vielen Menschen der älteren Generation revolutionär, wenn nicht fast anstößig.

Kirchen und Religionsgemeinschaften, Elternhaus und Schule versuchten eine Einigung herbeizuführen, wer für die »Aufklärung« zuständig sei. Erst allmählich wich der ältere Begriff »Sexualaufklärung« der Einsicht in die Notwendigkeit einer weitaus umfassenderen Geschlechtserziehung. Seither ist eine Fülle an Literatur erschienen, die je nach Standort sehr verschiedene Orientierungen aufweist.

Was heute oft als »sexuelle Revolution« bezeichnet wird, ist keineswegs neu. Es wird übersehen, daß es in den zwanziger Jahren bereits zahlreiche freiheitliche Ansätze zu einem besseren Verständnis der Sexualität in der Gesellschaft wie in der Schule gab. Auf viele der grundlegenden Schriften dieser Epoche wird heute zurückgegriffen, während andere Länder, weniger eingeengt durch Verbote, sich deren Inhalte und Erkenntnisse früher zunutze machten. Es kann kaum einem Zweifel unterliegen, daß eine der wichtigsten Entdeckungen des letzten Jahrhunderts Sigmund Freuds Forschungen über die Bedeutung der Sexualität für menschliches Fühlen, Denken und Handeln war. Siebzig Jahre internationaler Forschung auf dem Gebiet der Jugendentwicklung, insbesondere jedoch der kindlichen Sexualentwicklung, haben klinische und pädagogische Beweise für die Bedeutung dieser Faktoren in großer Zahl erbracht. Das Mißverständnis gegenüber der Psychoanalyse, ihre Diffamierung als »Pansexualismus« entstammt rassistischen Verleumdungen und politischer, antisemitischer Propaganda. Heute sollte jedoch nicht in Vergessenheit geraten, daß in Deutschland eine Zeitschrift für psychoanalytische Pädagogik begründet wurde, die bis zur Beschlagnahme im Jahre 1933 existierte. Viele Lehrer hatten damals Grundkenntnisse der neuen Wissenschaft bereits erworben und wandten sie in der Erziehung an. 70 % der Wissenschaftler dieses Gebietes verließen nach 1933, gemeinsam mit 52 % aller Wissenschaftler, unser Land. Erst allmählich beginnen verlorene Erkenntnisse und wissenschaftliche Entwicklung dieses Gebietes, unterstützt durch die Rückübersetzung wichtiger Veröffentlichungen, in das Ursprungsland zurückzukehren. Das mag erklären, warum ein Teil der Tabuierung lange – vielleicht zu lange – bestehenblieb. Sie verhinderte, Versäumtes nachzuholen.

Sexualerziehung in einer pluralistischen Gesellschaft wird viele Interpretationen finden. Sie betrifft gleichsam jedermann, denn Leben entsteht aus Sexualität. Für die Kulturentwicklung ist es von großer Bedeutung, Maßstäbe in der Erziehung zu finden, die den Kulturgehorsam ermöglichen und dennoch dem einzelnen genügend Raum zur Entfaltung seiner persönlichen Freiheit geben. Die Schule erzieht zu diesem Ziel. Ihre Beteiligung an der Entwicklung des Kindes zum Erwachsenen ist weitgehend von der Grundlage abhängig, die das Kind in den ersten sechs Lebensjahren erwirbt. Zugleich ist dem Erzieher

jedoch die Chance und die Verantwortung gegeben, in der zweiten Phase menschlicher Sexualentwicklung, in Pubertät und Adoleszenz, Reifungshilfen zu geben, die manche in der ersten Phase frühkindlicher Sexualentwicklung im Elternhaus entstandenen Irrtümer und Fehlentwicklungen korrigieren könnten.
Dazu bedarf es nicht nur »handwerklichen« Könnens, sondern genauso elementarer Kenntnisse kindlichen und jugendlichen Sexualerlebens und Verhaltens. Der Irrtum früherer »Aufklärungsmethoden« bestand in der Annahme, es genüge für die Sexualerziehung, Kenntnisse über den menschlichen Zeugungsvorgang, über den Körperbau und über die Funktion der Geschlechtsorgane zu vermitteln. Wir wissen heute, daß die menschliche Sexualität in alle anderen sozialen, ökonomischen, psychologischen und gefühlsbestimmten Beziehungen der Geschlechter verflochten ist. Es kommt darauf an, welchen Platz und welche Bedeutung wir ihr einräumen.
Soziale Verhaltensweisen sind nicht angeboren. Die Grundgesetze der Kultur müssen von jedem Menschen neu erlernt werden. Entscheidender Vermittler aller Wertvorstellungen und Haltungen einer Gesellschaft ist der Erzieher. Er lehrt in der Schule, wie die Welt zu verstehen und wie sie zu bewältigen ist. Er kann dabei die Geschlechtlichkeit des Menschen nicht übergehen. Sie hat zentrale Bedeutung für die zukünftige Identität des Kindes, als Mann oder Frau.
Der Blick in den Schulraum ergibt aus nachbarlicher Perspektive ein anderes Bild. Medizin, Anthropologie, Psychologie, Soziologie und Psychoanalyse sind jedoch Nachbarwissenschaften der Pädagogik, die gleichsam über den Zaun schauen. Nachbarn üben oft Kritik oder wollen gute Ratschläge geben, ohne selbst mitzuhelfen. Auch die Projektion eigener verleugneter Probleme auf den Nachbarn – die böse Nachrede zur Verhüllung eigener, verleugneter Fehler und Schwächen – ist uns vertraut. All dies will die vorliegende Schrift nicht.
Vielmehr ist sie eine nachbarliche Handreichung, entstanden aus einer 20jährigen engen Zusammenarbeit mit Lehrern aller Schularten an ihren alltäglichen Problemen. Die meisten Einsichten sind in diesen Gesprächen, Problemlösungen und gemeinsamen, langfristigen Beobachtungen entstanden, in denen sich die Bereicherung dieses Austausches für beide Teile erwies. Unsere besten Lehrmeister blieben jedoch die Kinder selbst, die jeden falschen, zu abstrakten Ansatz uns bei nüchterner Wirklichkeitsprüfung erkennbar werden ließen. Kindern und Jugendlichen, die in tiefer Not waren, verdanke ich die wichtigsten Einsichten in die Möglichkeiten der Sexualerziehung.
Mein Dank gilt vor allem aber auch meinen ersten Lehrern, die es mir ermöglichten, durch den pädagogischen Elan der zwanziger Jahre sehr früh mit fortschrittlichen Methoden schon als Schüler vertraut zu werden. Ohne diese erlebte Gewißheit vieler hilfreicher, ermutigender Beziehungen meiner Schulzeit wäre ich gewiß nicht in der Lage gewesen, im Laufe langer Studien die Einsichten der Psychoanalyse über die menschliche Sexualität mit den konkreten Erfahrungen der Schule zu verbinden, die ich vielen Lehrergruppen verdanke.
Freilich kann diese Schrift hier und da auch auf Mißverständnisse, Ablehnung oder Ärger treffen. Das ist unvermeidlich, denn die Reaktionen des einzelnen Menschen auf Sachverhalte der Sexualität sind je nach seiner eigenen psychosexuellen Entwicklung sehr verschieden. Jeder Lehrer weiß, daß es auch für ihn unmöglich ist, es allen recht zu machen. Es wäre viel erreicht, wenn mit der Diskussion der Sexualerziehung in der Schule das Gespräch aller an der Erziehung unserer Jugend direkt oder indirekt beteiligten Menschen eine Belebung erfährt, die uns die Frage genauer beantwortet, auf welches Ziel hin wir eigentlich heute Generationen ausbilden, die in einem anderen Jahrtausend leben werden.

Hans Zulliger, dem ich viele persönliche Erfahrungen aus der Praxis des Lehrers verdanke, trifft in einer schlichten Sprache am klarsten den Sachverhalt, auf den wir uns stets zurückbesinnen sollten:

»Kinder sind schließlich aus der Sexualität entstanden und tragen von allem Anfang ihres Lebens an Sexualität in sich. Es liegt nichts Besonderes daran, und es wäre ein Fehler der Natur, wenn es anders sein würde.«

Wir befinden uns in einem Wandlungsprozeß des gesellschaftlichen Bewußtseins, der viele, jahrhundertelang wirksame Methoden der Unterdrückung sichtbar macht. Aber es wäre eine gefährliche Illusion zu glauben, daß manche Innovation nur Freiheit brächte, ohne nicht unbewußt neue Unterdrückungen unter Umständen nur in andere Bereiche zu verschieben. Die Analyse gesellschaftlicher Macht- und Herrschaftsverhältnisse enthüllt sowohl sexuelle wie aggressive, weitgehend unbewußte Motivationen. Um so notwendiger wird eine Besinnung auf das gesellschaftliche Ziel sein, das Sexualerziehung anstrebt. Diese Grundfragen konnten in einer für die pädagogische Alltagspraxis bestimmten Schrift nur gestreift werden. Es besteht berechtigte Hoffnung, daß einschneidende Wandlungen des zeitgenössischen Problembewußtseins auch Veränderungen in der Bewertung der Sexualität zur Folge haben werden.

Pittsburgh, Pa., im Juni 1969

Sexualität und Erziehung

Jede systematische Überlegung zum Aufbau einer wirksamen Sexualerziehung wird von den Tatsachen ausgehen müssen, durch die alle Entwicklungsstadien des Menschen von den frühkindlichen Äußerungs- und Erlebnisformen der Sexualität als Triebanlage bis zur vollen körperlichen und seelischen Reife des Erwachsenen gekennzeichnet sind. Der Fehler fast aller bisherigen Methoden der »Aufklärung« oder partiellen Erziehungshilfen lag meist in der Überbewertung der biologischen oder umgekehrt der spirituellen Aspekte. Auch die Mischung beider Akzente hatte oft das Ziel, das Kind und den Heranwachsenden möglichst lange vor der Sexualiät zu »bewahren«. Die scheinbar darin enthaltene gute Absicht enthüllt sich meist schnell als eigene Befangenheit des Erwachsenen in Problemen der Sexualität, die deshalb nicht gemeistert werden konnten, weil keine ausreichende Unterweisung in der Einordnung sexueller Sachverhalte in den Vorgenerationen erfolgte. Dies kann keiner Erzieher- oder Elterngeneration heute zum Vorwurf gemacht werden, denn niemand vermag tatsächlich unbefangen weiterzugeben, was er selbst nicht klar und unbefangen empfing. Es bleibt aber in der Verantwortung jeder Erwachsenengeneration, Reste der eigenen Kindheit aufzuarbeiten, damit sie nicht beim Umgang mit Kindern und den nachfolgenden Generationen immer erneut aus der unbewältigten Verdrängung wieder aufgestört werden und so zu falschen Unterdrückungs- oder Verleugnungshaltungen führen, die schädigend auf die Jugend einwirken können.

Nun glaubt merkwürdigerweise jeder naive Laie, in Fragen der Sexualität sofort mitreden zu können, weil er sie selbst am eigenen Leibe erfahren und »irgendwie« bewältigt hat. Das verführt oft zu der Annahme, die eigene Psychologie sei zugleich die aller anderen, so daß der eigene Maßstab auch genauso gültig wäre wie die ebenso oft völlig unbewußte Forderung des Erziehers an das Kind, sich mit seinen Idealen und Normen zu identifizieren. Daraus erwächst allzu leicht ein autoritäres Gehabe. Das Kind und der Jugendliche fühlen sich dann provoziert, die Echtheit solcher Aussagen zu prüfen; also stellen sie Fragen. Diese Fragen werden oft mißverstanden, als ginge es um Aufklärung im Sinne der Beschreibung von Funktionen.

Diese kennt das Kind im allgemeinen viel früher, als der Durchschnittserwachsene annimmt, und zwar einmal aus dem Erlebnis eigener körperlicher Empfindungen und Erregungen seit frühester Kindheit, zum zweiten aus dem Vulgärvokabular der Kindersprache, das sich von den Erwachsenen her ständig tradiert [1].

Es kommt also zunächst darauf an, den Irrtum aufzugeben, das Kind sei primär »rein und unschuldig«. Abgesehen davon, daß die Kategorie »rein – unrein« die Fixierung an eine bestimmte Stufe der Sexualentwicklung verrät, stimmt die »Unschuld« nur im Sinne einer »natura naturans«, d. h. das kleine Kind erlebt bis zum Beginn seiner Reflexionsfähigkeit seine eigene und jede fremde Geschlechtlichkeit naiv wie jedes andere höhere Säugetier als eine Gegebenheit, mit der keine Schulderlebnisse verknüpft sind. Erst die Bedeutungsakzente, die mit der Sexualentwicklung im Sozialisationsprozeß durch die erziehende Umgebung gesetzt werden, können Schuldgefühle in ihm auslösen. Es unterliegt keinem Zweifel, daß die menschliche Sexualität, eben weil sie eine der relevantesten sozialen Quellen ist, von früh auf der Regulation durch Normen bedarf. Aber im Gegensatz zum Tier, das auf bestimmte angeborene Instinktschemata und »Auslöser« reagiert, muß der

[1] *Hunger, H.:* Das Sexualwissen der Jugend. München/Basel 1967. *Brückner, H.:* Das Sexualwissen unserer Jugend. VEB Berlin 1969, DVW.

Mensch die sozialen Verhaltensweisen im Umgang mit seinen Trieben erst erlernen. Das bleibt entscheidende Aufgabe der primären (Familie) und sekundären (Schulen, weiterführende Bildung) Erziehung.

Dieses Erlernen sozialen Verhaltens beginnt früh. Seine Zielsetzung sollte darin bestehen, ein relativ selbständiges Ich zur Entscheidung zwischen den Forderungen der im Laufe der Entwicklung verinnerlichten moralischen Normen einerseits und den eingeborenen Regungen und Bedürfnissen andererseits zu den verschiedensten Triebbefriedigungen zu befähigen.

Dieses Ich sollte in der Lage sein, Gleichgewichte herzustellen, die weder auf Kosten der einen noch der anderen Seite gehen, so daß nicht durch unberechtigte Überhöhung von Moral- oder Triebtendenzen das Ich unterjocht, unfrei oder abhängig wird. Das ist ein real in der Erziehung durchaus erreichbares Ziel, das keineswegs etwa nur von guten Anlagen abhängig ist. Vielmehr ist die Erreichbarkeit davon abhängig, ob von der Erziehung Triebunterdrückung oder allmähliche Triebbezähmung gefordert wird. »Triebverdrängung hat noch jedem, Triebbemeisterung noch keinem geschadet« (H. Zulliger) [2].

Die bisherige Erziehung hat weitgehend die Triebunterdrückung gefordert, ohne mit den aus der Verdrängung stets wiederkehrenden Sprengstücken nicht ausreichend integrierter Triebanteile später dann etwas anfangen zu können.

Warum ist Triebverdrängung so gefährlich? Der unterdrückte Trieb bleibt primitiv und undifferenziert. Er hat keine Chance, vom Bewußtsein kontrolliert, allmählich gemeistert und differenziert zu werden bis zu sehr hochqualifizierten sozialen Leistungen und Derivaten. So erstaunt es auch nicht, oft neben einer rein intellektuell vorzüglichen Verstandesfähigkeit völlig unentwickelte und kindlich gebliebene emotionale Reaktionen zu beobachten, an denen die mangelhaft in die Persönlichkeit integrierten aggressiven oder sexuellen Triebstrebungen der frühesten Kindheit erkennbar werden. Wir wissen jedoch heute mehr über den Menschen, als daß sich das Lehramt einfach auf die Vermittlung besonderen Fach- oder Tatsachenwissens beschränken könnte, ohne die notwendigen neuen Einsichten zu erlernen, deren Vermittlung erst dazu führt, daß diese Wissensbildung mit der Persönlichkeitsentwicklung auf eine sinnvolle und wirksame Weise verbunden wird. Diese bisher bestehende Lücke kann eine vernünftige Sexualerziehung schließen, wenn Sexualität richtig verstanden und nicht falsch eingeengt wird auf die bloße Funktion genitaler Organe. Diese Fehleinstellung ist noch weit verbreitet.

Zulliger charakterisiert dies als erfahrener Pädagoge sehr scharf: »So wie die Eltern nehmen auch die Lehrer an, ihre Schüler seien asexuell. Belehrt sie die Erfahrung eines anderen, so wird dies als ›Ausnahme‹ empfunden. Mit allen dem Lehrer verfügbaren Erziehungsmitteln wird die Sexualität der Schüler bekämpft, unterdrückt, geahndet. Die empfindlichsten Abschreckungsmaßnahmen werden benutzt, wenn an den Tag gelangt, ein Schüler habe sich ›sexuell vergangen‹. Das beliebteste Mittel, um am Glauben festhalten zu können, die Schüler seien asexuell, ist das Sich-blind-Stellen des Lehrers. Dies wird sogar von der Allgemeinheit gefordert.« [3]

Zulliger spricht aus einer 50jährigen Erfahrung als Lehrer einer schweizerischen Volksschule und als Beobachter von drei Generationen aus der kritischen Position des Kindertherapeuten. Es kann gewiß nicht der Vorwurf erhoben werden, seine Beobachtungen entstammten nicht der Praxis oder stellten ein zu kritisches Werturteil dar.

Der Generationsunterschied in der allgemeinen Einstellung zeigt sich jedoch wohl auch in

[2] In: *Giese, H., A. Willy:* Mensch – Geschlecht – Gesellschaft, Frankfurt a. M./Paris 1954. S. 304.
[3] *Zulliger, H.*, a.a.O., S. 307.

vielen Ländern an der Tatsache, daß der jüngere Lehrer bereits andere Informationsgrundlagen hat. Sie befähigen ihn meist, die von Zulliger kritisierten Irrtümer zu vermeiden, die früher entscheidend zum Fehlen der Sexualerziehung im Schulprogramm beitrugen.

Warum muß sich nun notwendigerweise eine Wandlung in diesen bisherigen Auffassungen vollziehen? Sind nur die Erlasse der Kultusministerien die Ursache? Unser Wissen über den Menschen, über seine Triebnatur und die Rolle der Sexualität wie der Angriffstriebe hat sich wesentlich erweitert. Wir wissen auch, welche gefährlich aggressiven Tendenzen sich aus einer ungenügenden Mischung dieser beiden Grundtriebe ergeben können, wenn es zur Triebentmischung, d. h. zur Abspaltung von Triebanteilen durch Verdrängung der Sexualität kommt. Die reale Welt des Jahres 2000, in der die heutigen Schüler verantwortliche Erwachsene sein werden, erfordert also eine Erziehung auf diese Zukunft hin. Dazu wird man sich kritisch mit Einstellungen und Irrtümern der Vergangenheit auseinandersetzen müssen, um neue Methoden entwickeln zu können. Dies sollte nicht als eine direkte Kritik am einzelnen Lehrer mißverstanden werden, der in seinen pädagogischen Bemühungen auf ausreichende Informationen über die Anwendung und Bedeutung neuer wissenschaftlicher Forschungsergebnisse angewiesen ist.

Einem grundsätzlichen Mißverständnis ist noch am Anfang zu begegnen: erkennen, wahrnehmen, einräumen und umgehen lernen mit Triebwünschen ist nicht gleichbedeutend mit Sexualisierung, Triebstimulierung oder grenzenloser Befriedigung und Freizügigkeit des Triebwunsches. Es besteht aber ein entscheidender Unterschied in der Erziehung zwischen dem Zwang zur Triebunterdrückung aus blinder Verleugnung natürlicher Gegebenheiten und einer allmählichen, sinnvollen, stufenweise erzieherischen Einübung von Triebaufschub, Umwegverhalten oder einer Veränderung des Triebzieles auf Grund erkannter Tatsachen über die Natur des Menschen. Es ist gewiß kein Zufall, daß die Register vieler pädagogischer Sammelwerke unseres Landes den Begriff Sexualität, Sexualentwicklung, Geschlechtlichkeit o. ä. bisher nicht enthielten. Vielmehr bestätigt dies Zulligers Feststellung, der Erzieher nehme – wenn auch zu Unrecht – an, Schüler seien asexuell.

Der neu einzuschlagende Weg in der Erziehung verursacht gewiß Ängste und Unsicherheiten, vielleicht gerade deshalb auch mitunter eine besonders forsche, »natürliche« Überkompensation, die der Sache genauso wenig gerecht werden kann. Es kommt nicht darauf an, dem Kind sexuelles Wissen aufzudrängen, also im schlechten Sinn »aufzuklären«, sondern primär sollte sich das Problembewußtsein des Erziehers um eine neue Dimension erweitern, die ihn letztlich zu seiner ursprünglichsten, legitimen Aufgabe und Bestimmung zurückführen und aus der ungeliebten Rolle des »Fachvertreters« befreien könnte. Zur Vermittlung des Weltverständnisses gehört wohl als vordringlichstes Ziel die Entwicklung eines ausreichenden Selbstverständnisses beim Kind, das ihm erst Vertrautheit und Sicherheit im Umgang mit sich selbst und mit anderen geben kann, weil jedes Identitätsbewußtsein auf der lückenlosen Kontinuität eines »Sich-seiner-selbst-bewußt-sein-Könnens« beruht. Die Gefahren der Massengesellschaft liegen in der Schwächung des persönlichen Ich durch sinnentleerende, technische Anpassungsprozesse. Das Bewußtsein der eigenen Geschlechtlichkeit ist die Basis für die intimste und dauerhafteste Bindung des Menschen in seiner sexuellen Lebenspartnerschaft. Dieser wesentlich weitere Aspekt von Sexualität, wie ihn S. Freud bereits vor 60 Jahren definiert hat, bedeutet freilich auch ein neues Selbstverständnis und eine erweiterte Fähigkeit zur Selbstwahrnehmung des Lehrers hinsichtlich seiner eigenen Wirkungen, die nicht ohne differenziertere Selbstreflexion und bessere Realitätskontrolle möglich sein werden.

Dies sollte nicht als Kränkung der Selbstliebe des Lehrers aufgefaßt werden, der gewiß im

Schulalltag Belastungen und Forderungen ausgesetzt ist, von denen sich die Allgemeinheit wenig Vorstellungen macht. Es sollte auch beim Lesen dieser Schrift nicht übersehen werden, daß der Umgang mit der Sexualität stets jene unbewußten Prozesse mobilisieren kann, die in der eigenen Kindheit der Verdrängung unterlagen, – also »vergessen« wurden. Das kann irrationale Widerstände und Gefühle aufkommen lassen. Das Literaturverzeichnis verweist deshalb auch den an diesen Problemen Interessierten auf weitere Möglichkeiten zur Information.

Gemessen an dem Bestand pädagogischer Literatur zu diesem Problemkreis ist erkennbar, daß Forschung und Lehre weitgehend im angelsächsischen Sprachraum weiterentwickelt wurden. Daraus erklärt sich die relative Lücke in der deutschsprachigen Literatur bzw. der größere Umfang mehr philosophisch-theologisch orientierter Schriften.

Die Lücke ist bedauerlich und nur durch Nachübersetzungen allmählich auszufüllen, zugleich verweist sie auf ein dringend wiedereinzubeziehendes Arbeitsfeld, das ausschließlich aus politisch-rassischen Vorurteilen ab 1933 im Bereich der Pädagogik aufgegeben werden mußte.

Um in den folgenden Ausführungen richtig verstanden zu werden und den Widerstand unbegründeter Vorurteile nach Möglichkeit zu vermeiden, soll diese Einleitung mit jener Definition der Sexualerziehung schließen, die seit über einem Jahrzehnt gemeinsame Grundlage und Präambel der amerikanischen Vereinigung für Schulgesundheitspflege ist. Sie wurde von Eltern, Lehrern, Vertretern der Kirchen, Ärzten, Psychiatern, Psychologen und Schülern gemeinsam im Komitee für Gesundheitsschutz dieser Vereinigung erarbeitet:

»Sexualerziehung ist zu unterscheiden von Sexualaufklärung und kann am deutlichsten als Charaktererziehung beschrieben werden. Sie besteht aus Unterweisungen, die ein Verständnis der physischen, geistigen, emotionalen, sozialen, ökonomischen und psychologischen Phasen der mitmenschlichen Beziehungen entwickeln, soweit sie Mann und Frau betreffen. Sie umfaßt mehr als Informationen über Anatomie und Zeugung und betont Verhaltensentwicklung und Fürsorge in den Verbindungen der Geschlechter. Sie geht davon aus, daß die menschliche Sexualität in die gesamte Lebensentwicklung als Gesundsein und Quelle schöpferischer Energie verflochten ist.«

I. Biologische Gegebenheiten der Sexualentwicklung

Eine oft übersehene Tatsache von großer Bedeutung für die Sexualerziehung besteht im zweizeitigen Ansatz der menschlichen Sexualentwicklung. Im Gegensatz zu allen höheren Säugetieren, auch den Anthropoiden, mit denen der Mensch die Triebnatur als Grundlage gemeinsam hat, entwickelt sich die menschliche Sexualität in zwei Phasen. Die erste Phase umfaßt die Strecke von der Geburt bis etwa zum 6. Lebensjahr. Sie hat ihren Höhepunkt in der Mitte des 3.–5. Lebensjahres. Die zweite Phase beginnt mit der Vorpubertät heute in den einzelnen Kulturen etwas verschieden zwischen dem 10. und 12. Lebensjahr und führt über die Pubertät (Reifungskrise) zur Adoleszenz und Maturität.

Die Wachstumsvorgänge dieser zweiten Reifungsphase werden durch die hormonalen Veränderungen ausgelöst. Die einsetzende Produktion von Sexualhormonen, gesteuert durch die Hirnanhangdrüse und das Zwischenhirn (Hypophyse, Stammhirn), bewirkt Längenwachstum und die volle Ausbildung der primären und sekundären Geschlechtsmerkmale (Keimdrüsen, Zeugungsorgane, Behaarung usw.). Diese biologische Entwicklung ist autonom. Es muß bisher als ungeklärt gelten, wieweit die Ausbildung von Hirnfunktionen und die Einübung der Sinnesorgane sowie andere physiologische Bedingungen (Ernährung, verstärkte Umweltreize) an einem früheren Eintritt der Pubertät beteiligt sind (Akzeleration). Es bestehen auch Gründe für die umgekehrte Annahme, daß es sich, verglichen mit dem früheren Eintritt der Geschlechtsreife im vorigen Jahrhundert und davor, nur um ein Kulturergebnis handelt, d. h., die sexuelle Reife aus sozialen Gründen hinausgeschoben oder verleugnet wird. Deshalb sind auch alle Altersangaben relativ. Sie variieren in den verschiedenen Kulturen nach Klima und kulturell-sozialen Normen. Was in einer westlich hochindustrialisierten Gesellschaft als Akzeleration angesehen wird, kann in einer südlichen oder orientalischen Kultur als verzögerte Geschlechtsreife erscheinen (Retardierung).

Biologisch-hormonale Vorgänge der Reifung treffen stets auf die spezifische, jeweils verschiedene soziale Reaktion der Umgebung. Erikson [4] hat daher folgerichtig das Aufschubprinzip westlicher Erziehung als »soziales Moratorium« bezeichnet, das die Gesellschaft Jugendlichen und Heranwachsenden zugesteht, um die psychosoziale Anpassung der eintretenden Geschlechtsreife an die ethisch-moralischen und sozialökonomischen Leistungsforderungen in einem verlängerten Lernprozeß zu erreichen.

Der Begriff Pubertät bezeichnet dabei die biologisch-autonome körperliche Entwicklung, während unter Adoleszenz die seelisch-geistige Integration und volle Bewältigung der mit dieser Entwicklung verbundenen Veränderungen verstanden wird. Die Pubertät ist für die Erziehung allgemein, vor allem jedoch für die Sexualerziehung und die Entwicklung der ethischen und sozialen Normen deshalb von besonderer Bedeutung, weil sich bestimmte Inhalte und seelische Erlebnisse der frühen Kindheit, d. h. der ersten Phase der Sexualentwicklung, auf einer anderen Ebene wiederholen. Das enthält die Chance, vorher entstandene Fixierungen (im Sinne von bevorzugten Wegen der Triebbefriedigung oder -verdrängung) oder Fehlentwicklungen bis zu einem gewissen Grade korrigieren zu können, aber auch die Gefahr, sie bis zur völligen Dekompensation, d. h. bis zum seelisch-geistigen Zusammenbruch, zu verstärken. Die mögliche erzieherische Hilfe in der Pubertät kann jedoch nur dann gelingen, wenn beim Erzieher ein Bewußtsein für die Bedeutung der auftauchenden Verhaltensweisen und inneren Wiederholungen frühkindlicher Erlebnisse des

[4] *Erikson, E. H.:* Kindheit und Gesellschaft, Stuttgart 1962, Klett.

Jugendlichen besteht. Die spätere Darstellung versucht daher durchgehend, die »Symptomatik« der Pubertät mit den Derivaten (Abkömmlingen) der frühkindlichen Trieb- und Sexualentwicklung zu verbinden. Das eigentliche Problem besteht darin, daß jeder Erzieher ähnliche Entwicklungen ursprünglich selbst durchlaufen hat, jedoch je nach individuellem Schicksal und Erziehungsmilieu in verschiedenem Maße selbst dabei Verdrängungen vollzog, die ihn unter Umständen problemblind machen können, weil stets seine unbewußte Abwehr auf den Plan gerufen wird. So kann es ihm widerfahren, daß er selbst sich mit dem Jugendlichen falsch identifiziert in der Annahme, dieser fühle und erlebe ähnlich oder gleich, so wie der Erzieher sein eigenes Erleben in der Erinnerung zu haben glaubt. Das verringert leicht die erforderliche Distanz, die allein eine sachlich ausreichende Wahrnehmung der unverzerrten Realität des anderen ermöglicht. So wird z. B. der heftige Affekt des Erziehers gegenüber einem Schüler ihm bei nüchterner Selbstwahrnehmung den Verdacht gegen sich selbst ermöglichen, daß hier unbewußte, verdrängte eigene Anteile von ihm selbst intensiv abgewehrt und auf den Schüler projiziert werden müssen, ohne daß diese Selbsteinsicht für ihn notwendigerweise einen Prestigeverlust darstellen müßte. Gerade für die vielfach provokativen Verhaltensweisen Pubertierender – bei einer heute oft sozial künstlich unnötig verlängerten Adoleszenz – ist diese ständige Prüfung der eigenen Affektbeteiligung sowohl im Sinne zu großer Zuneigung wie Abneigung notwendig, um in der Sexualerziehung wirksame erzieherische Hilfe leisten zu können [5].
Zu den biologischen Gegebenheiten gehört auch der Antagonismus (Gegenläufigkeit) des Sexualtriebes und der Aggressionstriebe. Sexualität wird im folgenden verstanden als Lebenskraft schlechthin, als die Fähigkeit zur lustvollen (libidinösen) Besetzung von Objekten, seien diese belebt oder unbelebt. In diesem Sinne ist sie Liebes- und Lebensfähigkeit des Menschen schlechthin, schöpferische Kraft, die stets aufbauenden, lebenserhaltenden Tendenzen dient, nicht nur im Sinne der Arterhaltung. Es ist zu unterscheiden zwischen Objektliebe (Objekt-Libido, d. h. auf ein konkretes Liebesobjekt – ursprünglich die Mutter – gerichtete seelische Energie) und Selbstliebe (Narzißtische Libido, d. h. auf sich selbst gerichtete seelische Energie, z. B. ursprünglich autoerotische Befriedigung in der Körpersphäre, wie etwa Fingerlutschen, Bewegungslust, Funktionslust allgemein; später auch intellektuell-geistige Funktion).
Freud hat den bildhaften Vergleich mit der Amöbe (Einzeller) verwendet, die ihr Protoplasma auf ein Objekt richten und es wieder zurückziehen kann. Ähnlich kann ein Kind (und der Erwachsene) seine seelische Energie (»Lust und Liebe«) auf ein Objekt der Außenwelt richten (Mensch, Gegenstand, Inhalt, Erlebnisquelle) oder sie von dort zurückziehen und auf sich selbst konzentrieren. Zur Unterscheidung – obwohl, strenggenommen, im zweiten Vorgang die Person sich selbst auch zum »Objekt« wird – spricht man von einer Objektbesetzung gegenüber der narzißtischen Besetzung.
Vereinfacht: Die gleiche Handlung oder Vorstellung kann zwei ganz verschiedenen Zwecken dienen, nämlich: 1. der Beziehung zu einem geliebten Objekt, die Befriedigung ermöglicht durch Besetzung des Objektes; 2. die Benutzung des Objektes zur Befriedigung der Selbstliebe, d. h. die Besetzung des Selbst mit seelischer Energie.
Jede Tätigkeit und Handlung kann in diesem Sinne sexualisierte Bedeutung bekommen. So können Lernerfolge z. B. erreicht werden a) aus Liebe zum Objekt (Mutter, Eltern,

[5] *Bittner, G.:* Emotionale Aspekte der geschlechtlichen Erziehung. In: Für eine Revision der Sexualpädagogik. München 1967. *Fenichel, O.:* Spezielle Neurosenlehre. Berlin 1931 (Darmstadt 1968). *Nunberg, H.:* Allgemeine Neurosenlehre. Bern/Stuttgart 1959. *Bally, G.:* Einführung in die Psychoanalyse. Hamburg 1961 (rde 131/32).

Lehrer, Freunde); b) als Befriedigung der Selbstliebe (Narzißtische Gratifikation, z. B. Stolz, Leistungsprämie usw.).

Dies differenziert den hochkomplexen Vorgang jeder Liebesbeziehung, für die in der Alltagssprache und in der Geschichte sehr verschiedene Begriffe gebraucht werden (Elternliebe, Kindesliebe, Eros, Agape, u. a. m.). Die hier dargestellte psychologische Theorie der Zweiteilung mit der Möglichkeit der aktiven Gefühlsbesetzung oder des Rückzuges und der Gefühlsumwendung (Inversion) unterscheidet sich im Prinzip nicht von dem biblischen Gebot: »Liebe Deinen Nächsten wie Dich selbst.« In Wirklichkeit sind beide Befriedigungsmöglichkeiten meist ineinander verschränkt, d. h., Selbstliebe und Nächstenliebe, altruistische und egoistische Zielsetzungen, Objektbesetzung und narzißtische Besetzung – in ihrer Bedeutung gleichartig – suchen einen »ökonomischen« Ausgleich.

Da die Sexualität die biologische Energiequelle dieser auf Befriedigung gerichteten Strebungen ist, wäre es falsch, die theoretische, begriffliche Trennung in Leib und Geist als konkrete Wirklichkeit anzunehmen, da beides unlösbar als Einheit ineinander verschränkt ist. In diesem Sinne ist Sexualität eben nicht nur »Sexus«, etwa gegenüber »Eros«, als sublimierte Sexualität, sondern Liebesfähigkeit als Grundlage des Menschen, die sich von der frühen Kindheit an aus den sozialen Beziehungen entwickelt.

Es hängt von der kulturellen Erziehung (Sozialisation) ab, in welchem Ausmaße diese Differenzierung und Umwandlung der ursprünglichen direkten sexuellen Impulse in andere Liebesformen gelingt (z. B. Eros, Agape, »platonische Liebe«). Letzteres sind Umschreibungen kultureller Entwicklungen, keine biologisch gegebenen Sachverhalte. Es darf dabei nicht verkannt werden, daß vielen kulturell entwickelten Liebesformen zielgehemmte und umgewandelte biologisch-sexuelle (hormonale) Impulse zugrunde liegen. Sie kommen zum Durchbruch – d. h. die anerzogene Kontrolle kann versagen –, wenn die Kulturerziehung diese biologische Eigenständigkeit unterschätzt. (Eine Überdosis künstlich zugeführter Sexualhormone kann z. B. a) einen Triebdurchbruch mit Verlust der sozialen Sexualkontrolle erzeugen, aber b) umgekehrt völlig wirkungslos bleiben – z. B. psychische Impotenz –, wenn die seelischen Hemmungs- oder Angstvorstellungen als Folgewirkungen von Störungen im Triebgleichgewicht keine aktive Objektbesetzung ermöglichen.)

So kompliziert diese Vorgänge zunächst auch erscheinen mögen, bei längerem Nachdenken ergeben sich genügend Erfahrungsbeispiele, die der Pädagoge aus der Beobachtung kennt. Für die Sexualerziehung ist das Verständnis dieser Triebzusammenhänge gerade deshalb von Bedeutung, weil der Jugendliche bei plötzlich einsetzender Hormonproduktion noch nicht über eine ausreichende Triebkontrolle verfügt, jedoch gleichzeitig bereits eine Entlastung für den beunruhigenden Triebdruck sucht.

Im Gegensatz hierzu stellen die Aggressionstriebe die Widersacher der Sexualität dar. Ursprünglich wahrscheinlich nicht primär destruktiv, können sie aus dem adgredi = Herangehen, d. h. aus der Aktivität der nichtzerstörerischen Angriffslust umschlagen in Destruktion. Man mache sich klar, daß in jedem Organismus ständig Umstrukturierungsvorgänge ablaufen, z. B. im Stoffwechsel, wobei bestehende Formen zerstört, aufgelöst und in neue überführt werden müssen. So ist z. B. der Kauvorgang als Zerkleinerung der Nahrung ein notwendiger zerstörerischer Akt, der einem sinnvollen Ziel dient, ebenso das Werkzeugverhalten der gleichen Handlung mit den Händen und Instrumenten (Messer). Werden die gleichen Werkzeuge des Organismus jedoch, etwa durch Beißen, gegen einen anderen Menschen gerichtet oder das Messer gegen den Mitmenschen gezückt, erscheint dies als aggressiver Akt mit zerstörerischer Tendenz gegenüber dem Artgenossen. Es ist leicht einzusehen, daß eine »bissige« Bemerkung nur die sozial abgemilderte, spätere, differenzierte Form der gleichen primär aggressiven Impulse sein kann. Die Erziehung soll einerseits ein ausreichendes Bewußtsein des konstruktiven Potentials der Sexualität wie der möglichen gefährlichen Destruktionstendenzen der Aggressionstriebe vermitteln. Der »Normalzustand« ist jedoch stets eine »gesunde«, individuell sehr verschiedene Mischung beider Grundtriebe, wobei aus Gründen der frühen psychosexuellen Entwicklung des Kindes die Sexualität etwas überwiegt und dadurch die gefährliche Aggression mildert, während der aggressive Anteil dieser Mischung überhaupt erst sexuelle Aktivität ermöglicht. Außer dieser gegebenen, individuell verschieden starken Triebgrundlage gibt es eine zweite wichtige biologische Tatsache, die auch immer wieder übersehen wird: die Bisexualität. Jeder Mensch entstammt der Vereinigung einer weiblichen und einer männlichen Keimzelle. Eine bestimmte Chromosomenkonstellation entscheidet über das Geschlecht, jedoch bleiben rudimentäre Anlagen des Gegengeschlechts in jedem Organismus nachweisbar [6]. Die Folgen der neueren Entdeckungen für die spätere Entwicklung werden noch erforscht. Von Bedeutung für die Sexualerziehung ist nur die Einsicht, daß sich keineswegs eine eindeutige Determiniertheit im Sinne von Mann oder Frau sofort ergibt, sondern vielmehr auf einer breiten Skala zwischen dem Extrempol Männlich und dem entgegengesetzten Pol Weiblich die definitive Geschlechtsentwicklung, soweit sie die biologischen Gegebenheiten betrifft, sich autonom vollzieht. Schaudinn und Hartmann haben früh nachgewiesen, daß sich eine weibliche Zelle gegenüber einer anderen weiblichen, jedoch mehr aktiven Zelle plötzlich passiv verhält. Desgleichen wandelt eine zuvor aktive Zelle ihr Verhalten passiv um, wenn sie auf eine stark aktive Zelle trifft. Es wäre also falsch, aktives Verhalten mit »männlich« und passives stets mit »weiblich« gleichzusetzen [7].

Nur der unerfahrene Erzieher mit falschen, vereinfachenden Vorstellungen eines Normideals kann Ärgernis nehmen an »nicht genügend männlichen« Knaben oder »burschikosen« Mädchen. Es gibt stets mädchenhafte Knaben, die sich später zu »Vollmännern« entwickeln, ebenso wie knabenhafte Mädchen, aus denen später reine Evastöchter werden. Aber – und das scheint immer wieder Grund zur Beunruhigung und zu falschen Erziehungsmaßnahmen zu sein – es gibt auch Menschen, die einen Teil ihrer ursprünglichen bisexuellen Anlage behalten. Jede Norm »männlich« oder »weiblich« ist daher eine vermeidbare Fiktion. Hinzu kommt die Tatsache, daß sowohl in der Ausprägung, Einschränkung und Diffamierung bisexueller Gegebenheiten soziale Umgebungseinflüsse wie auch bei der Triebentwicklung hemmend, fördernd oder hilfreich eingreifen können. »Die Anatomie ist das Schicksal«, sagt Freud, um die entscheidende Bedingung der psychosexuellen Entwicklung zu kennzeichnen, nämlich die Identifizierung mit den unabänderlichen Gegebenheiten der eigenen Natur. Sexualerziehung im weitesten Sinne sollte zu dieser Annahme des eigenen Geschlechts als einer positiven Hoffnung in der Zukunft verhelfen, statt den ohnehin schweren Entwicklungsweg durch autoritäre Drohung, Unterdrückung oder Ablehnung und Abschreckung noch mehr zu erschweren.

[6] Zum Nachweis der anatomischen Begründung siehe Müllersche bzw. Wolffsche Gänge, siehe ebenso Hermaphroditismus. Die frühere, genetische Auffassung, daß die Chromosomenformation das Geschlecht bestimmt, z. B. xx = weiblich, xy = männlich, ist durch die Entdeckung erweitert, daß auch andere Chromosomenformationen existieren (z. B. xxy, xyy), von denen bisexuelles Verhalten oder intersexuelle, hypo- und hypersexuelle Eigenschaften mitbestimmt sein können. Der psychologische Umwelteinfluß, sowohl im Sinne der Förderung wie der Hemmung solchen Verhaltens, ist jedoch nicht auszuschließen.

[7] *Hartmann, Max:* Autogamie bei Protisten, Archiv für Protistenkunde 1909. *Hartmann, Max:* Die Sexualität der Protisten und Thallophyten und ihre Bedeutung für eine allgemeine Theorie der Bisexualität. Zeitschrift f. indukt. Abstammungs- und Vererbungslehre, 1930. *Schaudinn, P.:* Die Befruchtung der Protozoen. In: Verh. Dtsch. Zool. Ges. 1905.

Aus diesen biologisch bedingten Triebgrundlagen entwickelt sich das menschliche Ich. Die Ich-Funktion ist eine sehr späte Errungenschaft der menschlichen Entwicklungsgeschichte. Ihre Aufgabe ist es, zwischen inneren Bedürfnissen (Triebforderungen des Es), den moralischen Forderungen der Kultur (= Gebote und Verbote des »Über-Ich« als Summe aller erlernten und in Erziehungsvorgängen erworbenen Einschränkungen und sozialen Verhaltensregeln) und den Gegebenheiten der Außenwelt (Realitätsprüfung) zu vermitteln. Diese hohe Differenzierung der Ich-Funktion bleibt wegen ihrer relativ späten Entwicklung stets anfällig für Konflikte und Versagen, so daß es in der Erziehung allgemein sehr auf eine Stärkung dieses Ich in seinem Abwehrkampf gegen die Triebe ankäme. Es läßt sich in Primitivgesellschaften beobachten, daß an Stelle einer Ausdifferenzierung von Ich-Funktionen nur eine Gruppenidentität besteht. Für das Verständnis von Pubertierenden und ihrer Tendenz des Rückzuges auf solche Gruppenformationen erleichtert die Kenntnis der relativen Ich-Schwäche oder Ich-Stärke die Entscheidung über notwendige Hilfestellungen für den einzelnen Schüler.

Um ausreichende Voraussetzungen für eine wirksame Sexualerziehung zu schaffen, bedarf es der Anerkennung des ständigen Zusammenwirkens von biologisch-autonomen, anatomischen und physiologischen Gegebenheiten und der psychosexuellen, inneren Entwicklung, die eine Anpassung an die sozial möglichen, erlaubten und relativ konfliktfreien Befriedigungen anstrebt. Das kindliche Ich ist primär schwach und unentwickelt, obgleich es mit großer Wahrscheinlichkeit autonome, bestehende Ich-Kerne gibt, etwa im Sinne bestimmter Grundfähigkeiten wie Wahrnehmung u. a. Diese Ich-Schwäche wird in der Gesamtentwicklung nur behoben durch Erprobung, d. h. durch Lernen aus der Erfahrung in Versuch und Irrtum. Darauf beruht jede richtige Erziehung, wenn sie das Endziel, nämlich die Fähigkeit zum Denken als Probehandeln, erreichen will.

Gefährdet wird das Ich stets durch die Triebe, andererseits ermöglicht nur eine gewisse Grundbefriedigung physiologischer Bedürfnisse den Fortbestand und die Entwicklung dieses Ich. Im Kampf gegen die Triebe entwickelt das Ich schon sehr früh bestimmte Abwehrmechanismen, die den späteren Charakter und das Verhalten grundlegend prägen [8]. Sinn der Erziehung in der Pubertät, vor allem Ziel einer bedachtsamen Sexualerziehung, ist der allmähliche Abbau der frühkindlichen Abwehrmechanismen zugunsten einer reiferen, auf Einsicht und Verantwortung beruhenden freien Entscheidungsfähigkeit über notwendige zulässige Triebbefriedigungen und freiwillige vorübergehende Triebverzichte oder Teilverzichte, spätere Triebaufschubbereitschaft und Sozialisierung wie Kultivierung der Triebbefriedigungsmöglichkeiten. Dieses Ziel kann nicht ohne entscheidende Vorbereitungen und sorgfältige Vorarbeit in der sog. Latenzphase [9], d. h. in der mittleren Kindheit, erreicht werden.

Unter diesem Begriff »Latenz« (Freud) wird der Abschnitt zwischen der Beendigung der ersten Phase der frühkindlichen Sexualentwicklung (etwa mit dem 6. Lebensjahr) [10] und dem Beginn der zweiten Phase in der Pubertät (in Deutschland heute zwischen 9 und 12 Jahren) verstanden. Die Bezeichnung stammt daher, daß angenommen wird, der Sexualtrieb sei nur latent vorhanden. Es handelt sich aber nur um eine relative Beruhigung der Sexualneugier des Kindes, vorausgesetzt, daß die vorausgegangene »infantile Sexual-

[8] *Freud, A.:* Das Ich und die Abwehrmechanismen. Wien 1936 (Kindler Taschenb.-Ausg. München 1963).

[9] *Hartmann, H.:* Die gegenseitigen Beeinflussungen von Ich und Es. Psyche 9, 1955. *Hartmann, H.:* Ich – Psychologie und Anpassungsproblem. Psyche 14, 1960. *Zulliger, H.:* Umgang mit dem kindlichen Gewissen, Stuttgart 1952.

[10] *Spitz, René:* Das erste Lebensjahr, Stuttgart 1967.

forschung« zu einem konkreten Ergebnis gekommen ist. Wie später dargestellt ist, fallen große Teile des Sexualtriebes in der ersten Entwicklung der Verdrängung anheim. Das hat folgende Gründe: Der Übergang von der Zweierbeziehung (Mutter–Kind) zur Dreierbeziehung (Mutter–Kind–Vater) ist bis zum 6. Lebensjahr weitgehend vollzogen. (Siehe auch Seite 40 ff. ödipaler Konflikt.) Das Wissen um die Verschiedengeschlechtlichkeit hat bei richtiger Erziehung dem Kind Sicherheit über seine Geschlechtsidentität gegeben. Die zuvor bestehende, beunruhigende Ungewißheit – der eigentliche Anlaß kindlicher Sexualneugier – ist überwunden. Vor allem aber hat sich die Rivalität mit dem gleichgeschlechtlichen Elternteil in eine Identifizierung mit ihm umgewandelt, d. h., der Vater wird zum Vorbild des Knaben, die Mutter zum Vorbild des Mädchens. Die an die Stelle der Sexualneugier des Kindes tretende Realitätsneugier bewirkt eine größere Realitätszuwendung und höhere Lernbereitschaft. Voraussetzung ist allerdings, daß die frühere Konfliktsituation (auch Ödipalkonflikt) erfolgreich im Sinne der *geschlechtsspezifischen* Identifizierung gelöst wurde. Diese Hypothek der gelösten oder ungelösten Konflikte frühkindlicher Sexualentwicklung übernimmt der Lehrer stets unvermeidlich bereits im ersten Schuljahr. Die gesunde oder fehlgeleitete Entwicklung bestimmt dann weitgehend bis zur Pubertät die meisten Schul-Lernschwierigkeiten sowie die sozialen Anpassungsprobleme des einzelnen Schülers.

Die Zwischenphase der Latenz bis zum Beginn des zweiten Triebschubs und der biologischen Triebverstärkung in der Pubertät sollte innerhalb der Erziehung entscheidend einer wirksamen Ich-Stärkung dienen. Je besser das puberale Ich durch diese Erweiterung und Festigung seiner Fähigkeiten für die Auseinandersetzung mit der Realität und den in der Pubertät stärker werdenden Triebkräften ausgerüstet ist, desto eher kann es im Gegensatz zum schwachen, kindlichen, unrealistischen Ich der frühen Sexualentwicklung diese Krise bestehen. Entgegen der landläufigen Auffassung vieler Schulerzieher, die in der Pubertätsphase den ausschließlich entscheidenden Entwicklungsablauf sehen, scheint es notwendig, immer wieder zu betonen, daß die Unterstufe die viel wichtigeren Vorbereitungen für diese Krise enthält. Je autoritärer Unter- und Mittelstufe in der Erziehung gehandhabt werden, d. h. je abhängiger das Kind im Alter zwischen dem 6. und 12. Lebensjahr gehalten wird, desto schlechter sind die Chancen für die zweite Phase der Sexualentwicklung bis zur Maturität. Dies betrifft sowohl Stoffangebot, Erziehungsstil und erstrebte Qualifikation als auch vor allem die Einübung und Verselbständigung der Ich-Funktionen durch ausreichende Erprobungsangebote.

Jeder erfahrene Erzieher kennt die Lernbereitschaft, Helligkeit und Progressivität der mittleren Kindheit, nur wird diese Erfahrung bislang noch wenig im Zusammenhang mit der Sexualerziehung gesehen, weil diese irrtümlicherweise immer wieder auf den rein genital-sexuellen Sachverhalt reduziert wird, ohne die viel umfangreichere, spielerisch-schöpferische Möglichkeit des kindlichen Sexualtriebes wahrzunehmen, der hier schon in die rechten Bahnen gelenkt werden könnte, wenn man endlich mit dem Vorurteil aufräumen würde, Kinder seien von Natur aus asexuelle Wesen. Offenbar wird jedoch häufig nicht wahrgenommen, daß es sich um Äußerungen des Sexualtriebes handelt, die gerade der allmählichen Anpassung und Sozialisierung der Sexualität in vielerlei Symbolen dienen. Spiele und zeichnerische Produktionen dienen aber zugleich auch der Angstbewältigung und der Bannung: Der Erwachsene wird vielleicht ein an die Wand gemaltes, obszönes Vaginalsymbol anstößig empfinden, aber er macht sich meist nicht klar, daß Kinder damit eine sie beunruhigende, sexuelle Phantasie in die Außenwelt bringen, *um* ihre innere Bedrängnis zu bannen. Die oft daruntergeschriebenen Vulgärbezeichnungen signalisieren dem Lehrer nicht nur, daß solche Sexualinhalte seine Kinder in der Phantasie beschäftigen. Vielmehr zeigt dies auch, daß allmählich solche vagen Bild- und Phantasievorstellungen nun mit einer Wort- und Begriffsvorstellung verbunden werden. Auf dieser »höheren«, abstrakteren Symbolebene werden die zuvor bedrohlichen Inhalte jedoch ungefährlicher und leichter zu behandeln.

In späteren Abschnitten wird noch auf die spielerischen Formen der sexuellen Partialtriebe in kindlichen Bedürfnissen näher eingegangen (siehe Seite 22–39). Hier soll zunächst nur darauf hingewiesen werden, daß die Einordnung und Anpassung primärer sexueller und aggressiver Triebbedürfnisse in der kindlichen Entwicklung nicht willkürlich verläuft.

Erikson beschreibt die Stadien des kindlichen Sexualtriebes und ihre Zuordnung zu bestimmten psychosozialen Verhaltensweisen für die Gesamtheit des Lebensablaufes [11]. Dieser psychosexuelle Zusammenhang wird immer wieder übersehen, weil der unbewußte Ausdruck und die Bedeutung spielerischer Erprobungsversuche nicht verstanden werden. Hier liegen aber die indirekten Einwirkungsmöglichkeiten zur Vorbereitung der Sexualerziehung in der Pubertät. Den entwicklungspsychologischen Fakten wird im Stoffplan und in der Unterrichtsmethodik schon vielfach Rechnung getragen. Sicher ist der Lehrer der Grund- und Hauptschule »pädagogischer« orientiert als viele Fachlehrer der Höheren Schule. Man hat aber mitunter den Eindruck, daß der Lehrer sich grundsätzlich gegen die Annahme sträubt, Lernprozesse hätten irgend etwas mit der Sexualentwicklung des Kindes zu tun. Dieses Mißverständnis mag z. T. noch darauf beruhen, daß Sexualität allgemein negativ bewertet wird, gleichsam als Überbleibsel einer falschen und zwanghaften, viktorianischen Moral. Neugierverhalten und damit kognitive Lernprozesse – in früher Kindheit durch die Sexualneugier ausgelöst – hängen jedoch sehr eng mit der Intelligenzentwicklung zusammen. Helen Ross hat z. B. als langjährig erfahrene Lehrerin und Kindertherapeutin (ähnlich Zulliger und viele andere) in vielen Einzeluntersuchungen nachgewiesen, in welchem Umfang Leseschwierigkeiten, Zahlen- und Rechenprobleme und zahlreiche andere Schulängste oder Schulversagen damit zusammenhängen, daß ein Kind den Konflikt zwischen seiner Sexualneugier und den sekundär durch Verdrängung unbewußt sexualisierten Lernangeboten nicht lösen kann. Vielmehr bekommt der Lernstoff unbewußt sexuelle Bedeutung und muß vermieden oder abgewehrt werden. Oft sendet daher das Kind durch die Entwicklung eines Schulsymptoms ein Hilfesignal aus, weil es im Elternhaus keine Unterstützung findet. Dies wird leider noch oft mißverstanden und mit falschen Mitteln behandelt.

Alle Kindertherapeuten, die aus dem Lehrerberuf in den letzten 60 Jahren hervorgegangen sind, haben versucht, ihren eigenen Kollegen eine bessere Wahrnehmung für die Bedeutung solcher Symptome zu vermitteln. Die Sexualerziehung gelingt viel leichter, wenn der Lehrer solche symbolischen Äußerungen, Handlungen und Verhaltensweisen versteht. Sie könnten für ihn zugleich auch eine Anregung sein, im Unterricht Inhalte und Methoden zu wählen, die das Interesse und die volle Aufmerksamkeit der Kinder finden, weil sie mit deren akuten Problemen verbunden sind. Ein Beispiel hierfür gibt Zulliger 1954: »In den Lehrerbildungsanstalten werden die zukünftigen Pädagogen in Psychologie unterrichtet. Es geschieht dies heute in vermehrtem Maße und in viel weniger nur theoretischer Weise als in früheren Zeitläufen. Aber nirgends wird über die Sexualität der Jugend gelehrt. Noch ist das Sexualtabu allzu groß. Man wagt es nicht einmal, über die früh infantile Sexualität zu sprechen, worüber insbesondere die Lehrerinnen etwas wissen müßten. Denn bei den ABC-Schützen, welche sie zu unterrichten haben, äußern sich gar

[11] *Erikson, E. H.:* Lebenszyklus und Identität, Frankfurt 1963. *Brocher, T.:* Das Ich und die Anderen in Familie und Gesellschaft, Stuttgart 1966.

nicht so selten Zeichen des Wirkens der Partialtriebe, obwohl die Schülerinnen und Schüler bereits das Latenzalter erreicht haben. – Zu den Äußerungen infantiler Sexualität gehört auch, wenn Schüler z. B. den Lehrern Kreidestücke stehlen, um damit sexuelle Zeichnungen an die Abortwände zu malen. Diese Sucht ist weit verbreitet, und sehr oft werden dazu auch Blei- und Farbstifte benutzt oder die Bilder werden eingeritzt oder in die Rinde glatter Bäume eingeschnitten. Häufig wird noch ein obszönes Wort hinzugekritzelt, manchmal auch der Name eines Mädchens oder eines Kameraden. Unter sich, von Erwachsenen unkontrolliert, lieben die Schulkinder das Aussprechen verpönter Worte, welche die unteren Körperpartien, die Ausscheidungsorgane, deren Funktion und die Fäkalien bezeichnen. – Kinder sind schließlich aus der Sexualität entstanden und tragen von allem Anfang ihres Lebens an Sexualität in sich. Es liegt nichts Besonderes daran, und es wäre ein Fehler der Natur, wenn es anders sein würde. Wir müssen – wie lange noch? – immer wieder gegen die Meinung ankämpfen, das Kind bis zum Reifealter habe asexuell, rein, »unschuldig« zu sein oder es sei dies. Wer in diesem Glauben befangen ist, vermag die Kinder auf keinen Fall so zu verstehen, wie es nötig wäre, wenn er sich zum Kindererzieher aufwirft. Er ist sexuell unfrei, auch wenn er dies mit dialektischen Kunststücken wegdiskutiert oder wenn er behauptet, eine freiere Auffassung sei Barbarei und eines Pädagogen unwürdig. Würde genügt für einen Bankdirektor oder eine politische Koryphäe – der Pädagoge muß vor allem anderen menschlich sein.«[12] (Siehe Literaturverzeichnis Nr. 158, 188; englisch 87, 50.)

[12] A.a.O., 304/306.

II. Spezifische Phasen der psychosexuellen Entwicklung

1. Organisation und Struktur der Partialtriebe

Die direkte Beobachtung von Kindern in 70 Jahren psychoanalytischer Forschung ergab, daß die frühinfantile Sexualentwicklung durch eine allmähliche Koordination von sexuellen Teiltrieben (Partialtriebe) gesteuert wird. Entsprechend den später beschriebenen Entwicklungsphasen (siehe ab Seite 26) bezeichnet man als Partialtriebe orale, anale und phallische Strebungen. Die Entwicklung wird verständlich mit folgender Überlegung: Jedem Menschen stehen von Anfang an fünf Sinne zur Verfügung, die sich allmählich zu hochdifferenzierten Funktionen ausbilden. Jede Sinneswahrnehmung wird auf bestimmte Weise im Laufe der Entwicklung im Gehirn zu einer »Gestalt«. Sehen, Hören, Schmecken, Riechen und Tasten werden aber durch Umgebungsreize sofort nach der Geburt angesprochen. Der Tastsinn, das sind Haut-, Druck- und Temperaturempfindungen, erfährt die ersten Reize, die lange überwiegen. Geruch und Geschmack spielen im ersten Lebensjahr eine große Rolle bei der Ernährung und der engen Berührung mit der Mutter, aber auch in der Wahrnehmung eigener Körpergerüche. Ebenso verbindet sich Sehen und Hören zunächst nur mit dem primären Liebesobjekt, der Mutter. Diese Abhängigkeit der Triebbefriedigung des Säuglings und kleinen Kindes von der Außenwelt bestimmt durch Reizüberangebot oder Reizmangel weitgehend die Entwicklung und die Fixierungsstellen der Partialtriebe: Triebbedürfnisse, die z. B. im Übermaß erregt oder zu wenig befriedigt wurden, schaffen Fixierungspunkte im seelischen Erleben, die auch später besondere Empfindlichkeiten, Reaktionsbildungen oder Wiederholungszwänge begründen können (siehe Literaturverzeichnis Nr. 310; 312). Es handelt sich dabei um erste Vorläufer und Triebanteile, die am Ende dieser Entwicklung zum Genitalprimat führen und mit genitalen Regungen verschmelzen. Die auf bestimmte, durch die Entwicklung bedingte erogene Zonen konzentrierte, frühe Sexualität der Partialtriebe ordnet sich in dem Augenblick zu einem Gesamttrieb der Sexualität, in dem das von der Natur angelegte Zielorgan der sexuellen Bestimmung, das Genitale, erkannt und richtig zugeordnet wird.

Freilich handelt es sich dabei noch um eine kindliche Form der Sexualität, aber sie bildet sowohl hinsichtlich der Erregungsquanten wie auch der Lokalisation die Grundlage für die gesamte spätere Weiterentwicklung in der Pubertät. Zum Verständnis kindlicher Verhaltensweisen im Schulalter und in der Reifungskrise des Jugendlichen ist es notwendig, von diesen Gegebenheiten der psychosexuellen Frühentwicklung auszugehen, um keine Fehlschlüsse zu ziehen.

Nun ist Sexualität tatsächlich für keinen Menschen, auch nicht für den Erzieher, ein so neutrales Thema, daß nicht zugleich auch unbewußte Ängste und Widerstände aufgerührt würden, so sachlich und »neutral« die Fakten auch behandelt werden mögen. Die eigene Betroffenheit ist also niemals auszuschließen. Sie kann bei ruhigem Nachdenken, vor allem aber bei nüchterner Beobachtung durchaus Korrekturen anerzogener und unbewußter, der Abwehr verdrängter Triebimpulse dienender Vorurteile bewirken. Diese Bemerkung erscheint gerade deshalb notwendig, weil im Gegensatz zu anderen westlichen Nachbarn die Forschungsergebnisse der klinisch-empirischen Analyse und die konkreten Bemühungen medicopsychologisch-pädagogischer Dienste in Schulen bei uns unbekannt blieben und erst allmählich von neuem auch hierzulande begriffen werden. Die im Zuge der geistigen »Restauration« Anfang der dreißiger Jahre vollzogene radikale Wendung zu einer »völkischen« Pädagogik und Psychologie mit all ihren bedenklich realitätsfernen Idealisierungen hat mit dazu beigetragen, daß wir, gehemmt durch vielerlei Vorbehalte und Rationalisierungen, die mögliche Befreiung vom Zwang kaum wahrnahmen, dafür aber um so häufiger der Aggression anheimfielen.

Es wird deshalb notwendig sein, zunächst einmal wenigstens wohlwollend von Ergebnissen Kenntnis zu nehmen, die ursprünglich Forschern unseres eigenen Landes zu verdanken sind, jedoch durch autoritäres Verbot innerhalb der eigenen Grenzen vergessen wurden und verlorengingen, während unsere vernünftigeren Nachbarn und überseeischen Vettern in den letzten 40 Jahren sehr viel praktische Nutzanwendung aus diesen Erkenntnissen zogen. Erst allmählich erscheint die im wesentlichen englische Literatur dieses Gebietes auch wieder zum Teil in Rückübersetzungen bei uns und mischt sich mit ersten pädagogischen Arbeiten der jüngeren Generation. Diese Vorbemerkung mag es erleichtern, die unvermeidliche Tatsache hinzunehmen, daß die theoretische Konfrontation mit ubiquitären frühinfantilen Erlebnissen zugleich in manchem Leser zum Teil unbehagliche Gefühle auslöst, weil dabei unbewußte Erinnerungen auftauchen, deren emotionale Qualität sich durch die Verdrängungsschranke des Bewußtseins nicht ohne weiteres lokalisieren läßt.

Um jede Irrtumsmöglichkeit auszuschließen, seien die in unserem Kulturbereich tradierten und als »innerhalb der Norm« liegenden Liebes- und Sexualverhaltensweisen Erwachsener im Beispiel vorangestellt, um gerade daran die enge, unbewußt phasenspezifisch gebundene, psychosexuelle Entwicklung des Kindes zu verdeutlichen.

Jede Liebesregung und -werbung heterosexueller Erwachsener beginnt mit Phantasien sehr verschiedener Art über den Partner, mit denen sich auch direkte Sexualvorstellungen verbinden können. Diese werden sogar vorübergehend an die Stelle realer Beziehungen treten und sexuelle körperliche Empfindungen auslösen. Die Annäherung zweier Liebespartner besteht zunächst in Berührungen und Kontakten, die mehr oder weniger zufällig indirekt oder direkt stattfinden. Die Berührung der Haut, das Ergreifen einer Hand, des Armes, die zärtliche Berührung der Wange und zahlreiche andere Strebungen zeigen, daß Berührung, und insbesondere direkte Hautberührung, eine der Voraussetzungen für weitere und intensivere Beziehungen ist. Das entspricht durchaus der frühesten und ursprünglichsten Stufe der frühinfantilen Sexualität, in der noch keine wirkliche Objektbeziehung erlebt wird, sondern die Wärme und Nähe z. B. der Haut der Mutter als identisch mit dem eigenen Selbst vom Säugling erfahren wird.

Die nächste Stufe der Beziehung in den meisten westeuropäischen Kulturen ist der Kuß, d. h. eine orale Annäherung. Auch dies entspricht der frühinfantilen Phase oraler Sexualität, in der Säuglinge und Kleinkinder überwiegend eine Mundwelt erleben. Die folgende Stufe gilt als verpönter, ist aber nicht weniger häufig zu beobachten, z. B. an der Art, wie Liebespaare den Arm umeinanderlegen, um die Hand jeweils an der Hüfte oder etwas tiefer an der Gesäßwölbung zu verankern. Dies bleibt aus der rein anatomischen Bedingtheit im sexuellen Akt insofern auch erhalten, als der Partner in der Erregung bewußt oder unbewußt durch die Konfrontation beim Gesäß ergriffen wird. Eine der entscheidenden Entwicklungsstufen der infantilen Sexualität ist die anale Phase, benannt nach den erregenden Empfindungen und dem Interesse, das jedes Kleinkind mit dem Beginn der Reinlichkeitsgewöhnung und kurz vorher seinen Ausscheidungsöffnungen, Exkrementen und der Gesäßregion zuwendet. Das bleibt im Liebesverhalten des Erwachsenen in vielfacher Weise bestehen, insofern, als die Partialtriebe allgemein der sexuellen Vorlust des Erwachsenen dienen, die eine der ursprünglichen, vergessenen, kindlichen Entwicklung entsprechende, abgekürzte Wiederholung ist, bis die Endlust im Liebesakt durch den Orgasmus, d. h. durch die Zentrierung aller Partialtriebe auf den direkten Genitalvorgang, erreicht wird. Damit verbinden sich bei Erwachsenen selbstverständlich meist hochkomplexe, seelische Vorgänge und differenzierte, individuelle Gefühle, für die oft die persönliche Zärtlichkeit, Rücksichtnahme und seelisch-geistige Übereinstimmung eine notwendige Voraussetzung sind. Diese »Sozialisation« des Sexualtriebes enthält den ursprünglichen, gebündelten Impuls der Partialtriebe, die auf ganz verschiedene Weise mit der Ich-Entwicklung verbunden sein können. M. Balint (siehe Literaturverzeichnis Nr. 189) [13] hat mit Recht betont, daß es sich um einen natürlichen Regressionsvorgang handelt, der normalerweise auch im Dienste des Ich steht. Es kommt zur Erfüllung von symbiotischen Wünschen (Symbiose = Verschmelzung, Vereinigung), in denen die Schmerzhaftigkeit der ursprünglich am ersten Liebesobjekt erfahrenen Trennung von Ich und Objekt vorübergehend wieder aufgehoben werden soll. Dies kann jedoch nur dort erreicht werden, wo das Ich sich stark genug entwickelt hat, um sich selbst aufgeben zu können; im Sinne der Liebesfähigkeit, sich ohne Angst vor Verlust hingeben kann. Die große Bedeutung der Integration aller Partialtriebe sowie die Gefahr von Abspaltungen oder Fixierungen wird daran klarer.

Die weitere »normale« Stufe erwachsener Partnerbeziehungen ist das direkt genitale Interesse, der Wunsch nach Wahrnehmung, Berührung und Vereinigung der primären Geschlechtsorgane im Zusammenhang mit der gleichzeitigen Befriedigung der in dieses genitale Erleben mit einfließenden Partialtriebe *aller* prägenitalen psychosexuellen Entwicklungsstufen. Das entspricht der ursprünglichen Sexualneugier des Kindes in der phallischen Phase, der letzten Stufe vor der Erreichung des vollen Genitalprimats, die durch Anschauenwollen, Herzeigen und Schaulust allgemein ebenso gekennzeichnet ist wie durch die Phantasien und Symbolisierungen sowohl des Penetrierens wie des Penetriertwerdens. Viele Schulbänke, Pulte, Wirtshaustische, Bäume und Wände sprechen eine beredte Sprache, wie intensiv dieser Wunsch des Sich-Einbohrens oder Durchbohrens ist, weniger durch die Texte und Symbole als durch die daran erkennbare Gewaltsamkeit. Dies verdeutlicht zugleich die überschießende Energie des Aggressionstriebes, solange es, wie etwa beim Kind und Jugendlichen, weder zu einer vollen Vereinigung der Partialtriebe noch zu einer ausreichenden Triebmischung von Aggression und Sexualität gekommen ist, die den »Normalzustand« darstellt, wenn auch durch individuelle Verdrängungen in sehr verschiedener Verteilung. Schließlich besteht bei voll erwachsenen Partnern der Wunsch nach Dauer der Liebesbeziehung; der Partner ist nicht ohne weiteres auswechselbar. Dies entspricht genau der psychosexuellen Entwicklung des Kindes am Ende des ersten Abschnitts der Sexualentwicklung etwa im 6. Lebensjahr. Das Kind hat den Wunsch und ist durch seine bessere Realitätswahrnehmung und Unterscheidungsfähigkeit auch in der Lage, dauerhafte, innere, geschlechtsspezifische Objektbeziehungen zu seinen primären Objekten (Eltern) herzustellen, d. h., seine Beziehungen zum Vater (Brüder) sind anders als die zur Mutter (Schwestern). Die Liebesobjekte werden damit differenzierter und die Beziehung konstanter und weniger auswechselbar. (Zur Erforschung der Wirkungen von Geschwisterkonstellationen in der Familie siehe auch W. Toman [14].)

Die Triebe, vor allem der Sexualtrieb, sind grundsätzlich an verinnerlichte Objekte gebunden. Nicht mehr die in der Außenwelt real vorhandene Person allein beeinflußt Fühlen, Denken und Handeln, sondern vor allem die inneren Vorstellungsbilder dieser oder anderer Personen (Objektrepräsentanzen) bewirken diese Konstanz. Dies ist auch der

[13] *Balint, M.:* Therapeutische Regression, Urform der Liebe und die Grundstörung. Psyche 10/11, 1967.

[14] *Toman, W.:* Familienkonstellationen. *Beck*, a.a.O., 1965.

erste Schritt zur möglichen persönlichen Treue in einer Beziehung zu einer Person oder zu einem Gegenstand (Objekttreue).

Ursprünglich besitzt jedes Kind diese Objekttreue in seiner Bindung an das primäre Liebesobjekt, die Mutter. Die Enttäuschung an der Mutter und der Bruch der frühen Liebesbeziehung durch die Trennung von Ich und Objekt führt dann dazu, daß sich viele Kinder ein Übergangsobjekt suchen (transitorisches Objekt), das die verlorene Mutter repräsentiert. Dies ist z. B. einer der Gründe, weshalb Kinder lange Zeit hindurch Puppen oder geliebte Gegenstände (bis ins Erwachsenenalter) beibehalten oder über den Verlust solcher Übergangsobjekte in ungewöhnlichem Maßt erregt und traurig sein können. Daran wird die Abhängigkeit des Kindes von der Objektbeziehung sichtbar. Ein entscheidender Unterschied bestimmt jedoch später beim Erwachsenen die befriedigte Sehnsucht: Für das Kind sind diese primären Sexualobjekte, seine Eltern, unerreichbar. Diese Einsicht bewirkt, wie später darzustellen ist, den entscheidenden Schritt in der Sozialisation, die Fähigkeit zur Gewissensbildung durch Identifizierung mit dem gleichgeschlechtlichen Elternteil. Auf diesen wichtigen Schritt der kindlichen Sexualentwicklung baut die gesamte spätere Erziehung auf. Erfolgt er nicht, so werden die Erziehungsergebnisse trotz aller Bemühungen wenig Erfolg haben können. Zugleich bestimmt dieser letzte Schritt aber auch die spätere Liebesfähigkeit des Erwachsenen, von der wir in diesem Beispiel ausgingen, um die folgenden Phasen überhaupt verständlich zu machen.

Im weiteren werden die einzelnen frühkindlichen Phasen nur hinsichtlich ihrer *Bedeutung für die Sexualerziehung in der Schule* dargestellt. Es empfiehlt sich jedoch, zum besseren Verständnis wenigstens einige Kapitel der anschließend angegebenen Originalliteratur zur Ergänzung zur Kenntnis zu nehmen. Die Hinweise in den Fußnoten beziehen sich jeweils nur auf den Inhalt der betreffenden Stelle. Das am Schluß beigefügte Literaturverzeichnis enthält demgegenüber allgemein nach Gebieten geordnete Angaben; dabei ist auch Literatur aufgenommen, mit der der Verfasser nicht übereinstimmt. Überschneidungen nach Problemkreisen, Schwierigkeitsgrad, Spezialisierung und speziellen Gesichtspunkten sind unvermeidlich.

Dem an einer Weiterbildung interessierten Leser sollten jedoch auch neue Zugänge zu Grenzgebieten der Pädagogik ermöglicht werden, die zur Zeit seiner Ausbildung u. U. noch nicht zur Verfügung standen. Da der pädagogische Beruf, wie andere Berufe der Erziehung und Menschenführung, vor allem auch psychologische Selbsterkenntnis und Selbstkontrolle erfordert, ist auch Literatur einbezogen, die zu dieser Fortbildung beitragen kann. Aus zahlreichen früheren Anfragen ging hervor, daß viele Lehrerkollegien ein großes Bedürfnis nach Information und Hilfe aus den Nachbarwissenschaften haben. Die Bibliographie soll in diesem Zusammenhang gleichzeitig Anregungen für die Lehrerbibliotheken geben. (Das am Schluß der Arbeit angefügte Literaturverzeichnis enthält Angaben, die nach Schwierigkeit, Spezifität und Relevanz jeweils alphabetisch geordnet, dem Interessierten auch neue Zugänge zur Selbstwahrnehmung und zu besserem Fremdverständnis gegenüber entwicklungsschwierigen Kindern und Schülern vermitteln können.)

Die Altersangaben bei den folgenden Entwicklungsphasen könnten auf den Lehrer irritierend wirken, wenn er etwa nur auf das Alter der Schulkinder eingestellt ist. Keine dieser Phasen wird mit der Altersangabe abgeschlossen. Vielmehr handelt es sich um die frühe Formung einer Struktur, die weiterhin das ganze Leben hindurch wirksam bleibt. In gewisser Weise wiederholen sich im zweiten Abschnitt der Sexualentwicklung während Pubertät und Adoleszenz bestimmte Erlebnisse der Frühphase in anderer Form durch vorübergehende Regression. Die Kenntnis der phasenspezifischen Entwicklung ist eine Grundlage sowohl für die Beurteilung des Verhaltens von Schulkindern und ihrer psychosozialen

Entwicklung als auch allgemein für eine anthropologisch ausreichende Orientierung der Sexualerziehung[15].

Das Studium dieser Frühphasen der Sexualentwicklung wird es dem Leser jedoch dann auch ermöglichen, seine konkreten Verhaltensbeobachtungen so einzuordnen, daß ihm Struktur und Motive des einzelnen Kindes leichter verständlich werden. Da nicht alle Schulen über medicopsychologische Beratungsdienste verfügen, werden sich typische Schulschwierigkeiten und ihre psychodynamischen Zusammenhänge dann vielleicht auch besser bewältigen lassen.

2. *Die Bedeutung der oralen Entwicklungsphase*
(Alter 0 bis 2½ Jahre, überschneidend mit analer Entwicklungsphase)

Die frühesten Lusterlebnisse des Säuglings, d. h. die kindlichsten Formen der Sexualität, sind auf den Saugvorgang und den Hautkontakt zentriert. Beides entsteht aus dem unabweisbaren Nahrungsbedürfnis. Das Modell späterer Objektbeziehungen hat seine Grundlagen in der Reizspannung der Hunger- und Durstempfindungen, die durch die aufgesaugte flüssige Nahrung abklingt oder aber bei Verweigerung, Verspätung und auf bestimmte Zeiten pedantisch festgelegter Ernährung heftig frustriert wird. Diese Entwicklungsphase wird, wie alle anderen, nach der erogenen Leitzone benannt; da die Lustempfindungen und die Weltwahrnehmung zunächst durch die Mundzone erfolgt, heißt sie orale Phase (os = Mund). Die Mundzone umfaßt jedoch, in Erweiterung des Aktionsfeldes, schließlich auch die Greifbewegungen der Hände und Arme. Deshalb werden die späteren Aktivitäten der Oralität zugerechnet. Im erweiterten Sinne trifft dies jedoch für alle Einverleibungstendenzen zu, d. h., jedes intensive Bedürfnis, etwas aufzunehmen, ist in seiner Grundtendenz in diesem Sinne »oral«. Diese psychosexuelle Entwicklungsstufe wird für den späteren Lernprozeß verständlicher, wenn man die allegorischen Metaphern mit einbezieht, wie etwa das Bild des Nürnberger Trichters oder die Alltagsbemerkung, daß Schüler ein Lernangebot »immer noch nicht gefressen« (kapiert) haben.

Der Lehrer ist besonders in den frühen Jahren der Unterstufe vom innerpsychischen, subjektiven Erleben her für die meisten Schüler weit mehr in der Rolle einer nährenden Mutter, die Wissen wie Nahrung austeilt. Dies betrifft sowohl das Stoffangebot wie auch die Art des Lehrstils. Auch Rivalitäten und Identifizierungen haben hier ihre Ursache. Kennzeichen der oralen psychosexuellen Entwicklungsstufe ist das Habenwollen. Die Befriedigung umfaßt das Habenkönnen, gleichgültig, ob es sich dabei um Zuneigung, Anerkennung, Herausgehobenwerden, Zensuren oder andere interessante Inhalte handelt. Frustrierend wirkt das Nichthabenkönnen. Lernprozesse sind jedoch stets nur unter einem gewissen Ausmaß an Frustration möglich, d. h., der Zeitpunkt, das Maß und der emotionale Stil der auferlegten Versagung sollten jeweils in der Weise erfolgen, daß der einzelne Schüler sie auch bewältigen kann. Fixierungen auf der oralen Entwicklungsstufe können sich daher auf die verschiedenste Weise bemerkbar machen, keineswegs nur in verstärktem oder extrem verringertem Nahrungsbedürfnis. Vielmehr ist die schnelle oder

[15] Zu den Gefahren und pädagogisch-ideologischen Widersprüchen einseitig orientierter Sexualerziehung siehe auch insbesondere *Scarbath, H.*, L. V. Nr. 149, und *Rohde-Dachser, G.*
1. *Rohde-Dachser, Chr.:* Die Sexualerziehung Jugendlicher in kath. Kleinschriften. Ein Beitrag zur Problematik der Moraltradierung in der komplexen Gesellschaft. Inaug.-Diss. Staatsw. Fak., München 1968. Enke, Stuttgart 1970.
2. *Schwenger, H.:* Antisexuelle Propaganda, Hamburg 1969 (Rowohlt Taschenbuch).

plötzliche Kränkbarkeit, die narzißtische Überempfindlichkeit, die Neigung zur Depression und kompensatorisch hierzu die Tendenz zu extremem Herumkaspern oder submanischem Verhalten meist ein Zeichen für eine überwiegend oral bestimmte seelische Struktur. Ohne hier auf schwerwiegendere psychopathologische Zusammenhänge näher einzugehen [16], muß man sich folgendes vergegenwärtigen: Das Nichthabenkönnen erzeugt ein Verlustgefühl, das sich unbewußt mit allen zuvor erlebten oralen Frustrationen verknüpft. Die Reaktion kann sowohl in Trauer, Entmutigung, passivem Rückzug und Apathie bestehen (z. B. das stille und oft das zu brave Kind) als auch in einer aktiven Abwehrreaktion gegen den Verlust. Im letzteren Falle überwiegt die Bewegungsunruhe und Auffälligkeit (Herumkaspern), mit der das Kind Aufmerksamkeit erzwingen will. Das ist eine Verteidigungsmaßnahme gegen die Verlustdepression und zugleich eine Verleugnung: »Ich fürchte gar nichts! Ich habe gar nichts verloren – ich kann alles selbst!« Das ist nur ein Aspekt der Oralität. Selbstverständlich kann auffälliges Verhalten auch andere Triebanteile enthalten, wie z. B. Darstellungsbedürfnis (Exhibitionstendenz) als Abwehr von Einschränkungsängsten (Kastrationsangst), besonders bei Knaben (siehe auch »ödipaler Konflikt«). Es gibt ferner andere orale Akzente, wie besonders verstärktes oder völlig reduziertes Eß- oder Trinkbedürfnis, Heißhunger oder Überempfindlichkeit gegen bestimmte Speisen u. a. m. (siehe auch Literaturverzeichnis Nr. 43, 49).
Zu den spezifisch oral-aggressiven Befriedigungen des Schulalters, die sich dann mit analen und genital-phallischen Tendenzen mischen, ist z. B. das Aussprechen von Schimpfworten, Vulgärbezeichnungen für die Ausscheidungsorgane und die Fäkalien sowie die lustvollen Wortspiele mit den vom Durchschnittserwachsenen als obszön empfundenen Worten für die Geschlechtsvorgänge zu rechnen. Es ist ein Grundirrtum, anzunehmen, Schulkinder seien asexuell, und wenn Sexualität bei ihnen auftauche, seien sie abnorm. Genau das Gegenteil ist der Fall. Meist weisen Kinder, denen diese Entwicklungsphase fehlt, später erhebliche soziale Störungen auf. Alle auf der psychosexuell-oralen Entwicklungsstufe früh geschädigten Kinder sind durch erhebliche Kontaktstörungen erkennbar, die sehr lange, trotz guter Intelligenzleistungen, anhalten können. Der früheste, jedoch für die spätere, psychosoziale Entwicklung bedeutsamste Vorgang dieser Phase ist die Trennung von der Mutter und die Individuation des frühkindlichen Ich (Separation and Individuation). Der Säugling erlebt zunächst die Mutter nicht als ein von außen kommendes Objekt. Vielmehr besteht die vorgeburtliche Einheit fort, indem die nährende Brust oder Flasche als zugehörig erlebt wird. Im ersten Lebensjahr entwickelt sich dann erst die Wahrnehmung eines von außen kommenden Objektes, die aber nicht vollständig ist. Daraus entsteht dann Angst vor der Trennung und Absonderung (8-Monats-Angst, siehe R. Spitz, a.a.O.), weil die Abhängigkeit von der Wiederkehr des Objektes außerordentlich beunruhigend erlebt wird. Für den Schulerzieher hat dies insofern besondere Bedeutung, als die Isolierung eines Kindes (z. B. zur Strafe) u. U. tiefe, unbewußte Ängste aufrühren kann, die dann im Verhältnis zum Anlaß übertrieben erscheinen.
Die einfachste Möglichkeit, sich in dieses Früherlebnis und seine Auswirkungen einzufügen, bestünde in der Vorstellung, daß man als Erwachsener in einem etwa 2,50 m über dem Boden befindlichen Bett läge, ohne sich bewegen oder mit Worten verständigen zu können, während man gleichzeitig Hunger hat und sich verlassen fühlt. Man kann dies aber nicht

[16] Ein Leitfaden der Psychopathologie für Schulerzieher, direkt auf aktuelle Schulprobleme bezogen, fehlt noch. Hinweise ergeben sich aus folgenden Arbeiten: *Dührssen, A.:* Psychotherapie bei Kindern und Jugendlichen. Göttingen 1960. Zum Spezialproblem der Pubertätsmagersucht siehe auch *Thomä, H.:* Anorexia nervosa. Stutgart 1961, ferner: *Fenichel, O.:* A.a.O., S. 185 ff. (L. V. Nr. 160, 192, 215, 277, 279).

ausdrücken und wartet vergeblich auf die Rückkehr einer vertrauten und geliebten Person, mit der man sich zuvor soweit verständigen konnte, daß sie die Notsignale erkannte und half. Ähnlich, wenn auch nicht gleich, sind Beobachtungen eines Menschen, der einen Schlaganfall mit Sprechstörungen erlitten hat, eine Möglichkeit, sich vergleichend in den ursprünglichen Zustand eines Säuglings einzufühlen. Das Ausmaß der entstehenden Angst, die das Kind in diesem Trennungserlebnis beherrscht, kann sich der Erwachsene später kaum noch vergegenwärtigen.

Der Lehrer der Grundschule hat genügend Gelegenheit, z. B. am ersten Schultag, zu beobachten, welche Kinder auch später noch besonders von solchen Trennungsängsten beherrscht sind, die stets auf diese erste Entwicklungsphase zurückgehen. In solchen Fällen wird es ratsam sein, nach einiger Zeit vorsichtig zu erkunden, welche Probleme der Mutter im ersten Lebensjahr des Kindes bestanden haben könnten (z. B. Krankheit, Familienkrise, erstes Kind und ungewohnte Mutterrolle, nicht besonders erwünschtes Kind, Unsicherheit und Angst der Mutter aus anderen Gründen, u. a. m.).

Ein Kennzeichen oraler Wünsche ist das erhöhte Anlehnungsbedürfnis, mit dem man besonders bei Einzelkindern rechnen muß, die zuvor ein sehr inniges Verhältnis zur Mutter oder zu den Eltern hatten. Das Verständnis des Erziehers für die orale Sexualität entscheidet weitgehend mit über die mögliche Entwicklung. Sprechen z. B. ist in sich schon eine sehr hochbesetzte orale Befriedigung. Je mehr und je öfter das Kind selbst also in einer sich allmählich differenzierenden Form die Sprache als Mittel der Kommunikation und Verständigung erlernt und selbst anwenden kann [17], desto leichter mündet die frühkindliche psychosexuelle Entwicklung in die erwachsene Form oraler Befriedigungen ein. Man darf jedoch nicht, wie in manchen älteren Typologien, die Oralität isoliert sehen. Vielmehr verbindet sich diese frühe Entwicklungsstufe als seelische Schicht in sehr individuellen Mischungen mit den späteren, darauffolgenden Erfahrungen der analen und der phallischen Entwicklungsstufe.

3. *Die Bedeutung der analen Entwicklungsphase*

Diese Phase wird auf Grund einer spezifischen Kultur-Überempfindlichkeit meist am wenigsten verstanden, obgleich die Besichtigung vieler Schulbänke [18], die Eselsohren oder die Tintenflecke in vielen Schulheften stets deutlich Aufschluß über die hohe Befriedigungsmöglichkeit dieser Form kindlicher Sexualität geben. Die psychosexuelle anale Phase hat ihre Bezeichnung ebenfalls von der erogenen Leitzone (Anus = Afteröffnung). Ursprünglich wurde diese Bezeichnung in der Tiefenpsychologie deshalb aus dem medizinischen Vokabular gewählt, weil die Beobachtung ergab, daß alle Kinder sich in der 2. Entwicklungsphase diesem Bereich zuwenden, der natürlich die Umgebung mit umfaßt. Das Interesse des kleineren Kindes wird einerseits durch die intime Reinlichkeitspflege in den Säuglingsjahren mit der gleichzeitigen engen und intensiven, zärtlichen Zuwendung der Mutter,

[17] Vergleiche hierzu die Untersuchungen von *R.* und *A. Tausch* über die Verteilung von Lehrer- und Schüleraktivität im Unterricht der Volksschule.

[18] Hierzu vergleiche man auch die Vulgär-Graffitti am Markttor von Milet, Pergamon-Museum, Berlin; Manneken-Brunnen in Brüssel u. a. m. (Literaturhinweise hierzu in: *Christoffel, Hans:* Trieb und Kultur, Basel 1934.) Viele Kulturschöpfungen und Märcheninhalte (z. B. Esel streck dich, Dukatenmännchen, etc.) beziehen sich auf Symbolisierungen des analen, urethralen und phallischen Erlebens. Sie zeugen zugleich von der hohen Sublimierungskraft der in schöpferische, sozial akzeptable Möglichkeiten umgewandelten frühkindlichen Triebimpulse.

andererseits durch die spätere Reinlichkeitsgewöhnung direkt auf die Ausscheidungsorgane und -funktionen gelenkt. Im Laufe dieses sehr unterschiedlich verlaufenden Dialoges zwischen Mutter und Kind muß am Ende die Beherrschung der Schließmuskelfunktionen erlernt werden. Dabei erlebt das Kind zum ersten Male, daß es die Mutter seinerseits durch eine Verweigerung binden kann. Das Kind soll nämlich zu einem bestimmten Zeitpunkt und an einem bestimmten Ort seine Ausscheidungen hergeben – gleichsam als Geschenk für die Mutter –, während es zuvor rein physiologisch ohne jede Kontrolle seine Ausscheidungsvorgänge lustvoll erlebt hat. Die Reinlichkeitsgewöhnung ist daher ein nur durch Übung erreichbarer Lernprozeß für das Kind, der weitgehend von der Verständigung zwischen Mutter und Kind abhängt. Die erkennbare Alternative dieses Prozesses lautet: Hergeben oder Behalten. Das Behalten liegt in der Verfügbarkeit des Kindes, d. h., es kann aus dem Anhalten und Festhalten seiner Ausscheidungsprodukte insofern Lust gewinnen, als es die wartende und fordernde Mutter dadurch länger an sich bindet, sowohl hinsichtlich ihrer Gegenwart wie auch ihres Kontaktes, selbst wenn letzterer dann sich von der Forderung leicht in Drohung, Zank oder Strafe umwandelt. Die später erkennbare Haltbarkeit intensiver Streitbindungen beruht auf den Grunderlebnissen dieser Phase. Das Kind verhält sich häufig nach der Regel: Lieber Streit und Schläge als gar kein Interesse, keine Liebe und keine Zuwendung. Insofern wird anales Verhalten vom Kinde stets dazu benutzt, um den Erwachsenen zu binden. (Viele Erwachsene halten dies später auch noch aufrecht und sind gleichsam an der zähen Klebrigkeit ihres Kontaktes erkennbar. Es handelt sich jedoch dann meistens um erhebliche Schädigungen in der frühen Kindheit.)
Zugleich entwickeln sich jedoch beim Kinde aus diesem Entwicklungsabschnitt auch aktive und passive Aggressionsgefühle. Daher wird dieser Abschnitt gelegentlich auch als analsadistische Entwicklungsstufe bezeichnet, weil in der Phantasie des Kindes sowohl lustvolle Zerstörungswünsche auftauchen können wie umgekehrt auch von Angstlust erfüllte, vage Phantasien des Zerstörtwerdens. Viele spätere Vergewaltigungsphantasien kleiner Mädchen oder Pubertierender haben hier ihren tatsächlichen Ursprung.
Für die Schulwirklichkeit ergibt sich daraus zum Verständnis der kindlichen Sexualität folgendes: Sowohl die Produktion im Sinne etwa des braven Ablieferns zur rechten Zeit wie auch umgekehrt die Verweigerung der Produktion kann lustvoll oder unlustvoll besetzt sein, d. h., es kann für das Kind ein Vergnügen daraus entstehen oder aber sexueller Gewinn durch Angstlust. Kennzeichen der frühen analen Phase ist generell die Schmutzlust. Sie wird bekämpft durch eine Reaktionsbildung, etwa später erkennbar in übertriebener Sauberkeit oder Schmutzüberempfindlichkeit. Die Errichtung der Ekelschranke ist als normal anzusehen, jedoch ist diese keineswegs konstant, d. h., es gibt für jedes »normale« Kind ein gewisses Vergnügen am Schmutz (z. B. in Pfützen treten, mit Sand und Wasser dreckeln; Finger mit Farbe beschmieren, Tintenflecke machen, Kaugummi unter die Bank kleben usw.). Jedem Erzieher ist dieses Verhalten durchaus vertraut, obgleich er sich meistens nicht über die tieferen Motivationen klar wird. Daher wird der Ursprung auch oft übersehen, so daß falsche erzieherische Maßnahmen einsetzen. Sowohl die Schmutzlust wie auch die Schmutzüberempfindlichkeit eines Kindes sind ein Signal für eine nicht voll bewältigte psychosexuelle Entwicklungsstufe, sofern sie in der Schule auftauchen. Beide Haltungen eines Kindes bedeuten einen Kontaktwunsch gegenüber dem Lehrer. Das Kind will ausprobieren, ob es auf diese Weise mehr Zuwendung bekommen kann. Erfährt es Ablehnung, so verstärken sich diese Erscheinungen.
Ein anderer wichtiger Aspekt für die weitere Entwicklung ergibt sich aus den Zweifeln zwischen innen und außen, die im Kinde dadurch entstehen, daß es an den Ausscheidungen zum ersten Mal erlebt, daß etwas aus ihm herauskommt, das der Erwachsene ihm weg-

nimmt. Der Zweifel darüber, was damit eigentlich geschieht, vor allem aber das rätselhafte Verschwinden der als Besitz betrachteten Ausscheidungen, lösen in manchen Kindern das Gefühl des Beraubtwerdens aus. Bei Schulkindern beobachtet man sehr häufig eine Ungeduld, wenn abgegebene Arbeiten wieder zurückkommen. Kinder fragen auch sehr häufig nach dem Verbleib dieser Produktionen. In extremerem Ausmaß wird die später zu besprechende Produktionshemmung eines Kindes immer ein Signal dafür sein, daß es ursprünglich in dieser psychosexuellen Entwicklungsphase Schwierigkeiten hatte, die sich in seinem Schulverhalten abbilden.

Die notwendige Kontrolle der physiologischen Ausscheidungsfunktionen ergibt beim Kind im voraus eine höhere Achtsamkeit gegenüber den Vorsignalen der Darm- und Blasenperistaltik. Zugleich wird aber die Beherrschung dieser Funktionen auch als ein Machtzuwachs erlebt. Wir wissen vom Erwachsenen, daß der Verlust der willkürlichen Darm- und Blasenkontrolle (z. B. durch Krankheit, Bewußtseinsverlust u. a.) eines der einschneidendsten Erlebnisse für das Selbstbewußtsein darstellt. In der analen Phase können sich daher beim Kind jene Zweifel zwischen innen und außen ausbilden, die später beim Zwangscharakter etwa in vielerlei Skrupeln zum Ausdruck kommen können. Bei Schulkindern in der Vorpubertät und Adoleszenz kann man häufig das Entstehen solcher Zwänge beobachten. Entweder stellen sich religiöse Zweifel ein, die mit dem gleichzeitig als ängstlich erlebten Zwang einhergehen, z. B. fluchen zu müssen, anale Inhalte auszusprechen oder zu denken, oder es kommt direkt zu umständlichen oder kuriosen Zwangsritualen. Eines der häufigen, »normalen« Rituale ist z. B. bei Schulkindern das Vermeiden von Strichen im Muster des Straßenpflasters, Zurücklaufen bei Stolpern usw. Andere, umfangreichere Zwänge und Zwangsgedanken enthalten eine systematisierte Abwehr gegen aggressive Phantasien, die nicht bewußt werden. Ursache für die Entstehung solcher Phantasien ist neben dem frühen Fixierungspunkt jedoch vor allem die mangelhafte Vermischung von Aggression und Sexualität durch die Unterdrückung von Inhalten, die unbewußt eine sexuelle Bedeutung bekommen haben.

Drei besonders typische Schulbeispiele sollen dies erläutern:

Eine 13jährige Schülerin muß beim Klassengebet morgens unentwegt auf das Kruzifix starren und kann sich nicht von der beunruhigenden Phantasie lösen, was unter dem Lendenschurz der Figur sei. Sie fällt dann durch Zuspätkommen und Schwänzen des Morgengebetes auf. Dahinter steht eine sexualisierte Phantasie, an der aber nur die eingeengten und unterdrückten Proteste gegen eine zu prüde Erziehung zum Ausdruck kommen.

Ein Zwölfjähriger hat das Bedürfnis, in die Schweigepause des wöchentlichen Schulgottesdienstes hinein laut unflätige Worte und Flüche zu schreien. Er fällt auf durch Hinauslaufen aus der Aula und rituelles Umkreisen des auf dem Vorplatz befindlichen Springbrunnens.

Ein Unterprimaner kann seine schriftlichen Arbeiten in der Schule nur erledigen, wenn er auf einem von ihm hierzu extra präparierten Stück Pappe drei verschiedene Tintenschreiber aufgereiht und festgeklebt hat, die er aber nie benutzt. Er erregt schließlich während einer Klassenarbeit den Verdacht, unter der Pappe »Spickzettel« zu verbergen. Nähere Exploration ergibt die Zwangsidee, seine Tintenschreiber könnten von den Mädchen der Klasse zur analen Masturbation mißbraucht werden, weshalb er dies standig kontrollieren muß. Seine Intelligenz hat ihm den ersten Platz in der Klasse ermöglicht. Die Vorgeschichte ergibt eine frühe Fixierung, da seine Eltern sich ständig um seine Gesundheit, insbesondere um seine Verdauung gesorgt haben, was zu häufigen Klistieren Anlaß gab.

Diese keineswegs ungewöhnlichen Beispiele sollen nur den Umfang andeuten, der zum Verständnis solcher Erscheinungen notwendig ist. Keineswegs ergeben sich immer direkte

Zusammenhänge, da das Verhalten unbewußt bestimmt ist. Weder das schnelle Urteil »krankhaft« noch die Amüsiertheit über die Kuriosität oder erzieherischer Spott lassen das Kernproblem erkennen: die Abwehr von Triebstrebungen durch Ritualisierung, eine der bei Schulkindern häufigsten Spätwirkungen unbewältigter, früher Konflikte.
Das zuvor geschilderte koprolale Verhalten von Schulkindern (Vergnügen am Aussprechen unanständiger Wörter) hat zugleich auch die Bedeutung, »Schlechtes« von innen nach außen zu bringen oder andere damit zu »beschmutzen« und im »Antireinlich-Sein« hohe Befriedigung zu finden. Schon hier mischen sich psychosexuelle und aggressive Triebanteile deutlich.
Für die Sexualerziehung in der Schule ergibt sich daraus eine Reihe wesentlicher Aspekte, die mitberücksichtigt werden sollten, um jede objektiv falsche Einengung der psychosexuellen Realität des Kindes zu vermeiden. Die anale Phase der Kinderentwicklung wird in der allgemeinen Psychologie auch als erste Trotzperiode bezeichnet. Verneinung, Widerstand und Eigenwille beginnen sich in diesem Abschnitt zu entwickeln. Meist wird leider zu wenig berücksichtigt, daß dies wichtige Funktionen des sich formenden kindlichen Ich sind, aus denen später die Fähigkeiten zum selbständigen Handeln, zur Selbstbehauptung und zur freien Entscheidung entstehen. Bedauerlicherweise schleppt sich offenbar die grundfalsche Erziehungsregel: »Trotz muß gebrochen werden« immer noch weiter bis ins 21. Jahrhundert, wobei gleichzeitig der Mangel an Zivilcourage und Eigenständigkeit in der Erziehung häufig beklagt wird, der ein Ergebnis dieses gewaltsamen erzieherischen Vorgehens ist. Das Kind erprobt in dieser Phase die Grenzen, um sich zu orientieren. Es ist genauso falsch, einfach alles laufen zu lassen, um keine traumatischen seelischen Schäden beim Kind zu verursachen – wie dies etwa eine Zeitlang innerhalb der amerikanischen Erziehung fälschlicherweise geschah –, wie umgekehrt alles zu verbieten, einzuengen und unter Strafandrohung zu stellen. Sind die Grenzen für das Kind zu weit und zu unsicher, so wird ein normales Kind immer neue Versuche anstellen, um schließlich an dem ruhigen Nein des Erwachsenen die tatsächlichen Grenzen seiner Möglichkeiten zu erkennen. Das Kind verhält sich aber im Extrem, wenn der Erwachsene zu nachgiebig ist, so daß es mit seiner Aktion mitteilt: »Was muß ich eigentlich noch alles anstellen, damit Du Dich endlich um mich kümmerst!«
Umgekehrt wird eine zu einengende, verbietende Erziehung das Kind entweder vollständig verschüchtern, inaktiv, passiv und depressiv machen oder aber die Erfindungsgabe des Kindes erkundet sehr schnell, auf welche Weise es die tatsächlich nicht kontrollierbaren Einschränkungen heimlich umgehen kann. Die Folge wird die Entwicklung eines »analen Charakters« sein, der grundsätzlich nur dann Verpflichtungen erfüllt, wenn mit einer Strafandrohung tatsächlich zu rechnen ist, im übrigen aber grundsätzlich auf ein System von Lohn und Strafe eingestellt ist.
Der Übergang zwischen der analen und der darauf folgenden, nächsten phallischen Phase ist hauptsächlich durch eine verstärkte Sexualneugier gekennzeichnet, die heute allgemein als »frühinfantile Sexualforschung« bezeichnet wird. Obgleich anzunehmen ist, daß etwa bis zum 6. Lebensjahr, d. h. bis zur Schulreife die Bedeutung des Geschlechtsunterschiedes erkannt und vom Kind auf seine Weise in seinem Bewußtsein eingeordnet ist, muß man dennoch damit rechnen, daß Schulkinder im Erfahrungsaustausch untereinander gerade auf der Unterstufe sowohl ihr Wissen über sexuelle Zusammenhänge ergänzen als auch durch allerlei Experimente, Besichtigungen und Vorzeigen sich weiterhin infantil-sexuelle Befriedigungen verschaffen wollen, deren Ursprung in dieser Entwicklungsstufe liegt. Dies sollte in keinem Fall als »pathologisch«, krankhaft oder gar als »Untat« bewertet werden. Vielmehr gehört es zu einer umsichtigen Sexualerziehung, von vornherein damit

zu rechnen und ohne die Erzeugung von Schuldgefühlen oder unnötigen Verbotsdrohungen Schulkinder allmählich zu einem erwachseneren, reiferen Sexualverhalten zu bringen. Dies ist der eigentliche Sinn der Erziehung. Statt der Strafe für die »Untat« oder des »Abstellens« wird es stets notwendig sein, zunächst zu klären, was der wirkliche, unbewußte Anlaß für das Verhalten des Kindes ist. Gewiß ist dies mühsamer und zeitraubender, wird aber wohl der Situation mehr gerecht als jede sofortige »Maßnahme«. Dann aber wird man nicht umhinkönnen, wenn das Ereignis »öffentlich« ist, mit der Gesamtgruppe der Kinder, die davon wissen, offen darüber zu reden, ohne die betroffenen Kinder bloßzustellen. Vielmehr käme es darauf an, z. B. zu erklären, daß alle Kinder neugierig sind und gerne wissen möchten, was nun eigentlich los ist. Solche Vorkommnisse erhellen meist, daß man eben nicht nach einem festgelegten Stoffplan allein verfahren kann, sondern die in der zugebilligten pädagogischen Eigenständigkeit und Selbstverantwortlichkeit liegenden Möglichkeiten aktuell nutzen muß. Verschweigen, Übergehen oder Verteufeln des betroffenen Kindes würde unter die Abwehrreaktionen des Erziehers zu rechnen sein.
Als ein typisches Beispiel erscheint hier die mutige Haltung der jungen Lehrerin einer Landschule, die sofort, als eine Gruppe von Kindern beim »Doktorspiel« in der großen Pause von einem anderen Lehrer auf der Toilette erwischt wurde, das Thema mit den Kindern aufnahm. Sie fragte die Kinder, ob irgend jemand wüßte, wie das eigentlich bei der Zeugung und Geburt der Lämmer und Kälber zuginge. Die Kinder begannen daraufhin, ihre Beobachtungen mitzuteilen, bis eines der Kinder spontan erklärte, dasselbe auch schon bei einem Liebespaar im Wald gesehen zu haben. Daraufhin fielen andere mit genauso spontanen Bemerkungen ein: »Und ich zu Hause!« Die Lehrerin erklärte: »Dann wißt ihr also doch, daß das bei den Menschen genauso ist. Wir müssen es jetzt besser verstehen lernen, aber ihr werdet einige Zeit brauchen, bis ihr ganz erwachsen seid. Wenn ihr etwas darüber wissen wollt, könnt ihr aber jederzeit mich selbst oder eure Eltern fragen, ihr braucht das nicht heimlich zu studieren. Ihr müßt es aber wissen, damit ihr selbst nicht in unnötige Gefahren kommt.« Es folgten sachliche Hinweise auf die Möglichkeit der Verführung durch Erwachsene. Die Klasse arbeitete noch eine Woche immer wieder an diesem Thema. Das Spiel wurde aufgegeben. (Die Lehrerin nahm zu ihrer eigenen Sicherung diese Stunden auf Tonband auf.) Diese Klasse schloß später mit einer sehr hohen Leistungsquote ab. Die Kinder waren nicht nur beruhigt, sondern auch viel konzentrierter und leistungsbereiter. (Objektive Testkontrollen und persönliche Beobachtung durch Mitarbeiter einer Erziehungsberatung.)
Ähnliche Beispiele konkreter Lösungen schwieriger Schulsituationen ließen sich fortsetzen. Eine Sammlung von pädagogischer Seite fehlt bislang, jedoch gibt es Ergebnisse aus Elternbesprechungen, die viele Erziehungsprobleme dieser Phasen in direkter Form darstellen [19]. Die Lösung wird jeweils von der Unbefangenheit und der Kenntnis des Erziehers über Entwicklungs- und Sexualfragen abhängig sein. Vermeidung, Verleugnung oder Projektion auf das Kind ist gewiß die schlechteste erzieherische Lösung.
Zu diesen häufig übersehenen Verhaltensweisen gehört auch die nicht seltene Beobachtung, daß Kinder mitunter den Wunsch haben, gelegentlich gemeinsam zur Toilette zu gehen. (Auch Erwachsene tun dies manchmal noch.) Dabei ist keineswegs die gemeinsame Benutzung der Toilette beabsichtigt, obgleich dies bei kleineren Kindern aus den zuvor erwähnten Gründen der Sexualneugier auch vorkommt. Macht man sich klar, daß bei vielen Familien eine relative Unbefangenheit dem kleineren Kinde gegenüber in Fragen der

[19] *Knehr, E.:* Von Eltern für Eltern, Stuttgart 1964 (L. V. Nr. 74, 75).

natürlichen Körperfunktionen besteht, so ist es nicht verwunderlich, wenn die Kinder dies auch im Anfang der Schule noch weitgehend beibehalten.
In der Latenz und Vorpubertät ist aber noch ein anderer Aspekt zu beachten. Zulliger beschreibt den Geltungsaspekt des analen und urethralen Erlebens (»... er imponierte seinen Klassenkameraden, weil er stinken konnte, wann er wollte ...« [20]). Man beachte in diesem Zusammenhang auch den alltäglichen Sprachgebrauch: »Der stinkt vor Geld«, »stinkreich«, »Geld stinkt nicht«, »Scheißgeld« usw. Daran wird klarer, daß anales Erleben mit Macht und Geltung zu tun hat. Vergleicht man nun die Alltagsbezeichnungen der Durchschnittsbevölkerung für Ausscheidungsvorgänge und -organe [21], z. B. an den Bezeichnungen »groß(es Geschäft)«, »klein(es Geschäft)«, so wird dieser Bezug noch klarer. Vielen Lehrern wird aus der Beobachtung und Erfahrung einsichtig sein, daß sich daraus auch Größenvergleiche herleiten, die dann im Übergang zur phallischen Phase mehr eine direkte, genitale Bedeutung bekommen, während sie zuvor mehr anal gefärbt sind. Viele Minderwertigkeitsgefühle, Kleinheitsängste und das Bedürfnis nach Größenvergleichen sowie auch das Imponiergehabe mancher Erwachsener beruhen auch später noch auf diesen psychosexuellen Grunderlebnissen und der Fixierung einer analen »Potenz«, die an die Stelle geschlechtlicher Potenz tritt.
Viele spätere Zweifel an der eigenen Leistung oder Persönlichkeit haben hier ihre Wurzel im kindlichen Erleben. Dazu gehören auch die zuvor erwähnten Produktionshemmungen von Schülern, die häufig auf dem Wunsch beruhen, nach Möglichkeit »Großes« zu schaffen, um den Lehrer (Mutter) zufriedenzustellen. Zugleich enthalten sie die Angst, zu »Kleines«, Minderwertiges oder »zu wenig, nicht genug« zu produzieren und dadurch an Zuneigung und Wert zu verlieren. Obwohl diese Zusammenhänge dem aufmerksamen Beobachter, wenn er sich nicht durch Abwehr und Vorurteile oder Verdrängung dagegen abschirmt, evident werden, finden sie als Begleitkriterium für den Entwicklungsstand von Schulkindern noch relativ wenig Beachtung. Es wird nun kaum zu verhindern sein, daß Kinder schon lange vor der Schulzeit andere Kinder etwa beim Urinieren oder beim Baden wahrnehmen oder sogar Zeugen einer Szene werden, in denen Mütter ihre kleinen Kinder etwa im Freien abhalten, um ein Einnässen zu vermeiden. In der analen Phase gehen beide Geschlechter von der Phantasie aus, es gäbe nur ein einziges Geschlecht, nämlich das männliche. So nehmen Buben als selbstverständlich an, daß auch Frauen einen Penis haben, während Mädchen beim Anblick eines Buben zunächst die tröstende Phantasie bilden, bei ihnen werde der fehlende Teil nachwachsen oder es sei noch irgend etwas im Inneren verborgen und werde irgendwann herauskommen, dann aber genau so sein wie bei den Buben. Die Neugier des Kindes auf dieser Altersstufe, die stets noch bis in die Anfänge der Schulzeit hineinreicht, bezieht sich also nicht auf die genitale Sexualität im Sinne des Erwachsenen, sondern sie stellt einen intensiven Forschungsdrang dar, der sowohl die Verschiedengeschlechtlichkeit wie auch den Geburtsvorgang erklären will. So wie es in der oralen Phase zu allerlei Konzeptionsphantasien kommt (wenn man viel ißt, wird man dick; dick sein = Kinderkriegen; »Verschluck keinen Kirschkern, sonst wächst Dir ein Kirschbaum im Bauch!«; man bekommt ein Kind, wenn man einen Kuß kriegt usw.), entstehen in der analen Phase ebenfalls anale Geburtsphantasien (sogenannte Kloakentheorie). Das Kind glaubt, aus dem Innern des Leibes nähmen die zur Welt kommenden Kinder den gleichen

[20] *Zulliger, H.:* Umgang mit dem kindlichen Gewissen, Stuttgart 1953. *Ders.:* Heilende Kräfte im kindlichen Spiel, Stuttgart 1951.
[21] *Mülller-Luckmann, E.:* Elterliches Versagen in der Sexualerziehung. In: Kritische Beiträge zur Bildungstheorie: Erziehung und Sexualität, Frankfurt a. M. 1968 sowie *dieselbe,* Lit.-Verz. Nr. 146.

Weg wie die Körperausscheidungen. Beide Geschlechter wissen nämlich oft zu diesem Zeitpunkt noch nichts von einer dritten Körperöffnung beim Mädchen. Nur aus diesem Grunde spielt das Interesse für die Darmöffnung und die Gesäßregion (»Po-Zeigen«) eine so große Rolle.

Der zweite Grund ist psychologischer Art. Die Reinlichkeitsgewöhnung bedeutet für das kleinere Kind stets eine Kontrolle durch den Erwachsenen von hinten. Das wird um so mehr vom Kinde ambivalent (d. h. demütigend-unlustvoll und lustvoll-ängstlich zugleich) empfunden, als es kurz zuvor in seiner Größenphantasie enttäuscht wurde, mit dem Erreichen des aufrechten Ganges erhalte es auch die Größe der als allmächtig erlebten Eltern [22].

Die Tendenz von kleineren Schulkindern, sich gegenseitig von hinten zu besichtigen, oder gemeinsam die Toilette zu diesem Zweck aufzusuchen, hat also mehrere Motive:

1. Viele Erwachsene gehen tatsächlich mit ihren kleineren Kindern zur Toilette (Wiederholungstendenz). Dies ist besonders in ländlicheren Bereichen oder im einfacheren sozialen Milieu häufiger der Fall.
2. Das Kind will ein anderes Kind genauso von hinten betrachten und kontrollieren, wie es die Kontrolle des Erwachsenen in der Reinlichkeitsgewöhnung zuvor von hinten als eine Bemächtigung des Erwachsenen empfunden hat.
3. Das Kind will sich Gewißheit verschaffen über Anatomie und Physiologie, da es Ausscheidungs- und Geschlechtsfunktionen in seiner Vorstellung noch nicht voneinander trennen kann, jedoch spürt, daß eine Differenzierung bestehen muß.
4. Im sogenannten »Doktorspiel« ist die gleiche Zielsetzung enthalten, die sich z. T. an reale Erfahrungen (wie rektale Fiebermessung, Klistiere, anale Inspektion wegen Verdacht auf Madenwurmerkrankung und ähnliches) anlehnt. In jedem Falle soll jedoch der Wegfall der für den Doktor (Arzt) offensichtlich nicht bestehenden Grenzen der sonst anerzogenen Schamhaftigkeit die Möglichkeit ausgiebigerer Forschung befriedigen. Das Ziel ist in jedem Fall eine Rückversicherung über die Bedeutung des Geschlechtsunterschiedes.

Daran wird dem Einsichtigen auch klarwerden, wann und in welchem Umfang Sexualerziehung einsetzen müßte, obwohl man erschreckenderweise selbst in Arzt- und Akademikerfamilien einer naiven Unkenntnis begegnet, die heute noch annimmt, das 18. Lebensjahr sei der frühestmögliche Zeitpunkt, mit Jugendlichen über Sexualität zu sprechen [23].

Um Mißverständnisse zu vermeiden: Natürlich sollen solche Spiele nicht durch den Erwachsenen gefördert werden, aber der Schulerzieher sollte so viel über die kindliche Sexualität und ihre Äußerungsformen wissen, daß er sachlich richtig damit umgehen kann und nicht falsch, auf autoritäre Weise mit rigiden Verboten reagiert.

Das Vokabular der präphallischen Phasen wiederholt sich in der Schule durch Wortaustausch und Begriffserweiterungen. Koprolales Vergnügen (»Schweinigeln«) am Aussprechen, Herummanschen, Verändern von Worten im anal-sexuellen Sinne stellt daher eine Übergangsstufe dar, in der Worte und ausgesprochene Phantasien allmählich an die Stelle von Handlungen treten. Dies dient auch natürlich der Angstbewältigung und der Bemächtigung. Dazu gehören auch Veränderungen von Gedichttexten oder im Schulunterricht vorkommenden Worten.

[22] Siehe auch *Erikson, E. H.:* Kindheit und Gesellschaft, Stuttgart 1962.

[23] Hinweise bei *Zulliger, H.:* Umgang mit dem kindlichen Gewissen, Stuttgart 1953. *Ders.* Heilende Kräfte im kindlichen Spiel, Stuttgart 1951.

Eine von Schulkindern sehr häufig gebrauchte Methode, sich solches Vergnügen unter formaler Wahrung korrekten Verhaltens zu verschaffen, ist die Anklage (Petze). »Der Franz sagt immer so wüste Wörter«! (oder ähnlich). Auf die Nachfrage: »Was für welche?« erfolgt dann meist eine recht flotte Aufzählung des Vokabulars, der man trotz des anklagenden Untertons das offensichtliche Vergnügen am Aussprechen dieser Worte abspüren kann. Dies ist eine in manchen Familien durchaus erlaubte Form der Befriedigung, da kluge Eltern genau wissen, daß diese Phase nach einiger Zeit abklingt, dagegen jedes Verbot zu einer intensiveren Ausnutzung oder Fixierung dieses Triebbedürfnisses führt. So ist in der Schule auch ein zu energisches Eingreifen hier gewiß fehl am Platze, denn diese Versuche dienen letztlich der Vorbereitung der nächsten Phase insofern, als es sich auch um einen Wetteifer, um Rivalität und Renommieren, also um Geltungsbedürfnis handelt. Die anale Potenz (der große Haufen = Geld, Macht) behält auch später beim Erwachsenen noch ihre Bedeutung als Besitz oder Produktionskapazität, wenn auch als ein viel sublimeres, sozusagen kaum noch erkennbares Derivat.
Das Ziel aller anal-aggressiven Versuche ist die Bemeisterung der Aggression und ihre Abmilderung durch die jeweilige sexuelle Färbung. Auch bei vielen Erwachsenen – etwa in Witzeleien – gilt der anale Inhalt (»Klo-Witzchen«) als weniger anstößig gegenüber dem direkten, genital-sexuellen Witz oder der obszöneren Zote. Die Tatsache (die ein Biologielehrer kürzlich als bedeutsam in einer Diskussion vermerkte), daß der Mensch »inter urinam et faeces« gezeugt und geboren wird, hat für den Erwachsenen keinerlei Ekelbedeutung, weil er im Gegensatz zum Kind unterscheiden kann. Alle Unternehmungen des Kindes haben jedoch umgekehrt zu diesem Zeitpunkt die gleiche Zielsetzung, nämlich sich über diese Unterschiede Gewißheit zu verschaffen. Erkennbar werden anale Fixierungen bei Kindern allgemein an besonderen fortbestehenden Tendenzen zur Schmutzlust oder an einer übertriebenen Schmutzüberempfindlichkeit, am Renommierverhalten, an hinterhältigen Kampfmethoden gegenüber Gleichaltrigen, extremem Geiz, Mangel an Produktionsbereitschaft, häufig jedoch auch an direkten Sprach- oder Ausdruckshemmungen. Es ist gewißt nicht Ziel der Sexualerziehung in der Schule, psychotherapeutische Aufgaben am einzelnen Kind zu übernehmen, obgleich ein wenig mehr Grundkenntnis in der Lehrerausbildung in diesem Gebiet Lehrern, Schülern und Eltern das Leben erleichtern würde. Der Lehrer sollte aber bestimmte, erkennbare Wesenszüge weniger als »ererbten« Charakter werten oder gar bewerten, sondern mehr von der Dynamik der normalerweise sich in der Schule wiederholenden, frühkindlichen sexuellen Entwicklungsphasen verstehen. Warum es zu dieser Wiederholung bei Schulkindern kommt, wird sofort klar, wenn man daneben berücksichtigt, daß jeder Mensch in einer neuen Gruppe (auch später) unbewußt versucht, seine bisher gewohnte Gruppenposition wieder herzustellen. Dazu muß er notwendigerweise seine bisherigen Erfahrungen anderen mitteilen, mit denen anderer vergleichen und eine Übereinstimmung über die Wirklichkeit herstellen, um sich dann danach richten zu können. Der Austausch infantil-sexueller Vorerfahrungen gehört also gleichsam für Kinder zum inoffiziellen, »sozialen« Schulpensum. Man könnte daraus jeweils bei wacher Aufmerksamkeit sehr wohl die notwendigerweise mit einer sinnvoll gestuften Sexualerziehung aufzuarbeitenden Themen herleiten, wenn man nicht von einem starren Stoffplan, sondern vom jeweiligen »Probleminteresse« der Kinder ausgeht. Es lassen sich genügend Anhaltspunkte finden, wenn Verhalten, Äußerungen und Aktivitäten der Kinder beobachtet und nicht an einer fiktiven Sollensnorm orientiert werden. Zulliger hat in 40 Jahren seiner Tätigkeit als Lehrer an einer Volksschule hervorragende Beispiele dafür in der genannten Literatur beschrieben.

4. *Die Bedeutung der phallischen Entwicklungsphase*

Die Bezeichnung dieser Phase leitet sich aus der Tatsache des Geschlechtsunterschiedes ab, den Kinder etwa bis zum 4. Lebensjahr normalerweise entdeckt haben, während sie sich selbst und die eigene, sexuelle Identität (d. h. die Zuordnung zu einem bestimmten Geschlecht) vergleichend an die neuentdeckten Gegebenheiten anzupassen versuchen. Charakteristisch für diese Phase ist das zunehmende Rollenspiel. Kinder üben sich durch Nachahmen der Erwachsenen in verschiedene Haltungen ein, die sie als »männlich« oder »weiblich« ansehen. Die Phantasie kreist fast ausschließlich unbewußt um den Geschlechtsunterschied, d. h. um den vorhandenen oder nicht vorhandenen Phallus (= Penis). Freilich sind und bleiben die Reaktionen der beiden Geschlechter verschieden, und außerdem handelt es sich zunächst einmal um symbolisierende Ausdrucksformen dieses inneren Vorganges.

Während der Knabe durch den Anblick und die Erkenntnis, daß es penislose Wesen (kleine Mädchen, Frauen) gibt, heftig erschreckt wird und die Phantasie entwickelt, auch ihm könne dieses wertvolle und von ihm sehr geschätzte Organ auf irgendeine dunkle Weise abhanden kommen oder genommen werden (»Kastrationsangst«), erlebt das Mädchen diese Situation völlig anders. Sie faßt den festgestellten Mangel als eine Folgestrafe für die frühkindliche Masturbation auf (= Onanie, nicht zu verwechseln mit der vollen Selbstbefriedigung des Erwachsenen und des Pubertierenden) [24], d. h. sie glaubt, man habe ihr dieses Organ vorenthalten oder weggenommen, weil sie als kleineres Kind verbotenerweise ihre Genitalien berührt, daran gespielt und sich auf diese Weise Lust verschafft habe. Entgegen althergebrachten Vorstellungen ist sich die Wissenschaft heute in der ganzen Welt darüber einig, daß es Säuglings- und Kleinkindonanie gibt. Es handelt sich dabei nicht um den gleichen Vorgang wie beim Erwachsenen oder bei pubertierenden Jugendlichen, sondern um die für das Kind völlig unschuldige Entdeckung des eigenen Körpers und der Genitalregion als Lust- und Trostquelle. Zugleich ist aber diese Zielrichtung auch ein richtiger Entwicklungsvorgang, weil letztlich am Ende der Genitalprimat erreicht werden soll, d. h. die Aufmerksamkeit der Entwicklung bis zum Erwachsenen natürlicherweise zunehmend auf diesen Organbereich gelenkt werden muß.

Dieser physiologische Normalvorgang hat jedoch einen frühen, psychosexuellen Inhalt, denn in der phallischen Phase verknüpfen sich mit der vorübergehenden Masturbation alle Phantasien über die ursprünglichen Liebesobjekte, die Eltern. Als Regel gilt, daß der

[24] Den Germanisten und den Lehrer der Volks- und Hauptschule mag vielleicht befremden, daß durchgehend Fachausdrücke der psychologisch-medizinischen Sprache verwendet werden. Betrachtet man jedoch nüchtern hier z. B. den eingedeutschten Begriff: Selbstbefriedigung, so wird man nicht umhin können, jene emotionale Beladenheit dieses Begriffes wahrzunehmen, die bei manchen Erwachsenen auch heute noch sich unwillkürlich aus früheren Schuldgefühlen der Kinder- und Jugendzeit einstellen kann – oft verankert in tiefliegenden religiösen Gefühlen. Es ist deshalb die sachlich neutrale Fachsprache des Erwachsenen gewählt worden, um solche möglicherweise auch durch Verleugnung eintretenden, unbewußten Rückkoppelungswirkungen im Gefühlsbereich zu vermeiden. Für die Vorbereitung der Sexualerziehung scheint es darüber hinaus erwünscht, daß der Pädagoge mit dem Vokabular der für diesen Bereich bedeutsamen Nachbarwissenschaften vertraut genug ist, um sich über die Begrenztheit des pädagogischen Fachvokabulars hinaus verständigen zu können. (Ein Vergleich mit angelsächsischer und anderer europäischer pädagogischer Fachliteratur ergibt im übrigen, daß diese internationale Verwendung fachlicher Begriffe aus den lateinischen oder griechischen Stammvokabeln bereits besteht, übernommen wurde und die Verständigung zwischen den verschiedenen Humanwissenschaften erleichtert.) (*Müller-Luckmann, E.:* A.a.O., S. 46. Anders, aber irrtümlich in der Gleichsetzung von »medizinisch« und »krank« siehe auch *Wegmann, R.:* Sexualpädagogik in der Oberstufe Jungen, in: Sexualpädagogik der Volksschule, Freiburg 1967, S. 176.)

Knabe weitgehend unbewußte, jedoch durchaus sexuelle Regungen gegenüber der Mutter (älteren Schwester oder einer weiblichen, nahestehenden Erziehungsperson) erlebt, während das Mädchen ähnliche Phantasien und Anlehnungswünsche an den Vater (älteren Bruder, nahestehenden Onkel usw.) hat, die sich mit kindlich sexuellen Sensationen verbinden. Die Gefühle dieser Phase sind ambivalent. Einerseits besteht Zuneigung zum gegengeschlechtlichen Elternteil und Abneigung bzw. Rivalität gegenüber dem gleichgeschlechtlichen Elternteil (sog. positiver Ödipuskomplex). Gleichzeitig bestehen beiden Eltern gegenüber aber auch gegenteilige Gefühle. Ambivalenz bedeutet also die Gleichzeitigkeit unvereinbarer Zuneigung *und* Abneigung gegenüber dem gleichen Objekt. Vielfach besteht noch die Auffassung, der Ödipuskomplex sei eine krankhafte Erscheinung. Falscher und mißverständlicher Gebrauch der psychologisch-psychoanalytischen Terminologie hat dies herbeigeführt. Es handelt sich jedoch um einen normalen Entwicklungsabschnitt, der als Gefühlserlebnis von allen Kindern durchlaufen wird. Dies haben kulturanthropologische Untersuchungen, trotz aller kulturspezifischen Variationen, weitgehend schon vor 30 Jahren ergeben [25]. Werden andererseits diese unbewußten inzestuösen Phantasien jedoch zu intensiv bzw. erfahren sie u. U. eine zu starke Förderung durch die Umgebung, so kann die Regung in ihr Gegenteil umschlagen. Die Zuneigung zum gleichgeschlechtlichen Elternteil übersteigt dann die Rivalität, während sich Haß und Aggression gegenüber dem gegengeschlechtlichen Elternteil entwickeln (sog. negativer Ödipuskomplex). Bleibt diese umgekehrte Einstellung später bestehen, so können sich daraus erhebliche Störungen ergeben, u. a. zum Beispiel manifeste Homosexualität, aber auch andere Störungen des Charakters oder der Intelligenz.

Allgemeines Kennzeichen der phallischen Phase ist die zunehmende Initiative und Aktivität, der umgekehrt die Neigung zu größeren Schuldgefühlen gegenübersteht. Die Tendenz, in Dinge einzudringen, sie zu durchbohren, mit Gegenständen zu experimentieren, sie auseinanderzunehmen, um das Innere kennenzulernen, wie umgekehrt die passiven Vorstellungen des Durchbohrt- und Durchdrungenwerdens, Auseinandergenommen-, Vergewaltigtwerdens entsprechen den Phantasien des Kindes in diesem Alter über die Sexualität, insbesondere über die Vereinigung der Geschlechter, die rätselhaft dunkel, häufig auf irgendeine Weise blutig und gewaltsam aggressiv erlebt wird. Viele Kinder verbinden auf dieser Altersstufe die ihnen unerklärbare Menstruation mit blutigen Vorgängen (aus aufgeschnappten Erzählungen von Erwachsenen) bei Operationen oder Geburten mit dem Sexualkontakt der Erwachsenen, so daß ausgesprochene Angstvorstellungen relativ häufig sind.

Nur zum Teil ist dies jedoch auf die tatsächlichen akustischen und realen Erlebnisse zurückzuführen, etwa wenn Kinder zufällige Zeugen des Geschlechtsverkehrs von Erwachsenen werden. (Je nach Sozialschicht, Wohnverhalten und Umgebung ist dies selbst bei bedachtsameren Eltern keineswegs so ungewöhnlich, wie allgemein angenommen wird, da viele Eltern ihre Kinder zu lange im Schlafzimmer lassen in der Annahme, diese würden schlafen und nichts von den intimen Beziehungen der Eltern bemerken.) Die Ursache für die gewaltsamen Vorstellungen des Kindes liegt aber vielmehr in dem gleichzeitig anwachsenden Aggressionstrieb des Kindes selbst, der auf dieser Entwicklungsstufe erst allmählich mit dem Sexualtrieb verschmilzt.

Für die Sexualerziehung in der Schule ist dabei von Bedeutung, daß Buben einerseits aus Angst vor dem ihnen noch unheimlichen und unverständlichen Weiblichen ausgesprochenes Imponiergehabe an den Tag legen (Angeben, Hahnenkämpfe, Ringkämpfe, Rangordnung

[25] L. V. Nr. 39, 259, engl. L. V. Nr. 131.

nach der körperlichen Stärke usw.), andererseits aber auch in allerlei direkten Aktionen phallisches Verhalten zeigen. Hierher gehören z. B. Wetturinieren der Weite oder Höhe nach (mit Vorliebe im Winter im Schnee, aber auch z. B. an Abortwänden oder Bäumen), das Anspritzen von Mädchen oder anderen Buben mit gefüllten Gummiblasen, Wasserpistolen; das Erschrecken oder Überfallen und Verfolgen von Mädchen oder in nicht koedukativen Schulen von schwächeren, mädchenhaften Knaben. Der Wunsch des Knaben nach einem Messer oder einer Pistole, einem Luftgewehr oder sublimer nach einem Zauberstab oder einer Uniform symbolisiert die phallischen Bedürfnisse des Kindes, mit denen die fortbestehenden Kastrationsängste abgewehrt werden sollen, die durch die Entdeckung des Geschlechtsunterschiedes ausgelöst werden.

In der gleichen Phase entwickelt jedoch auch das Mädchen häufig eine Art von »männlichem Protest« mit völlig gleichartigen phallischen Wünschen. Diese Identifizierung mit der männlichen Rolle bleibt mitunter fortbestehen aus Angst und Ungewißheit vor dem weiblichen Schicksal, das vom kleineren Mädchen noch weitgehend als Auslieferung an die zerstörende Gewalt des Mannes erlebt wird. Akzeptiert das Mädchen in dieser Phase den Penis-»Mangel«, so bildet sich ein verstärktes Schamgefühl aus. Sie will sich nicht mehr zeigen, wird schüchterner, aber damit zugleich, ohne dies zu wollen, auch »weiblicher« und passiv verführerischer. Man wird dies als den natürlichen Gang der Entwicklung ansehen müssen. Die Rivalität mit den Knaben macht sich in koedukativen Schulen häufig durch eine größere Lernbereitschaft, mehr Fleiß und Aufmerksamkeit der Mädchen bemerkbar. Im allgemeinen wird man bei Schulbeginn einen bereits vollzogenen normalen Abschluß der phallischen (oder auch ödipalen) Phase erwarten dürfen. Das bedeutet: Der Knabe hat auf den Wunsch, die Zuneigung und Zärtlichkeit der Mutter ausschließlich allein für sich zu besitzen und den Vater als Rivalen gewaltsam beseitigen zu wollen, so weit Verzicht geleistet, daß er sich nun mit dem Vater als Mann identifizieren kann und seine Regeln und Gebote als vorläufige Gewissensfunktion internalisiert hat. Er will nun ein Mann werden wie der Vater, der sich dann später eine Frau wählen kann, die in irgendeinem Punkt ähnlich sein wird wie die Mutter.

Entsprechend hat sich das Mädchen zum Verzicht auf ihren geheimen Wunsch entschlossen, mit dem Vater durch ein gemeinsames Kind verbunden zu sein und die Mutter dadurch beim Vater abzulösen oder zu beseitigen. Bei beiden Geschlechtern sind mit diesen Vorstellungen heftige Todeswünsche verbunden, die außerordentlich starke Schuldgefühle auslösen. Statt dessen kann sich das Mädchen nun mit der Mutter und ihren Regeln und Geboten identifizieren, diese als kindliche Gewissensfunktion internalisieren, um schließlich auch eine Frau zu werden wie die Mutter, die dann ihrerseits einen Mann wählt, der in irgendeinem Punkt ähnlich sein wird wie der Vater.

Der erreichte Grad dieser wichtigsten Stufe der frühen psychosexuellen Entwicklung wird beim einzelnen Kind sowohl verschieden weit vorgeschritten wie auch verschieden stabil sein. Die Sexualerziehung in der Schule sollte im weitesten Sinne dem Ziel dienen, die bis dahin erreichte Geschlechtsidentität voll zu bestätigen, zu erweitern und zu festigen, ohne damit Vorurteile über »typisch« weibliches oder männliches Verhalten zu fixieren.

Schwieriger ist das Problem zu lösen, wie Kindern mit einer Fehlidentifizierung vorbeugend geholfen werden kann. Der Schulerzieher wird hier lernen müssen, durch Beobachtung zu diagnostizieren, um ggf. notwendige therapeutische Hilfen vorschlagen zu können, ohne dabei selbst »therapieren« zu wollen. Das Erkennen des jeweiligen Entwicklungsstadiums bestimmt aber schließlich auch die Differenzierung einer sinnvollen Sexualerziehung. Sie kann ohnehin niemals aktiv sein, sondern sollte mehr durch Fragen, Problemstellungen und Eingehen auf die Fragen der Kinder realistische Erklärungen herbei-

zuführen suchen. Wo sich dies anbietet, wird es häufig genug an einem dafür geeigneten Unterrichtsstoff geschehen können. Auch sollte der Lehrer seine Aufmerksamkeit darauf richten, für welche spezifischen Stellen auf Bildern sich eigentlich seine Kinder interessieren. Mancher Pädagoge ist aus seiner Naivität heraus immer wieder darüber verzweifelt, daß die Kinder eine Landschaft oder ein Bild völlig uninteressant finden, während ein darauf befindlicher Hund oder ein Pferd ihr äußerstes Interesse erregt. Meist entgeht der Aufmerksamkeit des psychologisch ungeschulten Pädagogen die Tatsache, daß es ein genitales Interesse ist, das die Richtung dieser Aufmerksamkeit bestimmt.
Um eine Auswahl des Unterrichtsstoffes richtig treffen zu können, scheint es notwendig, sich den Kernkonflikt der psychosexuellen Entwicklung stets zu vergegenwärtigen. Der ödipale Konflikt, d. h. die Rivalität mit dem gleichgeschlechtlichen Elternteil, die erhöhten Schuldgefühle wegen der Todeswünsche diesem gegenüber und die inzestuösen Phantasien gegenüber dem gegengeschlechtlichen Elternteil sind und bleiben der entscheidende Inhalt der frühen Sexualerziehung. Dieser Konflikt erhält seine spezifischen Färbungen aus der vorausgehenden Entwicklung der Partialtriebe, d. h. aus den präphallischen Phasen der psychosexuellen Entwicklung. Die spezifischen oralen oder analen Akzente bleiben meist auch später noch als Charakterzüge erhalten, jedoch kommt es in der Pubertätsentwicklung zu einer Art Rekapitulation der frühen ödipalen Konfliktsituationen, die nun auf andere Beziehungspersonen, besonders auf Lehrer, übertragen werden können. Bei allen Autoritätskonflikten der Pubertät sollte man sich jedoch stets klarmachen, daß dahinter die Wiederholung und der erneute Bewältigungsversuch jener frühkindlichen, ohnmächtigen Rivalitätsgefühle stehen, zu deren Verdrängung ursprünglich das noch kindliche schwache Ich aus Abwehrgründen gezwungen war.
Die phallische Phase enthält meist deutlich die Ansätze zu ersten Selbstbehauptungsversuchen und Probeidentifizierungen. Aus der Fülle des Erprobten und wieder Verworfenen kristallisiert sich sehr langsam ein bleibender Identitätskern heraus, der jedoch zunächst nur ein Versuch ist. Das Kind erprobt, an welchen Stellen es sich in seinem Denken, Fühlen, Wollen und Verhalten als konstant erlebt, während andere, vorübergehende Haltungen und Einstellungen wieder aufgegeben werden. Dies ist vor allem sehr weitgehend beim kleineren Kind noch von der Bejahung oder Verneinung durch die Umgebung abhängig, d. h., vielfach wird sich das Kind mit Verhaltensweisen, Haltungen, Geboten und Verboten der Umgebung identifizieren, ohne daß man annehmen kann, diese übernommenen Haltungen gehörten bereits zu seiner Identität. Vielmehr handelt es sich um eine übernommene *Rolle* [26] als Kind, die erst später in der Pubertät daraufhin geprüft werden kann, welche wirkliche Bedeutung sie für das erwachsene Ich hat. In jedem Falle wird jedoch diese Phase meist so verlaufen, daß normalerweise die Identifizierung mit dem gleichgeschlechtlichen Elternteil zur Übertragungsgrundlage wird, die den Jugendlichen später in der zweiten Phase der sexuellen Entwicklung befähigt, schließlich scharf zwischen Ich und Nicht-Ich, d. h. zwischen eigener Identität und der Unbestimmtheit oder Diffusität aller nur formal übernommenen, fremden Rollen zu unterscheiden. In der Sexualerziehung käme es daher darauf an, diese spezifische, selbstgewählte Identität des Kindes zu bestärken und grundsätzlich weitgehend eine Ich-Stärkung durch Selbsterprobenlassen und Experimentieren anzustreben. Die Stärke der frühen Ich-Entwicklung entscheidet in der zweiten, kritischen Phase der Pubertät über die Bewältigung der biologisch anwachsenden Triebstärke und damit letztlich endgültig über die Entwicklung der späteren Persönlichkeit.

[26] Vergleiche hierzu besonders *Richter, H. E.:* Eltern, Kind und Neurose, Stuttgart 1963 (Klett).

III. Ödipaler Konflikt und Genitalprimat

Der zuvor definierte ödipale Konflikt der phallischen Phase enthält in seinem Ausgang die Anerkennung der Geschlechtsidentität als Vorbereitung für den in der zweiten Phase der sexuellen Entwicklung, der Pubertät, endgültig zu erreichenden Genitalprimat. Die soziale Bedeutung dieser Phase kann kaum unterschätzt werden. Die Internalisierung der elterlichen Gebote und Verbote nämlich – psychologisch die Entwicklung einer neuen seelischen Struktur, der vorläufigen sozialen Gewissensfunktion (Über-Ich) – macht das Kind überhaupt erst voll schulfähig und lernbereit für die allgemeinen Forderungen des Sozialisationsprozesses. Die Sexualität ist die eine der beiden Triebkräfte, die gemeinsam mit dem Aggressionstrieb in einer individuell verschiedenen Mischung sozialisiert werden muß. Ziel der Sexualerziehung ist diese Sozialisation und Einordnung der sexuellen, spontanen Regungen, jedoch so, daß die ursprüngliche Zielsetzung, nämlich die Bejahung des Genitalprimats und der Sexualität, als generative und kreative Kraft erhalten bleibt. Eine der Hauptschwierigkeiten entsteht erzieherisch in Elternhaus und Schule aus einer sachlich unrichtigen Einstellung zur Masturbation [27].

Man unterscheidet die Säuglings- und Kleinkindmasturbation von der Masturbation der ödipalen Phase und diese wiederum von der Wiederholung der ödipalen Phantasien in der Pubertätsmasturbation. Die Frühabschnitte werden im allgemeinen nicht mehr erinnert, da sie mit dem Untergang des ödipalen Konfliktes und der stärkeren Anpassung an die Realität weitgehend verdrängt, d. h. unbewußt werden. Dennoch muß man sich der Tatsache bewußt bleiben, daß in der Kleinkindmasturbation und in der sexuellen Experimentierphase der ödipalen Konflikte sehr viele frühe Phantasien erhalten bleiben, die sich primär auf die Eltern beziehen, genausogut aber später sekundär auf andere Autoritätspersonen unbewußt übertragen werden können. In der Latenzzeit – etwa im 7. bis 11. Lebensjahr – tritt insofern eine relative Beruhigung ein, als die Gewißheit und Bestätigung sexueller Sachverhalte durch vernünftige Eltern und klare Auskünfte der Erzieher in der Schule das Realinteresse des Kindes dann auf andere Gebiete ausrichtet.

Ist eine ausreichende Sexualerziehung bis zu diesem Zeitpunkt weder im Elternhaus noch in der Schule erfolgt, so wird das Kind jedoch gleichsam gezwungen, seine ergänzenden Informationen bei anderen Kindern einzuholen und die ödipale Onanie als Trostmittel für seine Ohnmacht sowie als Medium zur Abreaktion der körperlichen Spannungen beizubehalten, die durch seine unklaren sexuellen Phantasien ausgelöst werden. Es ist natürlich töricht, Kinder direkt danach zu fragen, ob sie masturbieren, da sie selbst dies häufig überhaupt nicht realisieren [28]. So entgeht dem unkundigen und nicht ausreichend informierten Erzieher auch sehr häufig, wenn Kinder, meist überwiegend Mädchen in der Latenzphase oder in der Vorpubertät, vom Unterricht gelangweilt, sich als Trost sexuelle Lustgefühle durch Wippen der übereinandergeschlagenen Beine oder unauffälliger durch

[27] Diese Bezeichnung ist richtiger und besser als der sachlich falsche Begriff der Onanie, der aus dem theologischen Bereich übernommen wurde, da es sich bei dem biblischen Beispiel des Onan um eine Unterbrechung des Sexualverkehrs, nicht dagegen um eine Selbstbefriedigung im eigentlichen Sinne handelt.

[28] *Zulliger* beschreibt unter anderem die Reaktion einer älteren Dame, die als Vorsteherin eines Sittlichkeitsvereins eine Aufklärungsschrift über kindliche Masturbation vorgelegt bekam und zum erstenmal beim Lesen überhaupt realisierte, daß dies eine von ihr selbst jahrelang geübte Sexualpraxis war, die sie niemals als sexuell aufgefaßt hatte, geschweige denn als Masturbation, weil sie das Genitale nicht mit den Händen berührt hatte (*Zulliger* in *Willy* und *Giese* [Hrsg.], Mensch – Geschlecht – Gesellschaft, Frankfurt 1954).

rhythmisches Zusammenpressen der Oberschenkel verschaffen. Erkennbar wird dies bei beiden Geschlechtern oft nur an dem träumerischen, abwesenden Blick. Die Kinder fühlen sich dann erschreckt, wenn sie angesprochen werden, jedoch ist ihnen der Vorgang der Masturbation als solcher überhaupt nicht bewußt. Daher ist irgendein direktes Eingreifen oder die Erweckung von Schuldgefühlen äußerst unzweckmäßig und wirkt u. U. neurotisierend. Vielmehr kommt es darauf an, Schüler umgekehrt durch interessante Unterrichtsangebote, einen lebendigen Unterrichtsstil, die Mobilisation ihrer eigenen Aktivität und durch größere Verselbständigung aus der passiven Situation zu befreien, die oft durch ihren überwiegenden Unlustcharakter kompensatorisch sexuelle Lustbedürfnisse hervorruft. Werden diese jedoch unterdrückt, so bleibt als einziges Ventil für die konstante Frustration eine verstärkte Befriedigung der Aggressionstriebe übrig, die dann jedoch ebenso schnell unauffälligere sexuelle Färbung bekommen kann.
Grundsätzlich sollte der Erzieher darauf vorbereitet sein, daß etwa mit dem Beginn der Mittelstufe, in jedem Fall jedoch mit zunehmendem Wachstum die sexuelle Aktivität bei beiden Geschlechtern einfach deshalb zunimmt, weil die Sexualtriebe sich durch die intensivere hormonale Produktion verstärken. Die vorpuberale und puberale Masturbation und Sexualneugierde hat daher auch einen mehr fordernden Charakter und ist von heranwachsenden Jugendlichen schwerer zu unterdrücken. Frühere Auffassungen sahen in der Masturbation die gefährlichen Möglichkeiten einer gesundheitlichen Schädigung, ein grundsätzlicher Irrtum, der bis heute noch verbreitet wird.
Manche späteren hypochondrischen Ängste, Minderwertigkeits- und Schwächegefühle beruhen auf solchen völlig unrichtigen Formen der alten Sexual-»Aufklärung«. Dagegen haben alle empirischen Untersuchungen seit über 50 Jahren mit großer Sicherheit ergeben, daß die puberale Masturbation als Durchgangsstufe der Sexualentwicklung »normal« ist. Ihr Rückgang hängt viel mehr von sozialkulturellen Faktoren ab, als allgemein angenommen wird. Die Androhung gesundheitlicher Schäden führt allenfalls zur Neurose, dagegen nicht zu einer Behebung der Masturbationswünsche. Man muß sich eigentlich einfach nur vergegenwärtigen, daß jedes Organ, das zur Reife und Funktion heranwächst, in irgendeiner Weise auch erstmalig in Gebrauch genommen und eingeübt wird. Von dieser Position aus gesehen ist die Masturbation auch ein Versuch, die biologische Reife in Funktionslust umzuwandeln. Keinesfalls wird dem Kind dies bewußt, vielmehr erprobt und entdeckt es auf diese Weise gleichsam unschuldig eine Neuigkeit. Einschüchterung oder Krankheitsandrohung ist dagegen die hilfloseste erzieherische Methode, die u. U. seelisch ausgesprochen schädigend wirken kann.
Mit dem Erreichen des Genitalprimats, d. h. mit der Wahrnehmung des Kindes, daß es an seinen primären Sexualorganen (Penis, Klitoris, Scheideneingang, Brustwarzen) körperliche Lustempfindungen, Schwellungen, zunehmende Erregung und Orgasmus erlebt und selbst durch seine Phantasie oder durch lokale Reizung und Manipulation hervorrufen und auslösen kann, richten sich die noch unbestimmten Phantasien auf gegengeschlechtliche Gestalten. Die Entdeckung der Genitalfunktion kann wohl kaum als etwas Verbotenes angesehen werden. Sie ist eine biologisch notwendige Zielsetzung zur Erhaltung des Lebens. Diese richtige Einordnung dieser Vorgänge in das seelische und soziale Leben ist jedoch entscheidend für Glück, Unglück, Krankheit oder Gesundheit in der Zukunft eines Menschen. Aus der frühen Sexualentwicklung kennen wir die Gebundenheit der infantilen Sexualität an die ersten Objekte (Eltern). Mit dem Beginn der Pubertät muß ein gewaltiger Schritt vollzogen werden, als dessen Endergebnis die vollständige Ablösung aller psychosexuellen Inhalte und Phantasien von den primären Objekten, d. h. von den Eltern, anzusehen ist. Diese Zielsetzung der seelischen Entwicklung erweist sich am Inzesttabu, das fast alle Kul-

turen, ob primitiv oder hochzivilisiert, aufzuweisen haben, ähnlich etwa wie die Regeln der Exogamie (Eheschließung außerhalb der direkten Primärfamilie und Verwandtschaft). Die zweite Phase der Sexualentwicklung schließt nun zunächst sehr eng an die vergessenen Phantasien der frühen Kindheit an, die aus der Verdrängung wiederkehren. Folgerichtig enthält der Ablösungsvorgang von den primären Sexualobjekten eine verstärkte Zuwendung und Neugier gegenüber anderen, exogamen Sexualobjekten bei gleichzeitig verstärktem Anlehnungsbedürfnis an die primären Objekte. Da jedoch gleichaltrige oder etwas ältere gegengeschlechtliche Partner bei beiden Geschlechtern zunächst Angst und Unsicherheit auslösen, ist die Vorpubertät zuerst durch intensive Freundschaften und Bindungen innerhalb des eigenen Geschlechtes gekennzeichnet. In vereinfachter Formulierung könnte man sagen: Der Pubertierende übt sein Liebes- und Treueverhalten genauso wie seine Rivalität und Eifersucht zunächst am eigenen Geschlecht ein. Dies ist völlig unabhängig etwa von der Koedukation, jedoch erleichtert letztere die natürlichere Annäherung der Geschlechter, die richtige Einordnung der sexuellen Sachverhalte und die Selbsterfahrung im Umgang mit dem anderen Geschlecht ganz wesentlich. Es wäre falsch, solchen Beziehungen innerhalb des eigenen Geschlechtes in der Vorpubertät und Pubertät etwa den Charakter der Homosexualität zuzuschreiben, auch dann nicht, wenn vorübergehend manifeste mutuelle Masturbation auftritt, was gelegentlich bei beiden Geschlechtern der Fall sein kann. Dies hat mehr Entdeckungs- und Neugiercharakter als etwa das Bedürfnis nach homosexueller Bindung. Im allgemeinen sind homoerotische Mädchenfreundschaften mehr durch die seelische Intimität in Zweierbeziehungen gekennzeichnet, während die Knaben in diesem Entwicklungsabschnitt mehr zu Gruppenbildungen neigen, in denen sich bereits Rollenstrukturen abzuzeichnen beginnen.

Pädagogisch werden bis heute sexuelle Aktivitäten der Schüler in der Pubertätsstufe wenig verstanden und oft unsinnigerweise bestraft oder mit Verweisung von der Schule geahndet. Typisch für Knaben ist z. B. am Ende der Vorpubertät die Wiederkehr und Imitation der in der ersten sexuellen Phase erlebten und phantasierten Kastrationsdrohung des ödipalen Konfliktes. In allerlei groben Verbalisierungen und Androhungen äußern sich zunächst die gegenseitigen Rivalitätsgefühle der Knaben untereinander, hierin ähnlich manchen Studentenliedern oder Verbalhornungen klassischer Texte, wie sie sich bereits bei Catull, Ovid u. a. finden. (Zum Beispiel die Androhung: »Schwanz abschneiden«, »Eier schleifen« usw. bis zu weiteren gröberen Redensarten.) Bei sehr aktiven Jugendlichen, die unter dem Druck einer zu autoritären Erziehungshaltung stehen, kommt es dann auch zu symbolischen oder tatsächlichen Greifhandlungen, Raufereien oder Handlungsandeutungen, die auf Kastration oder Depotenzierung der jeweiligen anderen deutlich hinweisen. Messer, Pistolen, Luftgewehre und aggressives Verhalten spielen in diesem Alter eine größere Rolle als eine Art männlicher Potenzdemonstration. Zu den pädagogisch mißverstandenen »Ritualen« dieser Phase gehört auch die nicht selten auftauchende Gruppenmasturbation. Es handelt sich dabei weniger um das sexuelle Vergnügen an der masturbatorischen Befriedigung als vielmehr um eine den Initiationsriten der Eingeborenenstämme ähnliche gegenseitige Potenzdemonstration, bei der die »Mannbarkeit« durch Größenvergleiche und ähnliches erprobt werden soll.

Freilich kann sich der Pädagoge all diesen Vorgängen gegenüber stets blind stellen und seine Kompetenz auf seine Disziplinarbefugnisse und sein Fach beschränken. Von Erziehung im eigentlichen Sinn entfernt er sich mit dieser Bequemlichkeitshaltung und Formalreserve sehr weit. Sexualerziehung sollte die Möglichkeiten dieser Entwicklungserscheinungen nicht als ungewöhnlich, absurd oder »krankhaft« abwerten, um damit der pädagogischen Aufgabe entgehen zu können. Ähnlich verhält es sich mit allerlei Botschaften, Gemälden, Abortkritzeleien, Schnitzereien auf Schulbänken und -wänden sowie groben pornographischen Knüttelversen, obszönen Bildern oder anderem »Aufklärungsmaterial«, das Schüler untereinander austauschen. Statt Verbote und Disziplinarmaßnahmen gegen einzelne Schüler einzuleiten, bei denen die Quelle vermutet wird, sollte man, wenn es sich nicht gerade um »persönliche Liebesbotschaften« handelt, solche Inhalte und Gegebenheiten offen zur Diskussion stellen und die Schüler selbst die richtige Einordnung und Einstellung hierzu finden lassen. Das wirkt befreiender und klärender als jede hochnotpeinliche Untersuchung, denn Eingreifen kann der Erzieher ohnehin jederzeit, wenn dies wirklich notwendig sein sollte. Jede Art von »persönlicher Botschaft« erfordert jedoch so viel Takt, zunächst einmal zu erforschen, um was es sich eigentlich handelt, um dann zu überlegen, auf welche Weise man irgendwelchen verirrten oder unklaren Gefühlen zu klarerer Artikulation verhelfen könnte. Dazu gehört freilich eigene Unbefangenheit und Klarheit in allen sexuellen Fragen, Kenntnis der Pubertätspsychologie und die Fähigkeit, gelegentliche direkte Interventionen durch Übergehen zu vermeiden, um dann den spezifischen Inhalt indirekt nach eigenem Überlegen durch ein entsprechendes Stoffangebot bearbeiten zu können. Schüler werden für ihre Entwicklung daraus mehr profitieren und dankbarer sein als für jede Art primitiver Disziplinarmaßnahme, die letztlich in ihnen nur das Bewußtsein bestätigt, hilflos der Autorität ausgeliefert zu sein, und damit Proteste an anderer Stelle heraufbeschwört. In jedem Fall wäre es unrichtig, durch Isolation einzelner Schüler die Tatsache zu verhüllen, daß es sich um ein Gruppenphänomen handelt, das stets von der Gesamtgruppe einer Klasse gemeinsam bearbeitet werden muß, weil es altersspezifisch ist. Die Entfernung eines einzelnen Schülers löst dieses Problem nicht, da es unverändert, jedoch nur verdrängt und unkontrollierbar bei allen anderen fortbesteht. Die pädagogische Hilflosigkeit würde an anderer Stelle mit Sicherheit dann ihren Preis fordern (siehe hierzu auch T. Brocher: Gruppendynamik und Erwachsenenbildung, Braunschweig 1968) [29].

Allgemein stehen solche gröberen Sexualäußerungen in der Pubertät meist auch mit den sozialen Bedingungen einerseits und einem überwiegend autokratisch unterdrückenden Erziehungsstil in engem Zusammenhang.

Lewin, Lipitt und White haben bereits 1935 nachgewiesen, daß sich die allgemein anwachsende Aggressionstendenz der Pubertätsentwicklung durch bestimmte Formen des Erziehungsstils verstärkt. Autokratisch-autoritäre Erziehung und Sexualerziehung sind daher kaum miteinander zu vereinbaren, da letztere weitgehend Charakter- und Persönlichkeitserziehung voraussetzt [30].

Die Pubertätsentwicklung des Mädchens verläuft nur scheinbar unauffälliger. Sie ist, ähnlich wie die Entwicklung des Knaben, vielfach in der einschlägigen Literatur beschrieben worden, so daß hier nur auf die relevanten, wiederkehrenden Inhalte der frühinfantilen psychosexuellen Entwicklung eingegangen werden soll. Die schwierigste Veränderung, die das Mädchen bewirken muß, ist die Ablösung vom primären Liebesobjekt, der Mutter, wie sie zuvor in der präödipalen Phase erlebt wurde. Während der Knabe grundsätzlich die Richtung auf ein heterosexuelles Liebesobjekt beibehält, jedoch die Muttergestalt dann

[29] *Lewin, K., R. Lippitt & R. K. White,* Patterns of Aggressive Behavior in Experimentally Created »Social Climates«. Journ. Soc. Psychol. 10: 217–299, 1939. Deutsch in *T. Brocher* (Hrsg.): Gruppendynamik, Wege der Forschung, Darmstadt (im Erscheinen).

[30] Siehe hierzu ergänzend: *Brocher, T.:* Kritische Überlegungen zur Sexualerziehung, in: Kritische Beiträge zur Bildungstheorie, Frankfurt a. M. 1968.

durch andere Frauen ersetzt, muß das Mädchen zunächst die Wendung zum Vater und von dort aus erst zu anderen, heterosexuellen Liebesobjekten vollziehen [31].
Diese Wendung des Mädchens zum Gegengeschlecht kann mißlingen, wenn eine zu enge Bindung durch die Mutter und gleichzeitig eine Abweisung durch den Vater erfolgen. Der Erzieher sollte sich dabei immer wieder klarmachen, daß er, völlig unabhängig von seiner eigenen, objektiv-realen Verhaltensweise, für Schülerinnen und Schüler in der Pubertät zum Liebesobjekt werden kann, und zwar sowohl im Sinne des ersehnten wie auch des gefürchteten Objektes. Es handelt sich dabei um die Projektionen von Gefühlen, die ursprünglich das Verhältnis zu den Eltern betreffen. Diese Wiederholung ist unvermeidlich. Man wird sich aber auch daran häufig klarmachen können, in welchem Umfang beispielsweise Vater- oder Muttersehnsucht bei Kindern endlich eine Befriedigung sucht, durch die u. U. eine weitere Entwicklung erst möglich wird. Der Lehrer sollte sich in keinem Fall gegen solche Übertragungen wehren, wohl aber verstehen, welche Gefühle dahinterstehen, um realistisch die Entwicklung fördern zu können. Freilich bedarf dies einer sehr genauen Kontrolle der eigenen Gefühle in der »Gegenübertragung«.
Mädchen entwickeln in der Vorpubertät vorübergehend eine Art »männlicher« Identifizierung, d. h., sie verhalten sich bubenhaft, burschikos, häufig überaktiv und mitunter rüpelhafter als Buben. Zum Verständnis dieses Verhaltens muß man sich klarmachen, daß die Intensivierung der Triebstärke starke passive sexuelle Phantasien und Hingabewünsche im Mädchen wachruft, gegen die es sich noch nicht genügend schützen kann. Der häufige Wunsch, z. B. Hosen zu tragen, ist eben nicht nur eine Mode, sondern entspricht sowohl der Identifizierung mit dem Mann als Ergebnis der Wiederkehr des ödipalen Wunschverzichtes (»Wenn ich den Vater schon nicht haben kann, will ich wenigstens so *sein* wie er!«) als auch dem in dieser Identifizierung liegenden Schutz vor allzu heftig werdenden »weiblichen« passiven Hingabewünschen. Umgekehrt ist etwa das Spiel mit der Mini-Maxirock-Mode (die noch andere Ursachen in der Generationsrivalität um das Jungsein hat), eine sublime sexuelle Wunscherfüllung oder Abwehr passiver Hingabe und Exhibitionswünsche, die letztlich von der Gesellschaft bejaht werden. Die westlichen Kulturen gestehen neuerdings allgemein der Frau mehr generelle Befriedigungen des Zeigetriebes zu, weil die phallische Exhibition des Mannes der Frau anatomisch nicht möglich, dem Mann aber in dieser direkten Form strikt verboten ist.
Der dritte, unbewußte Grund für den häufig vom Mädchen beibehaltenen männlichen Protest, der oft noch lange fortbestehen kann, liegt im verborgenen, unbewußten »Penisneid«, der auch die Gefühle des Benachteiligtseins und mitunter heftige Minderwertigkeitsgefühle bedingen kann. (Dem entspricht bei Knaben durchaus eine Art von »Gebärneid«.) Die häufige Abwertung der Frau als reines Sexwesen resultiert aus der Befürchtung des Mannes, die Frau könne sich als zukünftige Konkurrentin erweisen, die außer den gleichen intellektuellen oder technischen Fähigkeiten durch ihre Gebährfähigkeit überlegen ist. Gelegentlich äußert sich dieser Neid in der Abwertung der weiblichen Brust bei vorpubertierenden Knaben bis zu den gezielten Schüssen oder Angriffen mit Gummischleudern. »Busenneid« des Knaben und »Penisneid« des Mädchens entsprechen einander. Dies er-

[31] Der Begriff »Liebesobjekt« ist mit voller Absicht gewahlt, weil auch einzelne Teilaspekte von Personen oder ihnen zugehörigen Gegenständen eine Rolle für die Identifizierung spielen können. Der Begriff »Objekt« beinhaltet ferner die Tatsache, daß »Person« als ganzes in voller Realität noch nicht erkannt werden kann. Ferner bezeichnet der Begriff »Objekt« die Tatsache, daß es sich um die Zielsetzung eines Triebes (= aus biologisch-autonomer Quelle geleitete psychische Funktion) handelt. Jeder Trieb – Sexualität und Aggression – hat ein Objekt, ein Ziel und eine Quelle, nach denen er sich jeweils definieren läßt.

weist sich auch in der Überschätzung oder Abwertung der weiblichen Brust durch viele erwachsene Männer. Carl Abraham verwendet für die psychosexuelle Entwicklung des Mädchens die Begriffe »Wunscherfüllungstypus« und »Rachetypus«, um damit zu kennzeichnen, daß es zwei verschiedene Ausgänge der ödipalen Konfliktsituation gibt, die sowohl in reiner Form wie auch auf verschiedene Weise gemischt auftreten können. (Den Begriff des Typus darf man hier nicht zu eng auslegen [32].) Beim Wunscherfüllungstypus bleibt die frühkindliche, psychosexuelle Phantasie fortbestehen, eines Tages doch noch die Geliebte des Vaters zu sein, mit ihm Kinder zu haben und die Mutter abzulösen.

Die Übertragung solcher unbewußten Gefühlsinhalte auf den Erzieher ist nicht ungefährlich für ihn selbst, zumal wenn er glaubt, aus rein väterlichen Gefühlen zu handeln, dabei nicht ahnend, daß in ihm selbst in einer Vater-Tochter-Übertragung die unbewußten Anteile seiner eigenen früheren verdrängten Mutter-Sohn-Beziehung mobilisiert werden können. Solche Bilder fortdauernder Pubertät auf beiden Seiten sieht man freilich meist mehr an Universitäten, jedoch sollte der männliche Erzieher der Oberstufe damit ebenso rechnen, wie etwa die Pädagogin auch mit der ambivalenten Zuneigung des Rachetypus vertraut sein sollte. Die häufige Schwärmerei der Mittelstufe bei Mädchen für bestimmte Lehrerinnen gründet sich auf ursprünglich homoerotische Phantasien der frühen Kindheit. Die am Vater in ihren Gefühlen enttäuschte Tochter wendet sich mit ihrer Zuneigung sekundär der Mutter zu, um den Vater auf diese Weise auszuschalten bzw. ihn bei der Mutter zu vertreten. Der Rachetypus hat eine unbewußt weitgehend männliche Identifizierung in dem Sinne, daß der enttäuschende Vater dadurch ersetzt werden soll, daß die Tochter selbst bessere väterlich-männliche Eigenschaften hat. Sie ersetzt also den Vater durch die Regel gegenüber der Frau: »Wir Frauen sind eigentlich viel bessere Männer« (Väter). Der »Schwarm« enthält psychosexuell die Übertragung der ursprünglich auf den Vater gerichteten Gefühle auf eine subjektiv als ideal männlich-väterlich erlebte Lehrerin. Das schließt die Weiblichkeit nicht aus, jedoch handelt es sich um eine in der unbewußten Phantasie mit einem Phallus ausgerüstete Frau. (Ähnlich sind in den klassischen Sagen Frauengestalten, z. B. Brunhild, beschrieben, die sich mit Männern messen oder sich an ihnen rächen.)

In der umgekehrten Situation wird eine weibliche Lehrerin umschwärmt, die an der Stelle der Mutter steht, während das Mädchen sich mit dem Vater so weitgehend identifiziert hat, daß sie den Vater bei der Mutter vertreten und verdrängen will. In diesem Fall drängt sich das Mädchen gleichsam als männlicher Liebespartner der Lehrerin auf. Alle diese Erscheinungen haben nichts mit »krankhafter« Homosexualität zu tun, sondern stellen im allgemeinen nur eine Wiederkehr der präödipalen Gefühle dar, weil die betreffenden Mädchen keine Entwicklungsmöglichkeit hatten, da sie innerhalb der Familie und in ihrer speziellen ödipalen Konfliktsituation meist von beiden Elternteilen abgewiesen oder auf eine bestimmte Weise gebunden wurden.

Die gesamte Entwicklungsphase des Mädchens ist ebenfalls, wenn auch mit geringerer Heftigkeit, meist von periodischer Masturbation begleitet. In der Vorpubertät spielt der Eintritt der Menstruation für das »Prestige« etwa die gleiche Rolle wie die Erektion und die Pollution für den Knaben. Jede sorgfältige Sexualerziehung wird also darauf achten müssen, den Eintritt dieser Signale der Geschlechtsreife als etwas Selbstverständliches, nicht

[32] *Abraham, C.:* Äußerungsformen des weiblichen Kastrationskomplexes. Int. Ztschr. f. Psa. VII, 1921; siehe ferner *Deutsch, H.:* Psychologie der Frau, Bern 1954. *Lampl-de Groot, J.:* Zur Entwicklungsgeschichte des Ödipuskomplexes der Frau. Int. Ztschr. f. Psa. 1927, Psyche XIX: 7, 1965. Neuerdings auch: *Dräger, Käthe:* Zur Entwicklung der weiblichen Sexualität. Psyche XXII, 1968.

Beunruhigendes und zu einer bestimmten Entwicklung Strebendes darzustellen. Im Prinzip empfiehlt sich auch hier, nicht aktiv, eindringend vorzugehen, sondern entweder in mehreren Fächern gleichzeitig, nach vorher erfolgter Absprache, entsprechende Inhalte zur Diskussion anzubieten und dadurch aktive Fragen der Schüler zu stimulieren oder offen entsprechende Fragen so lange zur Diskussion zu stellen, bis die Befangenheit und Unruhe allmählich einer sachlichen Einstellung weicht, die nicht mehr so geheimnisumwittert ist, weil keine künstliche Verhüllung erfolgt. Gerade Abweisung und künstliche Verhüllung erzeugen häufig in Schulklassen jene unnatürliche Schwüle, die einem entgegenschlägt, an der zugleich aber stets erkennbar wird, daß ein Mangel an offener Sexualerziehung vorliegt.

Freilich bedarf es hierzu auch einer intensiven Elternarbeit, aber im allgemeinen sind die Eltern gerade als primäre Liebesobjekte viel weniger geeignet, weil die emotionale Besetzung der frühen Kindheit auf beiden Seiten fortbesteht. Wenn das Elternhaus nicht von Beginn an durch Frühaufklärung die Sexualerziehung selbst übernommen hat, sind Eltern wegen der fortbestehenden unbewußten inzestuösen Phantasien meist viel weniger geeignet, dem Kind wirklich neutral und unbefangen zu begegnen, um seine Fragen zu beantworten. Jedes vom Elternhaus von klein auf in der psychosexuellen Entwicklung richtig geführte Kind wird ohnehin in der Pubertät während der Schulzeit weniger Schwierigkeiten mit sich selbst und anderen haben, jedoch wird sich der Schulerzieher häufig der Aufgabe nicht entziehen können, dem größeren Teil der Schüler die erforderlichen Lebenshilfen zu geben, die das Elternhaus von sich aus oft versäumt oder nicht übernommen hat, aus welchen Motiven auch immer dies so sein mag.

Ziel der Sexualerziehung in der Pubertät ist die endgültige Bewältigung des psychosexuellen Konfliktes der ödipalen Stufe, d. h. die Ablösung der inneren Gebundenheit an die primären Sexualobjekte. Diese Lösung wird nur erreicht, wenn die Entwicklung zum Genitalprimat bejaht und gefördert wird, so daß der Jugendliche eigene und fremde Sexualität unbefangener erleben kann. Es würde den Umfang dieses Grundrisses überschreiten, auf die Abwehrmechanismen des Ich gegen die Triebe und deren Wandlung in der Pubertät noch weiter einzugehen, die in hervorragender Klarheit vor allem hinsichtlich der Pubertätsentwicklung bereits 1936 von Anna Freud beschrieben wurden [33].

Für den Lehrer kommt es nicht nur in der Sexualerziehung darauf an, die Abwehrbewegungen des Ich gegen die Bedrohung durch die Triebe zu verstehen und die Entwicklung des Ich so weit zu stärken, daß es die Intensität der Triebforderungen angstfreier ertragen lernt. Gerade auf diese Weise wird durch eine bessere Anpassung an die Wirklichkeit zugleich auch stets eine Persönlichkeitserziehung möglich sein, die zu wesentlich weniger neurotischen Ergebnissen kommt als bisher. Es scheint notwendig, schon hier eine klärende Bemerkung einzufügen, die sich aus einem dieser Arbeit vorausgegangenen Informationsaustausch mit Lehrern aller Schulgattungen ergab. Dankenswerterweise hatten sich diese Lehrer der Mühe einer kritischen Vorauslektüre des ersten Entwurfs unterzogen. Es besteht kaum ein Zweifel, daß fast jeder Pädagoge seinen Beruf aus sehr persönlichen Motiven ganz verschiedener Art ergreift. Die meisten Lehrer üben ihren Beruf mit großem Idealismus aus, ohne daß die Öffentlichkeit oder die Schüler selbst – mit seltenen Ausnahmen – dies direkt anerkennen oder danken würden. Es ist nicht Ziel und Absicht dieser Handreichung, diesen Idealismus – den pädagogischen Eros im besten Sinne – zu kritisieren oder zu schmälern. Im Gegenteil, der Lehrer braucht Schutz und Ermutigung durch seine soziale Umgebung aus folgenden Gründen: Er ist in einer Gefahr, die er selbst nicht ohne

[33] *Freud, Anna:* Das Ich und die Abwehrmechanismen (L. V. Nr. 196, 157).

weiteres bemerken kann. Um einen meiner kritischen Vorrezensenten zu zitieren: »Nach meinen Beobachtungen neigen gerade Lehrer zur Fehleinschätzung der eigenen Person. Der ständige Umgang mit Kindern und Jugendlichen, die sowohl vom Wissen als auch von der Stellung her stets die Unterlegenen sind, führt oft, wenn auch häufig nicht bewußt, zur Selbstüberschätzung. Der Zweifel an der eigenen Haltung, der Richtigkeit seiner Überzeugungen usw. regt sich zu selten in ihm. Wie aber kann Sexualerziehung unter solchen Voraussetzungen erfolgreich sein?«
Das ist eine herbe Kritik von seiten eines Pädagogen, aber im Kern sagt sie aus, daß der Lehrer die Verbindung und Hilfe der Nachbarwissenschaften braucht, um Distanz zu sich selbst und Reflexionsfähigkeit für sein Handeln zu gewinnen. Über den nachbarlichen Zaun hinweg aus psychologischer Perspektive gefragt: Wenn schon in den Eltern ihre sich entwickelnden Kinder mit Sicherheit alle ungelösten Probleme und Konflikte »aufstören« (Therese Benedek) [34], unter wieviel größerer Belastung muß dann der Lehrer stehen, der Hunderten von Kindern ausgesetzt ist? Werden diese Kinder nicht häufig ihren Nachholbedarf an erschwerter, mißglückter oder konflikthafter Entwicklung auf ihn übertragen oder abzureagieren versuchen? Auf welche Weise beeinflußt ihn das? Wir billigen dem Arzt, dem Bakteriologen und zahlreichen technischen Berufen Hilfe und Schutz zu, wenn sie mit infektiösem oder gefährlichem Material umgehen. Wir bereiten andere Berufe auf spezifische Gefahrenmomente in ihrer Tätigkeit vor. Bisher aber haben wir wenig konkret Praktisches unternommen, das dem Lehrer die Grundsätze einer seelischen Hygiene zugestehen würde, die um seiner selbst und der Kinder willen notwendig ist. Lange Beobachtungen des Lehrerberufs und die enge Zusammenarbeit mit kleinen Gruppen von Lehrern an ihren täglichen Schulproblemen durch viele Jahre hindurch haben für mich deutlich erwiesen, daß der Lehrer als einer der wenigen Berufe ständig einer Belastung ausgesetzt ist, die es kaum in einem anderen Beruf (jedenfalls nicht in diesem Ausmaß) gibt: Er wird ständig mit präödipalen und ödipalen Konflikten und Bedürfnissen der ihm anvertrauten Kinder konfrontiert. Nur der naive Laie kann annehmen, daß dies ohne Wirkungen auf seine seelische Dynamik bleibt. Der geringste Teil der Lehrer wird sich hiergegen durch »gepanzerte Amtsroutine« schützen können oder wollen, zumal sie keineswegs etwas gegen die unbewußte Beunruhigung ausrichten kann. Der größere Teil der Lehrerschaft aller Schulen ist sich wahrscheinlich der Tatsache bewußt, daß dieser Beruf eine fortschreitende Persönlichkeitsentwicklung erfordert, deren Grundlagen Selbsteinsicht und ein seelisches Gleichgewicht sind. Diese Arbeit soll eine Hilfestellung zu diesem schwer erreichbaren Ziel geben. Dabei läßt sich freilich nicht vermeiden, daß manches, aus der nachbarlichen Perspektive betrachtet, anders aussieht. Seelische Hygiene und Sexualerziehung in der Schule gehören aber untrennbar zueinander, eben weil die Tätigkeit des Lehrers mehr umfaßt als Wissensvermittlung. Der Psychoanalytiker kennt die Wirkungen des Unbewußten und die Rückkoppelungsdynamik fremder Gefühle im eigenen Inneren aus seiner Ausbildung und Erfahrung. Er kann sie nutzen, um behinderten Entwicklungsprozessen beim Mitmenschen den Weg frei zu machen. Wenn es gelingt, dem gewiß in vielen einander widerstreitenden Gefühlen befangenen einzelnen Lehrer seine eigene Beteiligung als *Person* an den vielerlei Erziehungswirkungen näherzurücken, so kann für die Humanisierung der Triebe und damit für die Kulturentwicklung viel gewonnen werden. Dies bedarf freilich auch der Mitwirkung des Elternhauses und der Gesellschaft, die den Lehrer weder isolieren noch in eine falsche Position drängen darf. Die Zukunft wird von allen Erziehern, vor allem aber von den Eltern, weit mehr Bewußtheit der Wirkungen eigener, ungelöster Kon-

[34] L. V. Nr. 152.

flikte auf die Folgegeneration fordern, wenn der fatale Wiederholungszwang destruktiver Kurzschlüsse verhindert werden soll. Das läßt sich nur durch eine Weiterentwicklung der Ich-Funktion erreichen. Diese entwickelt sich aber aus einer ausreichenden Lösung der ödipalen Konflikte in der ersten und zweiten Phase der psychosexuellen Entwicklung. Nur dadurch werden genügend schöpferische Kräfte einer kultivierten Sexualität freigesetzt, die eine wachsende Intelligenz fördern können.

1. Identität und Adoleszenz

Aus dem bisher Dargestellten wird ersichtlich, daß mit dem Beginn der Pubertät das Identitätsproblem: »*Wer* bin ich?« für jeden Jugendlichen in den Mittelpunkt rückt. Alle sexuellen Phantasien, einschließlich der puberalen Masturbation und ihrer gegenläufigen Strebungen, der Pubertätsaskese, dienen einem einzigen Ziel, nämlich eine weitgehend endgültige psychische Identität zu gewinnen: »Das bin (will) ich« und »Das bin (will) ich nicht!« Die Sexualerziehung sollte heute nicht mehr dem weitverbreiteten Irrtum unterliegen, dies ließe sich durch »Aufklärung« erreichen. Vielmehr geht es darum, in großem Umfang dem Pubertierenden Kenntnisse über die sozialen, ökonomisch-politischen, historischen, künstlerischen und pädagogischen Aspekte der Gesellschaft zu den Rollen von Mann und Frau sowohl in der geschlechtlichen wie sozialen Partnerschaft zu vermitteln. Dazu gehört gewiß auch die Vermittlung von konkreten Einsichten in die verschiedenartige Erlebnisweise der Altersstufen innerhalb des Lebensablaufes sowie in die verschiedenartige Erlebnisweise der Sexualfunktionen durch beide Geschlechter. Erst durch diese Angebote lernt der Jugendliche dann die ihm zuvor gänzlich isoliert erscheinenden, ihn selbst aber von der eigenen Körperlichkeit her bedrängenden, funktionellen Fakten der Sexualität, die er weitgehend kennt, richtig einzuordnen, d. h. Maßstäbe zu finden, die ihn nicht von vornherein zwingen, die eigene Sexualität als schuldhaft, als sündig oder gar als »schmutzig« zu erleben. Wie soll ein junger Mensch seinen eigenen Kindern, dem Glück der Liebe, der Zeugung und Verantwortung für die Nachkommenschaft jemals hoffnungsvoll gegenüberstehen, wenn ihm von vornherein Sexualität schon früh als anstößig, gefährlich und nur unter bestimmten Bedingungen zulässig dargestellt wird? Er muß unweigerlich ein krankes Bewußtsein entwickeln, das dann auch zu gehemmten, abwegigen oder kompensatorischen Verhaltensweisen in der Sexualität führt, wenn diese nicht im Bereich der natürlichen Gesundheit des Menschen erlebt werden kann, weil die Hinweise zu ihrer Einordnung in der Erziehung gefehlt haben. Es erscheint deshalb auch viel wesentlicher, die sozial-humanen Bedingungen der Sexualität zu lehren als etwa nur die biologisch-medizinischen Tatsachen.

Das wirft die Grundfrage auf, zu welcher Identität heute eigentlich erzogen werden soll. Die Antwort ist einfach: zur Fähigkeit, Mann oder Frau zu sein und die aus der Sexualität sich ergebenden sozial-kulturellen Verpflichtungen jeder sexuellen Aktivität zu erkennen und danach zu handeln. Differenzen bestehen nur über die Normen der sozial-kulturellen Verpflichtungen. Jedoch wird man sich hier innerhalb einer pluralistischen Gesellschaft nicht allzu eng orientieren dürfen.

Um die jeweils erforderliche Höhe der Kulturentwicklung im Sozialisationsprozeß überhaupt erreichen zu können, ist die Betonung von Sexualität im weitesten Sinne als Kulturleistung von größter Bedeutung. Der simple Vergleich mit der Notwendigkeit einer Stillung von Hunger und Durst als physiologisches Bedürfnis stößt immer wieder auf das Mißverständnis, Sexualität in diesem Sinne sei nicht notwendigerweise in gleichem Maß zu befriedigen. Wie bereits dargestellt, gehört jedoch die orale Befriedigung mit zur prägenitalen Sexualität. Genauso, wie sich die Eß- und Trinkgewohnheiten im Laufe der Kulturentwicklung verändert haben und manche Formen der Nahrungsaufnahme keineswegs mehr der Stillung des Hungers, sondern vielmehr dem Vergnügen und der Lust am verfeinerten Genuß dienen, ist auch Sexualität im weitesten Sinne innerhalb der Kulturentwicklung mehr als Zeugung, Geschlechtsverkehr oder rein genitale Betätigung. Auf diese, den gegebenen Kulturbedingungen entsprechende Einordnung kommt es aber in der Sexualerziehung an, die letztlich ein Gleichgewicht des Antagonismus von Aggressions- und Sexualtrieb zugunsten einer stabilen Ich-Identität anstreben sollte.

Die Pubertätsentwicklung bringt in zahlreichen Erscheinungen deutliche Regressionstendenzen mit sich. Die oft mißverstandene Verstärkung der Aggressionstriebe ist jedoch nur relativ, d. h., es handelt sich um einen Abwehrvorgang [35].

Die einsetzende, sehr starke Beunruhigung durch den Sexualtrieb, die damit verbundenen zunehmend deutlicher werdenden körperlichen Empfindungen und die seelische Unsicherheit gegenüber diesen Körpersensationen führen zu einer kompensatorischen Aktivierung des Aggressionstriebes. Das ist auch dadurch bedingt, daß die bis zu diesem Zeitpunkt wirksamen Erziehungseinflüsse und die Richtung der Ich-Erprobung überwiegend Aktivität und Aggression kanalisiert haben. Der präpuberale Jugendliche ist also recht gut eingeübt worden, seine Aggressionstriebe zu betätigen, sei es in Arbeit, Sport, Spiel oder Konkurrenz und Rivalität in der Leistung, während er meist überhaupt nicht auf die völlig andersartigen Gefühle der Sexualität vorbereitet wurde. Allgemein wird man wohl, ohne besonderen Vorwurf zu ernten, feststellen dürfen, daß die emotionale Erziehung, d. h. die Affektbildung, an der heutigen Schule weitgehend vernachlässigt wird. Das ist gewiß nicht der Schule allein zuzuschreiben. Vielmehr drängen eine überwiegende Leistungsorientierung und ein überbürokratisiertes Berechtigungswesen gerade die für eine wirkliche Bildung notwendigen pädagogischen Bemühungen immer mehr in den Hintergrund. Um so eher könnten die neuen Bemühungen um eine systematische Sexualerziehung in der Schule zu einer kritischen Rückbesinnung auf ursprüngliche, wichtige anthropologische Grundbedingungen der Pädagogik führen und sie durch Erkenntnisse der Nachbarwissenschaften bereichern.

Bei der grundsätzlich in gewissen Grenzen möglichen Austauschbarkeit, Stellvertretung und Kompensation der beiden Grundtriebe gegeneinander kommt es also zunächst dazu, daß sexuelle Energien dann ebenfalls auf den bisher gebahnten Wegen des Aggressionstriebes entladen werden. Die Gefahr liegt in der Trieb*ent*mischung, denn sobald die Aggression isoliert von Sexualität verwirklicht wird, entsteht nicht nur größere Destruktion, sondern der sexuelle Impuls wird zugleich auch primitiver. Diese Tatsache läßt aber den extremen Widerspruch der Pubertät zwischen großer Heftigkeit, ruppigem Verhalten, Aggressionsbereitschaft, Trotz und gelegentlicher Gefühlskälte einerseits und hoher Empfindlichkeit, verleugnetem, jedoch deutlich verstärktem Anlehnungsbedürfnis und Unsicherheit andererseits verständlicher werden. Die puberale Masturbation als Durchgangsstufe der Normalentwicklung – gleichsam als Erprobungsfeld neuer, von den Ich-Funktionen zu integrierenden und zu kontrollierenden Erregungen innerhalb des bislang erlebten Körperschemas – ist wegen der aktiven Initiative und der damit verbundenen alten,

[35] So versteht z. B. Bergius in »Theorie des Jugendalters« * die von *Anna Freud* dargestellte Verstärkung der Aggressionstendenzen irrtümlicherweise als genuines Geschehen, während in Wirklichkeit von A. Freud ausdrücklich beschrieben wird, daß es sich um Abwehrvorgänge des Ich gegen die Triebbedrohung von seiten des Sexualtriebes handelt.

* In: Neidhart, Bergius, Brocher et al.: Zur Theorie des Jugendalters – München 1970.

inzestuösen Phantasien der Kindheit im Anfang häufig mit Schuldgefühlen verbunden, die der phallischen Phase entsprechen. Um eine Lösung zu finden, schwanken viele Jugendliche zwischen der Pubertätsaskese mit ihren extremen Vorsätzen und Idealen und einem jähen, völlig entgegengesetzten Triebdurchbruch. Das als zukünftige Identität entworfene Selbstideal kann nicht aufrechterhalten werden, weil die damit verbundenen Größenphantasien an der Wirklichkeit scheitern. Das macht den Jugendlichen so empfindlich, sobald es um seine Eigenliebe und sein Selbstideal geht. Die narzißtische Kränkbarkeit ist in dieser Phase entscheidend erhöht. Das Gefühl, alles sein zu können, alles sein zu wollen und doch wirklich noch nichts zu sein, entspricht der Ohnmacht des kleinen Kindes, nachdem es eben den aufrechten Gang erreicht hat. So wechselt der Jugendliche zwischen der Wut über die Umgebung und deren unverwundbarer Realität, während er gleichzeitig auch heftige Aggressionen gegen sich selbst richtet, da er die Forderungen dieser Wirklichkeit nicht ohne weiteres erfüllen kann, dies aber als deutlichen Mangel erlebt. Man darf also die vom Jugendlichen extrem geforderten Ideale keineswegs in Vergleich setzen mit seinem realen Verhalten, denn tatsächlich haben beide zunächst nichts direkt miteinander zu tun. Bei der Errichtung der Pubertätsideale handelt es sich um einen Abwehrvorgang gegen die als unkontrollierbar und autonom erlebten Triebdurchbrüche. Die Aggressivität ist Ausdruck dieser Angstabwehr und der Befürchtung, für jede Abweichung von dem theoretischen Ideal »Strafe« oder Vorwürfe zu erleiden. Um dieser vermeintlichen Strafe für das Versäumnis eines nicht erreichten Ideals zu entgehen, bedient sich der Jugendliche zweier Abwehrmechanismen. Einmal identifiziert er sich mit dem Aggressor, d. h. mit dem potentiellen Erwachsenen, der einen Vorwurf aussprechen könnte, und verhält sich aggressiv, so wie er meint, vom Erwachsenen vorwurfsvoll behandelt zu werden. Zum zweiten richtet er aber gleichzeitig die Aggression gegen sich selbst und erleidet damit abschnittsweise heftige Depressionen und Unsicherheiten. Daraus resultiert dann auch die scheinbare Wurstigkeit oder »Faulheit«, die manchen Pädagogen seinerseits zur Ungeduld und zur Aggression verführt, um etwas in Bewegung zu bringen oder zu ordnen. Jeder Anstoß dieser Art treibt aber letztlich den Jugendlichen innerlich in einen größeren Konflikt, da er ja ohne Hilfe noch nicht in der Lage ist, die Triebquellen seiner Schwierigkeiten zu erkennen.

Ohne in dieser kurzen, mehr orientierenden Darstellung genauere Details über die Verhaltensweisen Pubertierender zu beschreiben, die allein wegen der Vielfalt ihrer Erscheinungsweisen einen größeren Umfang erfordern würden, muß dennoch für die Sexualerziehung auf die wichtige Notwendigkeit hingewiesen werden, dem Jugendlichen, wo immer dies der Stoff erlaubt, gleichsam spiegelbildlich indirekt eine Darstellung seiner eigenen inneren Situation anzubieten. Der Takt und die Achtung vor der wachsenden jungen Persönlichkeit verbietet gewiß jede direkte Anspielung und jeden primitiven Hinweis, durch den irgendein Schüler bloßgestellt werden könnte. Vielmehr kommt es für den Jugendlichen darauf an, daß in diesem Angebot drei Aspekte erkennbar werden:

1. Wichtig ist die beruhigende Feststellung, daß er mit seinen Problemen und Schwierigkeiten nicht allein ist, sondern am vorliegenden Beispiel ersehen kann, wie sehr sein eigenes Problem zur »normalen« Entwicklung gehört. Das reduziert einerseits seine überhöhten Ideale und verringert die Angst, während andererseits sein soziales Bewußtsein durch das Gefühl der Zugehörigkeit zur Allgemeinheit beruhigt wird.
2. Die offene Diskussion sexueller Entwicklungsprobleme an einem konkret gegebenen Unterrichtsstoff neutralisiert auch die Erziehungssituation, weil der Jugendliche plötzlich versteht, daß der Erzieher seinen Schwierigkeiten wohlwollend gegenübersteht, ohne dabei die Distanz zu verletzen und in ihn einzudringen bzw. seine Intimsphäre

aufzuheben. Die Einstellung zu den eigenen Beunruhigungen wird auf diese Weise mehr versachlicht. Der Ansatz zur Identitätsfindung ermöglicht realistische Zukunftsentwürfe, in denen die Bewältigung der Sexualität als ein selbstverständliches Entwicklungsproblem eingeordnet werden kann.

3. Die Angstverminderung verringert zugleich auch die Triebspannung. Man muß sich stets von neuem vergegenwärtigen, daß es überwiegend die Unklarheit über die richtige Einordnung und Wertung der sexuellen Tatsachen ist, die den Jugendlichen um so mehr in die sexuelle Aktivität der Masturbation treibt, je mehr er sich verlassen und unsicher fühlt. Gewinnt er Klarheit darüber, daß es sich dabei einerseits um eine Erprobungs- und Experimentierphase handelt, die zum Teil sozial durch die ihm auferlegten Sexualeinschränkungen des heutigen Sozialisationsprozesses mit bedingt ist, andererseits jedoch um eine unbewußte Tendenz, sich selbst, mit Hilfe einer direkt und gleich erreichbaren, nie versiegenden Lustquelle zu trösten, um sich entschädigende Befriedigung als Ausgleich für alle durch Entwicklung und Lernprozeß bedingten Frustrationen zu verschaffen, so wird sich seine Einstellung durch diese Einsicht verändern. Damit wird die Entwicklungstendenz seiner Sexualität eher auf eine spätere Partnerbeziehung ausgerichtet sein als auf den Rückzug in die Phantasie und die Selbstbefriedigung. Durch offene Erörterung läßt sich dies viel leichter erreichen als durch die bis heute noch gebräuchlichen, erzieherisch gewiß törichten, schädigenden und unnötig neurotisierenden Warnungen, Drohungen und falschen Informationen, die stets das Gegenteil bewirken, nämlich eine Verstärkung der Angst vor der Sexualität, damit eine Vergrößerung der sozialen Rückzugstendenz, mit der Folge des Zunehmens der Masturbation und Isolation. Der narzißtische Rückzug ist aber stets letztlich das entscheidende Hindernis für jedes soziale Verhalten.

Freilich wird der Pädagoge hier den Einwand erheben, daß nur wenige Inhalte seines Faches geeignet seien, didaktisch ausreichende Ansätze für diese Art der Sexualerziehung zu finden. Soweit dies die offiziellen, heutigen Schulbücher betrifft, besteht kein Zweifel daran, daß viele Inhalte in höchstem Maß ungeeignet sind, überhaupt eine Beziehung zur Realität im Sinne einer Verknüpfung von Wissen und Sein zu erreichen. Man wird jedoch nicht behaupten können, daß es nicht eine Fülle von Stoffangeboten in der deutschen, englischen, französischen, lateinischen und griechischen Literatur gäbe, die durchaus einen Zugang zu Entwicklungsfragen der Pubertät und zur Sexualerziehung ermöglichen. In höherem Maß gilt dies für naturwissenschaftliche Fächer wie Chemie, Physik oder Biologie, wenn man jene Stoffe auswählt, die z. B. Bezug zur Realsituation des jungen Menschen haben. Es ist recht erschreckend festzustellen, daß Adoleszenten sich von pharmazeutischen Betrieben Literatur über Hormon- und Sexualfunktionen erbitten, weil die Schule ihnen hierüber nichts mitteilt, die Schule darin aber andererseits einen zu ahnenden »Verstoß« gegen die guten Sitten sieht. Das ist die Sexualmoral von 1871 bis 1912 – sie war *vor* diesem Zeitpunkt vernünftiger und sollte es danach wieder werden. Selbst in Bereichen wie in der Mathematik wird meistens dem Fachlehrer wenig bewußt, daß die größere Vorliebe für die Geometrie nicht nur in der Anschaulichkeit der Figur, sondern auch in ihrem unbewußten Symbolwert liegt, der zugleich mit der Konstruktions- und Zeichenmöglichkeit auch den Bedürfnissen der Altersstufe entspricht, während die späteren Abstraktionsleistungen anderer Mathematikformen wie z. B. Algebra eben zunächst das Erreichen einer bestimmten Sozialisationsstufe in der psychischen Entwicklung voraussetzen. So wäre z. B. auch die direkte Erörterung von elektrischer Energie im Zellhaushalt, ihre Kontrollierbarkeit in der elektrischen Hirnaktivität in der Physik neben anderen Angeboten ebenso ein Zugang wie die Erörterung der hormonalen Funktionen in ihren

Auswirkungen auf Einstellung und Verhalten in der Chemie. Stoffangebote wären genügend vorhanden, wenn der Stoff in Bezug gesetzt würde zu realen Entwicklungssituationen des Jugendlichen. Wir wissen aus der Erwachsenen-Psychologie seit vielen Jahrzehnten, daß im allgemeinen auch der Erwachsene sich nur für die Dinge interessiert, die ihn selbst tatsächlich etwas angehen oder zu denen er auf irgendeine Weise einen Bezug gewonnen hat, der häufig recht subjektiver Art ist. Sollen sich Schüler tatsächlich aus Fernsehen, Magazinen und Buchdarstellungen allein diese Kenntnisse selbst erarbeiten oder ist es nicht durchaus legitime Aufgabe einer ausreichenden Sexualerziehung in der Schule, diesen Weg zur Maturität mit zeitgenössischen Mitteln zu bahnen?

Die heutige Methode, dem Biologie- und Religionsunterricht überwiegend diese Aufgabe zu überlassen, wirkt auf den Frühpubertierenden letztlich nur beunruhigend und verstört ihn unnötig, da sie in ihrer Isoliertheit ein durchaus ungeeigneter Weg ist. Auf den älteren Adoleszenten dagegen wirkt die Aufteilung in einen medizinisch-funktionellen und einen religiös-moralischen Anteil der Sexualität irritierend und mitunter erheiternd [36]. Er erlebt diese Stoffaufteilung kritisch, weil er selbst mitten in einem Integrationsvorgang steht, der ihm diesen Spaltungsprozeß innerlich nicht ermöglicht. Durch überhöhte Idealisierungen, Verbrämungen und Umschreibungen der Sexualität wird er daher – verglichen mit der modernen Literatur, die er oft liest, nicht zu Unrecht – oft zum Spott gereizt, weil seine eigenen Perspektiven und Gespräche innerhalb der Altersgruppe viel offener und direkter sind. Diese Tatsache würde nicht nur für eine durchgehende, unauffällige Beteiligung aller Fächer über längere Zeitstrecken sprechen, sondern auch für einen Wechsel der Methodik im Sinne verstärkten Arbeitsunterrichts, der dem Schüler selbst mehr Initiative, Aktivität und Themenzentrierung einräumt. Dies gilt für die Sexualerziehung mindestens in der Mittel- und Oberstufe.

Die Identitätsfindung in der Pubertät hängt weitgehend von den Reifungsangeboten der Kultur und damit spezifisch von den Erziehungseinrichtungen, nämlich von der Schule ab. Es kommt darauf an, ob dem Jugendlichen seine geschlechtsspezifische Identität zugestanden und er in deren Entwicklung unterstützt wird oder ob die Schule dieses Thema als nicht zuständig ausklammert und dadurch schwere Schäden und Hemmungen in der Identitätsentwicklung heraufbeschwört, die zu einem Anwachsen puberaler Identitätskrisen führen wird. Es handelt sich aber dabei um reine Kunstprodukte einer schlecht an die Realität angepaßten *Institution* im Rahmen eines falsch konzipierten Gesellschaftssystems, nicht etwa um krankhafte Jugendliche.

Dieser Vorwurf trifft beileibe nicht den einzelnen Lehrer. Vielmehr käme es gerade darauf an, die bestehende Bereitschaft vieler Erzieher zu nutzen, um die geeigneten pädagogischen Methoden gemeinsam mit Psychologen und genügend jugendkundigen Psychiatern auszuarbeiten, denen die Psychodynamik der kindlichen Entwicklung vertraut ist. Die Erwartung, dies könne allein von einem einzigen Fachmann einer Zentralstelle aus erfolgen, ist unrealistisch, obwohl jedes auf diese Weise verfügbar werdende Informationsmaterial den lokalen Gruppen gewiß vorzügliche Hilfe leisten kann. Wirksam für die Identitätsfindung der Jugendlichen wird die Sexualerziehung jedoch nur dann, wenn innerhalb der einzelnen Erziehergruppe einer Schule genügend Kooperation und Konsens gewährleistet ist. Zum Problem Identität und Pubertät gehören in der Sexualerziehung auch ausreichend konkrete Berufs- und Rollenangebote, mit denen der Jugendliche sich probeweise identifi-

[36] Man wird leider jener Leserzuschrift der Zeitschrift »Der Spiegel« angesichts der Fakten nicht widersprechen können, die den erwachsenen »Minderjährigen zwischen 30 und 40 Jahren« ironisch die Lektüre der schwedischen Schulschrift »Samspel« empfiehlt, »damit sie wenigstens auf dem gleichen Aufklärungsstand sind wie die schwedischen Kinder mit 13 Jahren«.

zieren kann. Es genügt z. B. nicht, Berufe theoretisch zu beschreiben. Vielmehr bedarf es entsprechender Besichtigungen von lokalen Betrieben und ausreichender Erklärung der Berufszugänge und ihrer Voraussetzungen. Auch persönliche Berichte einzelner Berufsangehöriger, die in der Lage sind, ihre Tätigkeit anschaulich genug darzustellen, sollten ebenso wie die Frage nach den Berufen der Eltern zur Grundlage der sozialen Rollendiskussion gehören. (Von einhundert 10jährigen einer mittleren Großstadt können 80 % die Berufe der Eltern angeben, dagegen haben nur 20 % eine klare Vorstellung, wie dieser Beruf ausgeübt wird.) Der Akzent bei der Diskussion von Berufsentwicklungen wird dabei von allein im weiteren auf die Geschlechtsspezifität und die Gleichberechtigung der Geschlechter ausgedehnt werden können. Falsche Einstellungen, Rückständigkeiten, soziale Vorurteile über die jeweiligen Fähigkeiten der Geschlechter und falsche Wertungen können auf diese Weise viel konkreter bearbeitet werden. Die Sexualerziehung in der Pubertät sollte im wesentlichen auf zwei Aspekte zentriert sein:

a) Es kommt darauf an, die Jugendlichen von ihren beunruhigenden Phantasien zu entlasten. Dies ist nur durch klare, aufdeckende und völlig unverhüllte Erörterung aller Fragen zu erreichen, die von den Jugendlichen aufgeworfen werden. Darauf sollte jeder Erzieher vorbereitet sein und werden. Seine Offenheit und Bereitschaft, durch Gegenfragen, Diskussion und Erarbeitung von Problemlösungen für das Thema Sexualität einzutreten, in welcher Verhüllung auch immer es sich anmeldet, entscheidet auch über seine tatsächliche Autorität. Jedes Ausweichen wird gewiß vom Jugendlichen als schlechtes Beispiel eines sich auf autokratische Weise drückenden Erwachsenen erlebt und u. U. übernommen. Bevor die bestehende Beunruhigung jedoch nicht durch klärende Angebote zu realistisch eingeordnetem Wissen geführt hat, wird die Phantasie auch die Aufnahme *aller anderen Lehrangebote* beeinträchtigen. Diese Phase verkürzt sich mit dem Ausmaß der Bereitschaft *aller* Erzieher, den vom Schüler eingebrachten Themen nicht auszuweichen. Alle Disziplinarverfahren wegen »pornographischer Delikte« oder »sittenwidrigen Verhaltens« von Schülern sind im Grunde reine Kunstprodukte einer umgangenen, vernachlässigten oder falschen Sexualerziehung. Wo Offenheit herrscht, sind Geheimniskrämereien, unnötiges, falsches Geltungsbedürfnis oder Sensationswünsche hinsichtlich sexueller Fragen für den Schüler kaum notwendig oder interessant. Ist das Gegenteil der Fall, nämlich Unterdrückung, Verleugnung, Ausklammerung, Verbot oder Tabuierung, so wird die Atmosphäre nur künstlich angeheizt, die Schüler suchen sich ersatzweise dann auf ihre Art gegenseitig »aufzuklären«, beginnen unter anderem auch zu experimentieren und signalisieren ihre Nöte schließlich so deutlich, daß man sie als Erzieher wahrnehmen muß, wenn man nicht blind ist. Nur der naiv-autokratische Erzieher glaubt, mit der Entfernung eines Sündenbockes, der Androhung des Consiliums oder ähnlichen autoritären Attitüden seien solche Probleme lösbar. Damit wird jedoch nur die Verdrängung gefördert, während die Sexualsphäre gleichzeitig primitiv und unkultiviert bleibt – eine heute oft beklagte Entwicklung, die überwiegend auf dem früheren Mangel an Information und Sexualerziehung beruht. Die Schule als Institution kann sich vor dieser Aufgabe in einer modernen Gesellschaft nicht drücken, es sei denn, sie verleugnet in sich die Grundlagen kultureller Entwicklung, die letztlich auf der langsamen Kultivierung des Sexualtriebes und Aggressionstriebes beruhen. Es sollte nie übersehen werden, daß die höchsten denkerischen, künstlerischen und kulturellen Leistungen dieser Kraftquelle entsprungen sind, während jede Unterdrückung der Sexualität durch das dann entstehende relative Übergewicht des Aggressionstriebes stets nur die allgemeinen Destruktionstendenzen gefördert hat. Neben dieser allmählichen Überführung der andrängenden sexuellen Phantasien in eine realistische Einordnung und Kultivierung sollte gleichzeitig auch ein ausreichendes Realisierungsangebot stehen. Erzieherisch wird man die hinter aller sexuellen Unruhe stehende Frage nach der Identität: Wer will (soll) ich sein? Wie, was, wann, wo und wodurch?, d. h. die Frage nach Bedeutung und Einordnung der eigenen Person in das Gesamtgefüge der Gesellschaft, niemals individuell für den einzelnen Schüler beantworten können. Die Gefahr, manche Schüler hier in eigene Idealisierungen hineinzutreiben, die man selbst für richtig hält, ist gewiß nicht klein, so wie auch die Gefahr der falschen Identifizierung des Schülers mit eigenen Irrtümern oder Selbsttäuschungen des Erziehers über frühere Verhaltensweisen und Erinnerungsbilder eintreten kann. Die Forschungen der Gruppendynamik haben uns vor Jahrzehnten darüber belehrt, daß in jeder Schulklasse eine Rollenspezifität entstehen kann, die weitgehend auch spätere soziale Haltungen einübt. Um eine breite und ausreichende flexible Identität des Jugendlichen zu erreichen, kommt es darauf an, diese spontan in Schulklassen entstehenden »Rollen« nicht starr festzulegen, d. h. als Erzieher nicht allein den Triebbedürfnissen der Schüler reaktiv zu folgen oder zu unterliegen, sondern vielmehr Vorurteile über Fähigkeit oder Unfähigkeit der einzelnen Klassenmitglieder aufzuheben, indem man Rollenwechsel pädagogisch deutlich werden läßt. Je reichhaltiger das Unterrichtsangebot die möglichen Interessen und Probleminhalte *aller* Klassenmitglieder anspricht, desto eher wird diese Mobilität innerhalb des Klassengefüges erreicht. Für die allgemeine Sexualerziehung ist dies vor allem deshalb wichtig, um die bedenkliche Isolation von »Führern« und »Sündenböcken« zu vermeiden [37].

b) Der zweite wichtige Aspekt der Sexualerziehung besteht daher in einer *Überwindung der puberalen Isolationsgefühle* durch konkret realistische Angebote zukünftiger Selbstverwirklichung, die jeder Schüler für sich durchspielt, d. h. in der er Probeidentifizierungen annehmen oder verwerfen kann, solange, bis er die für seine Trieb- und Charakterstruktur ausreichend stabile Ich-Identität gefunden hat. Auch in diesem Sinne ist Sexualerziehung mehr als Aufklärung, nämlich Charakter- und Persönlichkeitserziehung unter Wahrung der Achtung vor den individuell verschiedenen Persönlichkeitsmerkmalen, Fähigkeiten und Charakterzügen des einzelnen. Dies wird zugleich auch eine sachliche Prüfung der gesellschaftlichen Bedingungen mit einschließen müssen und eine Erörterung, wieweit diese durch Erstarrung, Mißbrauch oder unberechtigten Eingriff Voraussetzungen für individuelle Fehlentwicklungen, Abhängigkeiten und unbemerkte Irrtümer schaffen. Erziehung ist nicht Manipulation, Anpassung an Staatsraison oder antiquierte Idealnormen, sondern verantwortliche Vorbreitung zu einer stetigen Wandlungsbereitschaft. Kein anderer Bereich kann die mögliche Diskrepanz zwischen Wissen und Sein mehr offenbaren als die Sexualität. Diese personale Selbstverwirklichung, eingeleitet durch die Sexualerziehung, begründet letztlich die soziale, gesellschaftliche Mitverantwortung.

2. *Psychosoziale Bedeutung der Adoleszenz*

Die Begriffe Pubertät und Adoleszenz werden häufig in unrichtiger Weise synonym gebraucht. Unter Pubertät ist dagegen vielmehr die aus biologisch-autonomen Quellen ausgelöste körperliche Veränderung zu verstehen, die durch Wachstum, Geschlechtsreife,

[37] Die Gruppendynamik der Schulklasse als pädagogische Handanweisung für den Lehrer existiert bislang leider nur in englischer Sprache. Entsprechende Ausbildungsmethoden stehen in der BRD in den ersten Anfängen und sind keineswegs allgemeine Grundlagen, trotz der allgemeinen Anerkennung eines wissenschaftlichen Zeitalters. *Matthew Miles:* Learning to work in groups, New York 1961; (Stuttgart im Erscheinen in Deutsch). Siehe auch Beiträge der Zeitschrift: Gruppendynamik, Stuttgart 1970 ff.

Ausprägung der primären und sekundären Geschlechtsmerkmale und hormonal bedingte Triebverstärkung – Menarche bei Mädchen und Pollution bei Knaben – gekennzeichnet ist. Unter Adoleszenz ist demgegenüber der psychische Entwicklungsvorgang zu verstehen, der mit der Anerkennung, Einordnung und sozialen Regulationsfähigkeit dieser in der Pubertät ausgelösten körperlichen Vorgänge schließlich in der Maturität endet. Der Begriff Maturität ist insofern ungenau, als erhebliche Zweifel darüber entstehen können, wann diese »Reife« vom Adoleszenten tatsächlich erreicht wird. Schon daran wird jedoch deutlich, daß es sich weder um einen medizinischen noch um einen pädagogisch-psychologisch ausreichend definitionsfähigen Begriff handelt. Vielmehr bestimmen jeweils *soziokulturelle* Faktoren und konventionelle Übereinkünfte die Anerkennung des »Reifegrades« in viel größerem Ausmaß als etwa biologische und psychologische Faktoren allein. De facto sind beide Geschlechter heute zwischen dem 12. und 16. Lebensjahr biologisch sexuell reif und voll zeugungsfähig. In Primitivkulturen gilt dies zugleich auch als Zeichen sozialer Reife. Eine Einschränkung der Sexualität findet auch dort überwiegend – wenn überhaupt – nur aus rituellen, d. h. soziokulturellen oder aus ökonomischen Gründen statt. In der Sexualerziehung muß man sich diese Tatsache stets vergegenwärtigen, da nur der soziokulturelle und der ökonomische Aspekt die Zurückstellung oder Restriktion sexueller Aktivitäten begründet. Weder medizinische noch pädagogisch-psychologische Argumente, ganz sicher nicht theologische allein, ergäben eine ausreichende Begründung, zumal letztere häufig ursprünglich sehr eng mit den soziokulturellen Gründen verflochten oder teilweise sogar identisch sind. (Siehe z. B. die Hygiene-Vorschriften des alten Testaments.)
Für den Adoleszenten ist aber subjektiv die Tatsache von großer Bedeutung, daß er biologisch tatsächlich voll geschlechtsreif ist. Jede anders lautende Information muß notwendigerweise in ihm Minderwertigkeitsgefühle und Unsicherheiten erzeugen. Nur diese Information über eine tatsächlich vorliegende Geschlechtsreife kann der Ausgangspunkt für eine erfolgreiche Bearbeitung der Frage sein, wie nun mit dieser biologisch reifen Sexualfunktion sozial in einer innerhalb der bestehenden Kultur als Reife der Erwachsenen anzusehenden Weise umzugehen ist. Die vielbeklagte Frühschwängerung vierzehn- und fünfzehnjähriger Mädchen (und jünger) beruht nach bestehenden Untersuchungen zu 90 % auf einer mangelhaften Information über die jederzeit bestehende Möglichkeit der Konzeption und einer völlig fehlenden Sexualerziehung im Sinne richtiger Verhaltensweisen. Dies ist auch der Grund, weshalb viele Kinder und Jugendliche der Verführung Erwachsener erliegen. Ähnliches gilt für viele unfreiwillige Vaterschaften von Jugendlichen. Beide Geschlechter werden noch heute viel zu spät über die Verhaltensweisen gegenüber den eigenen Sexualwünschen und dem anderen Geschlecht sowie über die nur durch bestimmte soziokulturelle und ökonomische Forderungen bedingten notwendigen Verhütungsmaßnahmen informiert. Die Erziehung verhält sich dabei, grob formuliert, etwa so, als könne man Sexualität manipulieren wie einen Wasserhahn. Der junge Mensch wird dadurch oft in eine innere Einsamkeit getrieben, in der er sich verlassen fühlt, wodurch seine sexuellen Anlehnungsbedürfnisse größer werden. Zugleich wird er auf Grund seiner realen Unkenntnis auch dann oft genug gerade jenen Situationen sich plötzlich ausgesetzt sehen, die durch die Methode des Verschweigens, Ignorierens und unaufrichtigen Idealisierens verhütet bzw. verhindert werden sollen.
Die andere, gewaltsame Lösung der Adoleszenz, die durch eine mangelhafte Sexualerziehung *erzeugt* werden kann, ist bei aktiveren und weniger sensiblen Jugendlichen gerade jene fast zynische Konsumhaltung in der Sexualität, an der die prägenitale Fixierung, d. h. die durch Verdrängung erzeugte Unreife, ablesbar ist. Dafür wird man jedoch den Adoleszenten allein kaum verantwortlich machen können, denn er kann nur das Ergebnis der

jeweiligen Erziehungsmethoden sein. Diese Methoden müssen demnach unzureichend sein, wenn ihr Ergebnis eine zynische Sexualisierung ist, in der Sexualität im Grunde als Vehikel für aggressive Bedürfnisse mißbraucht wird. Man wird sich innerhalb der institutionellen Erziehung ernsthaft die Frage stellen müssen, wie weit diese Fehlhaltung durch einen Mangel an Berücksichtigung der sexuellen Realität im Jugendlichen gerade jene Formen der sexuellen Unverantwortlichkeit indirekt erzeugt, die von den Erziehern beklagt wird. Eine Erziehung des Erziehers in sexuellen Fragen zur Überwindung einer häufig anhaltenden Pubertät bei Erwachsenen, mit all ihren Implikationen falscher Idealisierungstendenzen und zwanghafter Verdrängungsneigung, zu einer größeren Unbefangenheit scheint eine der notwendigen Voraussetzungen zu sein, die zumindest für den Adoleszenten die zur Zeit lehrende Erwachsenen-Generation wieder glaubwürdiger erscheinen lassen könnte. Oft erfolgt aber auch heute noch in falscher Kameraderie (besser wohl »Kumpelei«) eine Anbiederung scheinbaren Verständnisses, die jene notwendige Distanz zwischen den Generationen durch ein pseudojugendliches Gehabe zu verringern sucht. Es führt notwendigerweise zur Irritation und Abwehr im jungen Menschen, da gerade die Distanz zwischen den Generationen der einzige realistische Anhaltspunkt zur Orientierung des Jüngeren ist. Die psychosoziale Bedeutung der Adoleszenz liegt vor allem darin, daß jeder junge Mensch – meist unter heftiger Ablehnung und Protest gegen die tradierten Normen der Eltern und Erwachsenen-Generation – seine eigene Wertskala von neuem errichten muß [38]. Freilich kann er selbst dabei nicht ohne weiteres wahrnehmen, wieviel er bereits unbewußt übernommen hat und weiterhin übernimmt, da er keinen Vergleich mit der historischen Identität, d. h. mit der Vergangenheit hat, die ihm nur durch die bereits vorhandenen Erwachsenen verkörpert erscheint. Vielmehr ist alles für ihn – im Gegensatz zum Erwachsenen – neu und erstmalig, damit aber auch fraglich, ungewiß und der Einordnung in ein Gesamt-Weltbild bedürftig, das erst geschaffen und mit der eigenen aktuellen Identität in Einklang gebracht werden muß. Die eigene historische Identität ist in Wirklichkeit die Ich-Struktur der frühen Kindheit. Gegenüber dieser – häufig noch überstrahlt durch glückliche Erinnerungen, die von den Eltern besonders fixiert oder betont wurden – wirkt die aktuelle Identität so lange frustrierend, bis entweder frühkindliche Größenideen zum Teil wieder hervorgeholt werden, die sich kaum realisieren lassen, oder aber die Enttäuschung an der Wirklichkeit durch Einsicht und Verzicht auf die bestehenden Erwartungen direkter Wunscherfüllung innerlich bewältigt werden kann. Letzteres wird der häufigere und durchschnittliche Ausgang des Pubertätskonfliktes sein, der sich zwischen dem Wunsch nach fortbestehender Geborgenheit in der kindlichen Welt und der unvermeidlichen Auseinandersetzung mit der biologisch-sexuellen Realität sowie den daraus resultierenden, umgekehrten Wünschen, bereits groß sein zu wollen, deutlich erkennbar ergibt. Diesem Konflikt gegenüber stellt sich die institutionelle Schulerziehung heute noch weitgehend blind, ohne dabei zu berücksichtigen, was ein Mangel an Sexualerziehung für die psychosoziale Situation des einzelnen bedeutet. Die ohnehin in der arbeitsteiligen Massengesellschaft erzeugte Furcht vor beliebiger Austauschbarkeit wird durch diese Scheinneutralität der Schulerziehung noch um eine Dimension erweitert, nämlich die Befürchtung einer beliebigen sexuellen Austauschbarkeit eines mit Wissensstoff angereicherten, geschlechtslosen Reproduktions-Computers, der sich den jeweiligen Gesellschaftsforderungen anpaßt, wie dies zuvor ausgiebig eingeübt wurde, ohne deren soziale Gerechtigkeit in Frage zu stellen. Die seelische, soziale Sicherheit als Mann oder Frau gehört bisher nicht mit zum Schulpensum, wie auch allgemein unter dem Begriff »sozial« nicht etwa Kommunikationsfähig-

[38] Siehe Literatur-Verzeichnis Nr. 254; 26.

keit und mitmenschliche Wahrnehmung verstanden wird, sondern allenfalls institutionelle Bürokratie. Die psychosoziale Bedeutung der Adoleszenz liegt jedoch in der Sicherheit des persönlichen Identitätsbewußtseins: Ich bin dieser eine, unverwechselbare, nicht austauschbare Mensch mit einer bestimmten Entwicklungsgeschichte, aus der ich mein persönliches Denken, Fühlen und Wollen ableiten kann. Ohne eine Überschätzung des Individuums bleibt dieses erreichte oder nicht erreichte Bewußtsein ein wesentlicher Ausgangspunkt für die Entscheidungen und Struktur der Gesellschaft, die unentwegt dafür sorgt, diese Position des einzelnen zu relativieren, einzuschränken oder unter die Botmäßigkeit der »Sitten« zu stellen. Die Fragwürdigkeit solcher Sitten, ihre Ungeprüftheit wird zum Anlaß für den Heranwachsenden, in der Definition eigenständiger sexueller Reife die Sitte so zu ändern, daß mehr Freiheit für ihn daraus resultiert, als sie zuvor bestand. Es wäre durchaus die legitime Aufgabe, solche Tendenzen zu verstärken, ohne sich mit den repressiven Stereotypen der Gesellschaft einerseits und der sexuellen Libertinage hedonistischer Gruppen andererseits zu identifizieren.

Die Adoleszenz ist die Schlußphase der Einordnung aller zuvor durchlebten psychosexuellen Entwicklungsstufen unter den Genitalprimat, d. h. die volle Bejahung genitaler Sexualität, gleichgültig, ob in direkter oder in sublimierter Verwirklichung. Dieses Ziel ist nur erreichbar durch eine konstante Breite der Sexualerziehung im Sinne der in der Präambel zitierten Definition. Die Verwirklichung eines solchen Zieles ist unmöglich ohne die ebenso konstante Bemühung *jedes* Schulerziehers. Ziel aller vernünftigen Sexualerziehung ist daher nicht »Aufklärung«, sondern Bewältigung und Klärung der Produktionsfähigkeit (und Reproduktionsfähigkeit) des Menschen, d. h. seiner Sexualität im weitesten Sinne, im psychosozialen Bewußtsein des einzelnen als Verantwortlichkeit für die Zukunft.

IV. Sexualverhalten in der Schule

Die in den nachfolgenden drei Abschnitten angegebenen Altersstufen stellen keine Norm, d. h. keine feste Grenze dar. Übergänge nach unten und oben sind bei der Verschiedenheit von Anlage und Umwelt stets zu erwarten.

1. Frühe Schulphase (Altersstufe: 6. bis 10. Lebensjahr)

In den einzelnen vorausgehenden Kapiteln sind bereits einige alterstypische Verhaltensweisen dargestellt worden. Ohne den Inhalt dieser vorläufigen Information auszudehnen und unter weitgehendem Verzicht auf tiefer liegende Begründungen, die in den Anfangskapiteln dargestellt sind, sollen noch einige charakteristische Erscheinungen hier erwähnt werden, an denen der Erzieher häufig aus falscher Bewertung der Situation heraus scheitert oder Ärgernis nimmt. Die Einteilung in Schulaltersstufen ist nicht bindend, d. h., viele der dargestellten Verhaltensweisen können je nach Entwicklungsstand auf allen Altersstufen auftreten, auch in fortgeschrittenerem Alter als vorübergehende Regression, z. B. bei Versagen gegenüber Arbeitsanforderungen. Obgleich allgemein angenommen wird, die Latenzperiode (etwa 6. bis 11. Lebensjahr) zeichne sich durch eine geringere sexuelle Aktivität des Kindes aus, kann dies nicht durchgehend vorausgesetzt werden. Neben den für jedes Kind notwendigen Vergleichen, dem Rivalisieren in verbal analen oder auch phallischen Verhaltensweisen (unanständige Wörter, Angeben usw.) stehen Anfänge heterosexuellen Werbungs- und Angriffsverhaltens. Man muß sich stets klarmachen, daß es sich um Einübungsversuche handelt, die zunächst unbeholfen und grob erscheinen.

Grundsätzlich neigen Mädchen dabei zu Zweier-Beziehungen, die durch ein gemeinsames »Geheimnis« gekennzeichnet sind, das unbedingt vor Dritten gewahrt werden muß. Der Inhalt solcher Geheimnisse ist – wie Zulliger u. a. immer wieder nachgewiesen haben – für den Erwachsenen im Grunde völlig belanglos, während die bestehende Tatsache jene Verbundenheit symbolisiert, die aus der heterosexuellen Ebene der frühen Kindheit, d. h. aus den inzestuösen Phantasien übernommen wurde. Hält man sich an das volkstümliche Wort vom »süßen Geheimnis«, mit dem z. B. die Schwangerschaft bezeichnet wird, so läßt sich in diesem Verhalten kleinerer Mädchen unschwer eine vollkommen naive Einübung der weiblichen Rolle erkennen, ohne daß dies den Kindern bewußt wird. Jede peinlich genaue Frage des Erziehers nach dem Inhalt des Geheimnisses oder die Ausforschung dieser Beziehungsform wäre pädagogisch, besonders von seiten des männlichen Erziehers, ein Fehler, weil

1. keine Antwort erfolgen kann,
2. Gewissensnöte gegenüber der beteiligten Freundin entstehen,
3. das Gefühl des gewaltsamen Eindringens von außen und damit der Verlust eines bestehenden, magischen Schutzes erlebt wird.

Die Befürchtung, daß hinter dem »Geheimnis« etwa eine direkte sexuelle Betätigung bestünde, ist bei Mädchen fast ausnahmslos unberechtigt. Gelegentlich können problematische Situationen entstehen, wenn ein zu stark in der Knabenrolle agierendes Mädchen eine Gruppe passiver Mädchen anführt. Die in solchen Zusammenhängen möglichen Aufklärungsaktionen des aktiv führenden Mädchens finden zwar meist außerhalb der Schule statt, aber sie können ihre Rückwirkungen auf die Klasse haben. Es handelt sich meist um ein passives Interesse von Kindern, denen im Elternhaus eine Sexualerziehung verweigert wurde. Diese Kinder, sonst als »brav« angesehen, wollen die versäumte infantile Sexualforschung nachholen. Entsprechend sind die oft sexualisierten Erkundungen meist auf etwas genierte Besichtigungen der Genitalregionen beschränkt. Das in den vorausgehenden Abschnitten geschilderte meist stärkere Schamgefühl der Mädchen verhindert weitergehende Aktionen. Dennoch muß man damit rechnen, daß es auch zu gegenseitigen sexuellen Spielereien kommt, die in gewisser Weise Untersuchungen der analen und phallischen Phase wiederholen.

Auch hier handelt es sich, ähnlich wie bei Knaben, um eine vorübergehende Erscheinung, die mehr der Erprobung und »Prüfung« der beginnenden Weiblichkeit mit kindlichen Mitteln dient als etwa direkten sexuellen Zielen [39]. Solche Initiationsrituale durch etwas ältere oder körperlich früher gereifte Kinder treten jedoch meist nur deshalb auf, weil die Erwachsenen zu lange mit ihren Hinweisen warten. Sie unterschätzen oft das Entwicklungsstadium und das sexuelle Interesse der Kinder.

Für Großstädte und Landschulen wird man annehmen müssen, daß dieser Abschnitt heute häufig schon etwa in der 2. bis 3. Klasse einsetzt. Da das Schuleintrittsalter zwischen 6 und 7 Jahren schwankt, die Vorpubertät jedoch oft früh einsetzt, wird man bei 8- bis 9jährigen mit verstärktem Sexualinteresse rechnen müssen, solange Fragen ausgeklammert oder abgewiesen werden, die das Kind nach mehrfacher Zurückweisung dann nicht mehr zu stellen wagt. Vielmehr sucht es sich experimentierend dann die Antwort selbst. Das Angebot allein, die Kinder könnten sich vertrauensvoll an den Lehrer wenden, ist zwar oft hilfreich, hat aber keine Wirkung, wenn die Vertrauensatmosphäre und die Wärme der Beziehung fehlt.

Zum direkten Eingreifen besteht in den seltensten Fällen ein akuter Grund, wenn der Erzieher nicht aus eigener, meist unbewußter Beunruhigung übereilt handeln zu müssen glaubt. Die Beobachtung des Verhaltens kann jedoch besonders auch darüber Aufschluß geben, zwischen welchen Kindern Rivalität und Eifersucht im besonderen Maße besteht.

Jedes durch ein »Geheimnis« verbundene Zweierpaar ist nämlich auf eine (oder mehrere dritte) gleichaltrige Klassenkameradin(nen) bezogen, die dabei ausgeschlossen werden sollen. Die Beobachtung dieser Bündnisse und ihres Wechsels ermöglicht dem Pädagogen eine Abschätzung der allgemein zu erwartenden späteren sexuellen Entwicklung, der Dominanz- und Submissionsstrebungen innerhalb einer Klasse sowie der zu erwartenden Isolationstendenzen bestimmten Kindern gegenüber.

Knaben organisieren sich dagegen sehr früh schon in den ersten Schultagen in Gruppen, die zunächst durch die körperliche Stärke bestimmt sind. Daraus ergibt sich eine Art Rang- oder »Hack«-Ordnung: Wer kriegt wen unter? Hat sich dies in allerlei Raufereien unter den Hauptrivalen geregelt, so bilden sich meist deutlich Untergruppen oder »Clans« aus, deren Umfang jeweils vom pädagogischen Führungsstil weitgehend abhängt. Seit Lewins [40] Arbeiten ist bekannt, daß ein autokratischer Führungsstil meist die heftige Fehde zweier Kerngruppen in einer Klasse zuungunsten der körperlich Schwächeren erzeugt, die dann als Sündenböcke für allerlei sadistische Aggressionen herhalten müssen, die eigentlich dem Lehrer gelten. Umgekehrt bieten sich die körperlich Schwächeren oft unbewußt als Opfer an, um daraus für sich masochistischen Gewinn zu ziehen. Das Ausmaß an sadomasochistischen Befriedigungen und Praktiken (Schinkenklopfen, Verhauen, Überfallen, an Bäume

[39] Bei Eingeborenenstämmen bestehen häufig ähnliche Rituale, in denen die jungen Mädchen von den alten Frauen des Stammes auf ihre Geschlechtsreife geprüft werden = Initationsritual.

[40] *Lewin, K., R. Lippitt & R. K. White:* Patterns of Aggresive Behavior in Experimentally Created »Social Climates«. Journ. Soc. psychol. 10: 217–299, 1939. Deutsch in T. Brocher (Hrsg.): Gruppendynamik (Wege der Forschung, Darmstadt; im Erscheinen).

festbinden, beim Urinieren gegen die Abortwand schubsen, im Klo einsperren, Tür zuhalten, Mappe, Schuhe oder Tintenschreiber wegnehmen bzw. vorenthalten, mit Hilfe von Strafandrohungen unter Druck setzen, Erpressungen und Bangemachereien usw.) wird dabei meist vom Erzieher übersehen, obgleich die darin enthaltenen symbolisierten Kastrationsandrohungen überdeutlich sind. Diese Art Vorübung »männlicher« Rivalität enthält meist mehr sexuelle, wenn auch kindliche Befriedigung, als angenommen wird. Das erscheint vielleicht zunächst unverständlich. Sobald man jedoch bedenkt, welchen Triebstrebungen sadistische und masochistische Handlungen entspringen, wird man einsehen müssen, daß es sich um Verschiebungen des Sexualtriebes in den aggressiven Bereich handelt. Masochistisches, d. h. passives Opferverhalten ist dabei häufig Abwehr des als gefährlicher erscheinenden verdrängten Sadismus. Mit dem passiven Erleben der Kinder, die nicht nur zum »Opfer« werden, sondern sich unbewußt oftmals dazu machen, tritt ein Angstlust-Gewinn auf, der deutlich sexuelle Sensationen hervorruft. Kinder beschreiben das etwas später sehr klar.

Umgekehrt überwindet der »Aggressor« dabei seine eigene Angst (= phantasierte Kastrationsangst der Kindheit), weil er einem anderen das zufügen kann, was er selbst fürchtet. Eines der typischen und in seinem Symbolwert selbstevidenten Beispiele für die sexuelle Bedeutung ist z. B. das Herausziehen oder -reißen des Ventils aus dem Fahrradschlauch. Der zuvor pralle Reifen fällt in sich zusammen, der Besitzer kann nicht mehr fahren (ist impotent gemacht). Das gilt als normale »Lausbuberei«. An dieser pädagogisch üblichen Bewertung ändert sich gewiß nichts. (Auch die Atomphysik hat an den zuvor aus der klassischen Physik bekannten Tatbeständen nichts geändert; jedoch haben sich neue Einsichten, ein anderes Verständnis und bessere Einwirkungsmöglichkeiten daraus ergeben.) Das Wissen um Angst, Abwehr und Angstlust kann dem Erzieher ermöglichen, anders als *nur* vordergründig disziplinierend zu reagieren.

Die aggressiv-sadistische Tendenz aktiver Knaben kann jedoch gelegentlich kritisch werden, wenn das Passivitätsbedürfnis und -angebot des Opfers zu groß wird. Der klassische Fall des »Kirmesmörders« (Bartsch) ist gewiß ein Extrem, er zeigte aber, genau wie andere Fälle, deutlich die sexuelle Komponente des Sadismus, der sich die masochistischen Bedürfnisse der Opfer unbewußt anpassen. Anders wäre die gelähmte Abwehr und versagende Vorsicht sonst recht intelligenter Kinder nicht zu erklären. Gerade autoritätsabhängige »folgsame« Kinder werden leicht zu Opfern. Hier ergibt sich auch ein Ansatzpunkt, die zur Verhütung von Verbrechen notwendige Information in die Sexualerziehung einzubeziehen. Allerdings nicht in falscher Gleichsetzung oder mißverständlicher Beurteilung solcher durch Identifizierung *mit* dem Aggressor in der Abwehr ihrer Sexualwünsche stehenden Knaben [41].

Man kann praktische und theoretische Lösungswege zugleich anbieten. Die Umformung und Kanalisierung der aggressiven Abwehr von Sexualangst ist über Spiel und Sport möglich, wenn z. B. die Einhaltung von Spielregeln zum Schutz Schwächerer gelehrt wird, ebenso wenn der Stärkere auf die Kooperation des Schwächeren angewiesen ist. Der Lehrer für Leibesübungen hätte die Möglichkeit, hier einzuwirken und seine Beobachtungen mit anderen Lehrern auszutauschen. Zugleich ergibt sich die Möglichkeit, auch an geeignetem Lesestoff oder im Zeichenunterricht von den Kindern Angst, Grausamkeit, Gefahr und Abhängigkeit bearbeiten zu lassen. Es kommt darauf an, wie weit der Phantasie dabei ohne zu frühe Einschränkung Raum gegeben wird.

[41] Identifizierung mit dem Aggressor ist fester Begriff. S. *A. Freud:* Das Ich und die Abwehrmechanismen (L. V. Nr. 196).

Ausphantasieren ist aber gewiß besser als Ausagieren. Beim Kind stellt sich das Realitätsbewußtsein von allein ein und korrigiert beim Austausch die Phantasien. Allerdings meist aus anderen Motiven. Hier ein Handlungsbeispiel: Ein neunjähriger »Hüne« geht einem gleichaltrigen »Zwerg« mit fletschenden Zähnen an die Gurgel. Um ihm noch mehr Angst zu machen, brüllt er laut: »Jetzt bringe ich Dich um!« Der Kleine schreit, aber niemand kommt ihm zu Hilfe. Alle stehen im Kreis und warten ab. Der Große genießt die Angst des anderen ein wenig und schüttelt ihn. Plötzlich läßt er von ihm ab, schaut ihn an und erklärt: »Das geht aber doch nicht – wer hilft mir dann beim Rechnen?«

Der in der Pause aufsichtführende Lehrer, von der Ferne beobachtend, mischte sich nicht ein. Er brachte aber einige Stunden mit der Geschichte vom Flaschengeist und dann mit Aladins Wunderlampe zu, obgleich das im Stoffplan nicht vorgesehen und der Verzicht auf einige Rechenstunden notwendig war. Gewiß wird der individuelle Versuch des einzelnen Lehrers verschieden aussehen, je nachdem, wie weit er sich der Symbolbedeutung literarischer Stoffe bewußt ist, mit der er unter Umständen fast direkt das Problem seiner Kinder erreicht und Ängste bewußt machen kann. Märchen und Fabeln sind von der Menschheit gesammelte symbolische Darstellungen ganz realer Triebgefahren und -konflikte. Das Kind versteht sie unbewußt meist direkt, *weil* sie aus dem Unbewußten stammen, und nur der Lehrer selbst weiß, daß z. B. Aladins Wunderlampe für Knaben etwas mit dem Gegensatz zwischen ihrer sexuellen Beunruhigung und den Allmachtswünschen, ihrer Masturbation und den kompensatorischen Größenphantasien zu tun hat.

Es wird eine pädagogische Aufgabe bleiben, koordinierte Stoffpläne zu erarbeiten, die *indirekt* die Sexualerziehung unterstützen. Das ist keineswegs neu und geschieht oft schon weitgehend. Vielleicht bedarf es nur einer reflektierenden Bewußtheit, wie sich Stoffangebot, aktuelles Verhalten und psychosexuelle Entwicklungsstufe in einen hilfreichen Zusammenhang bringen lassen. Sicher sollte der Lehrer in solche Vorgänge nicht nur strafend eingreifen, sondern sie erziehend behandeln, indem er dem Kind neue Erlebnisdimensionen eröffnet, die etwas mit seinen akuten, realen Problemen zu tun haben. Das bedeutet letztlich, die Gründe zur Diskussion zu stellen, beobachtetes Verhalten reflexionsfähig zu machen und damit die scheinbar außerhalb des Unterrichts stehenden Befriedigungsformen für die Entwicklung besser verfügbar zu machen. Das klingt anspruchsvoll, insbesondere vielleicht der Begriff reflexionsfähig. Aber ist es nicht Aufgabe des Lehrers, ein neues Bewußtsein zu erwecken und Kindern verständlich zu machen, daß sie lernen müssen, um zu wissen, was sie tun?

Das vorausgehende Beispiel ist ein indirekter Weg. Es gibt auch andere Möglichkeiten: Ein in den Methoden der Gruppendynamik im Klassenraum durch längere Teilnahme an Selbsterfahrungsgruppen ausgebildeter Lehrer war viel direkter. Nachdem er vom Fenster aus beobachtet hatte, wie eine Klasse von Zehnjährigen einen ängstlichen, schwächeren Schüler mehrere Tage lang auf dem Schulhof terrorisierte, beschrieb er den Kindern ruhig und ohne Affekt oder Drohung seine Beobachtungen. Die aktive Gruppe hatte zuerst dem Jungen seine Schuhe weggenommen, ihn auf dem Hof herumgejagt, einander die Schuhe zugeworfen und dann das »Opfer« an den Armen zu einem Baum geschleift und ihn mit den Händen hinten festgehalten, um den Wehrlosen zu necken. Nach dieser Beschreibung stellte er der Klasse die Aufgabe, selbst herauszufinden, was der Grund für dieses Verhalten sein könnte, und setzte sich in die hintere Bank mit der Abschlußbemerkung: »Ich höre jetzt nur zu.« Nach einigem Schweigen und ziemlicher Betretenheit war dies der Beginn einer Umstrukturierung der Klasse und die Entwicklung größerer Selbstverantwortlichkeit. Hinzuzufügen: Der Lehrer kannte die wirklichen Gründe. Er hatte wenige Tage zuvor die Klasse von einem älteren Kollegen übernommen, der nach einem strengeren Leistungssystem »stramme Disziplin« mit den Worten empfahl: »Den Brüdern müssen Sie Druck geben, sonst werden sie übermütig!« Der vorsichtige Versuch, dem älteren Kollegen klarzumachen, daß dieser »Übermut« vielleicht eine Folge zu großer Angst vor Druck und Strafe sein könnte, mißlang schon am Beginn. Der alterfahrene Kollege war gekränkt – ein nicht allzu seltenes Ergebnis pädagogischer Diskussion.

Der damals übernehmende Lehrer ist heute ein Schulleiter, der mit seinem Kollegium gemeinsam wertvolle Erfahrungen über Gruppenbeziehungen von Lehrern und deren Auswirkungen im Klassenverhalten und im Schulsystem sammelt. Viele dieser Klassen arbeiten weitgehend selbständig. Dazu gehörten auch sexuelle Fragen. Die Kinder beantworteten sie, und der Lehrer wurde zum weiterführenden Berater. In diesen Beispielen geht es nicht um Idealsituationen, denn ähnliche Erfahrungen ließen sich allenthalben nachweisen. Der Ansatz ist entscheidend für die Erreichbarkeit und aktive Beteiligung des Kindes an der gemeinsamen Verantwortung. Der Stoffplan der Unterstufen sieht im allgemeinen auch genügend andere Möglichkeiten vor, aggressive Tendenzen, vor allem im Werkunterricht, allmählich in konstruktive Bahnen zu bringen. Unvermeidlich ist sexuelles Rivalisieren bei Knaben in der Harntriebhaftigkeit [42]. Wetturinieren, gelegentlich auch konkurrierende Flatulenz oder deren Nachahmung durch ähnliche Geräusche, Wettrülpsen, Wettspucken, Spritzen mit Wasserpistolen, mit Gummiblasen, mit Farbe und Pinsel, gegenseitiges Pieken mit Bleistiften oder anderem Schreibzeug lassen die sexuelle Rivalität deutlich erkennen, in der passive und aktive Handlungen gleichzeitig durchgespielt werden sollen. Es wäre eine das Wirklichkeitsbewußtsein des Erziehers zu Unrecht einschränkende Haltung, wenn man solche Beobachtungen verleugnen, ausklammern oder nur als groben Unfug ansehen würde, ohne die dahinterstehenden unbewußten Sexualtendenzen zu erkennen.

Viele Triebäußerungen können durch die Art des Unterrichts verstärkt oder abgeschwächt werden. Die frühen Experimente Lewins sind in USA und England sowohl in der Schule wie in der Erwachsenenbildung vielfach überprüft und variiert worden. Dabei hat sich die Verstärkung von Triebbedürfnissen – sexuellen wie aggressiven – ebenso deutlich bestätigt wie die Integrations- oder Desintegrationswirkung des Erzieherverhaltens im direkten Kontakt mit Kindern. So bilden sich z. B. im Gegensatz zum autokratisch-autoritären Unterrichtsstil im »Laisser-faire«-Stil (K. Lewin) [43] der Erziehung kleinere Cliquen aus, die sich weitgehend gegenseitig isolieren und den Unterricht dadurch allgemein erschweren. Der Gleichgültigkeitsstil in der Erziehung fördert durch die Cliquenbildung und durch die Frustration der Schüler deren Tendenz zur Fortsetzung der infantilen Sexualforschung in kleineren Splittergruppen. Dies hat vor allem in der Mittelstufe mit dem Beginn der Vorpubertät und ihrer größeren sexuellen Aktivität erhebliche Bedeutung.

Jede Form von Sexualmalerei an Abortwänden, auf Zetteln oder an anderen Stellen, ebenso wie ein allzu reger Zettelverkehr der Schüler untereinander sollte dem erfahrenen Erzieher signalisieren, daß seine Schüler unbewußt nach einer Klärung nur undeutlich erlebter und empfundener Sexual-»Geheimnisse« suchen. Dies gilt für beide Geschlechter. In koedukativen Schulen beziehen sich die zuvor geschilderten, gegen schwächere Mitschüler gerichteten Verhaltensweisen mit dem Beginn der Vorpubertät meistens auf Mädchen. Dabei kommt es mitunter zu einer heftigen Rivalität zwischen kräftigen, bubenhaften Mädchen, die sich zur Wehr setzen oder gemeinsam mit anderen Freundinnen Rache an einem oder mehreren schwächeren Buben der gleichen Klasse oder niedrigerer Klassen nehmen. Typisch für die Altersstufe ist das zuvor geschilderte gegenseitige Anspritzen mit

[42] Siehe hierzu besonders: *Hans Christoffel*, Trieb und Kultur, Basel 1934.
[43] *K. Lewin*, a.a.O.

Wasser, Farbe, Milch oder anderem. Das hat nicht nur die Bedeutung von Angriffshandlungen, sondern zugleich auch deutlich sexuelle Färbung. Dies läßt sich sowohl an dem Kreischen der Mädchen, das halb lustvoll, halb ängstlich ist, als auch an ihrem Arrangement der Verfolgungstendenz und dem lustvollen Vergnügen der Buben erkennen. Wo immer dies auftaucht, sollte sich der Erzieher darüber klarwerden, daß seine Schüler auf ihre Weise »Aufklärung« spielen, ohne sich bewußt zu sein, was sie eigentlich dabei tun. Dies ist stets ein Signal dafür, daß Themen der Verschiedengeschlechtlichkeit in den Unterricht einbezogen werden sollten.

Wenn eine nicht ausreichende Vorsorge in Umkleideräumen besteht, wie früher in manchen ländlichen Bereichen, aber auch bei gelegentlichen Ausflügen in ältere Badeanstalten mit Holzbauten kommt es mitunter auch zu meist harmlosen, voyeuristischen Versuchen der Buben, die Mädchen auf der Toilette zu beobachten oder zu stören. Ähnliches läßt sich in jeder ländlichen Badeanstalt mit Holzwänden beobachten. Oft unternehmen ganze Bubengruppen regelrechte Expeditionen unter den Fußboden der Badeanstalt, um »Einblicke« zu bekommen. Dies ist keineswegs pathologisches Verhalten. Es handelt sich *nicht* um eine beginnende voyeuristische Perversion (volkstümlich: Spanner). Vielmehr ist es umgekehrt: Der Voyeur ist psychosexuell auf einer infantilen Stufe stehengeblieben. Beim Kind, besonders beim Knaben, hat dieses Verhalten genau das als Motiv, was ein 10jähriger treuherzig auf ruhiges Befragen etwas beschämt antwortete: »Na ja – wir wollten eben wissen, ob die ›einen‹ haben oder nicht und wie das überhaupt aussieht.« Darauf aufmerksam gemacht, daß er und seine Freunde doch aber auch in der Männerabteilung »herumgeluchst« hätten, wich er zunächst aus: »Och – da haben wir uns verirrt«, bekam aber einen roten Kopf und stockte. Nach einigen vom Thema ablenkenden Fragen, die ihm die Angst nahmen, das sei ein Verhör zur Straffeststellung, rückte er zögernd und etwas bedrängt quengelnd heraus: »Na ja – ›die‹ sind doch ganz verschieden groß. Wir wollten eben auch mal sehen, ob ›die‹ bei allen Männern genau so groß sind.« Und dann ganz wichtig: »Aber es gibt auch kleinere – ich hab's gesehen!« »Die« waren das eine Mal, wie er sich später etwas verächtlich ausdrückte, »die Weiber«, mit deutlicher Nachahmung des väterlichen Untertons. (Der Vater war Polizeibeamter; das rettete die Jungen vor zu großem Ärger, weil er seine Kollegen gleich veranlaßte, die Jungen in die Erziehungsberatung zu bringen. Er kam gleich mit – sehr verlegen und »außer Dienst«.) »Die« waren das andere Mal männliche Geschlechtsorgane. In beiden Situationen aber ging es um das gleiche: Sexualneugier und Kastrationsangst. Der Vater nahm nach einigem Überreden von der bereits angedrohten Tracht Prügel Abstand. Die Erziehungsberatung schickte auf Wunsch der Schule einen jüngeren Arzt und eine Psychologin in die Klasse, beide gleichzeitig. Der Lehrer führte beide ein und sagte leutselig: Na, dann fragt mal, was ihr wissen wollt, mir glaubt ihr es ja doch nicht – nun habt ihr »Fachleute«. Dann verließ er den Raum. Die Klasse brauchte den ganzen Vormittag, mit nur einer Pause, um alle Fragen zu klären. Am meisten waren sie erstaunt, auch von dem »Fräulein« Antworten zu bekommen. Es war vor 14 Jahren nicht ganz leicht, dem Lehrerkollegium zu verdeutlichen, daß es mit dieser »Feuerwehrhilfe« der Erziehungsberatung nicht genug sein könne. Aus der Klasse ist bis jetzt kein Voyeur hervorgegangen. Die Erkundungsausflüge waren uninteressant geworden, weil jeder mehr und klareres wußte als zuvor. 12 % der Eltern riefen bei der EB an oder erschienen selbst mit der Bitte um Literatur für Eltern über »Aufklärung«. Zwei Väter teilten mit, daß »da Sachen drin stehen, die ich auch noch nicht gewußt habe«. Der Leiter der EB tröstete: »Wahrscheinlich hatten Sie das nur vergessen.«

Allgemein ist das verstärkte Sexualinteresse, gestützt auf Schau- und Zeigetrieb (Voyeurismus/Exhibitionismus), eine »normale« Erscheinung dieser Altersstufe, die dem Erzieher nur signalisiert, daß weiterhin intensiv nach der Bedeutung des Geschlechtsunterschiedes gesucht wird, den die Kinder sozial richtig einordnen wollen, was ihnen freilich nicht ohne erzieherische Hilfe gelingt. Die Verleugnung des Geschlechtsunterschiedes in der Erziehung würde die Unruhetendenz nur verstärken. Die sachliche Feststellung der naturgegebenen Verschiedenheit dagegen, die beiden Geschlechtern einen vergleichbar besonderen, jedoch unterschiedlichen Akzent gibt, kann erheblich beruhigend wirken. Besonders auf stille, unbeteiligte Kinder sollte geachtet werden, einmal um sie vor der sozialen Isolation zu schützen, zum anderen jedoch auch, um ihre Flucht in Phantasien zu verhüten, die notwendigerweise im Laufe der Zeit immer sexueller werden und dann zu verstärkten, quälenden Masturbationsneigungen führen.

Allgemein bedarf die frühe Schulphase vor allem einer *indirekten* Antwort auf die aus der Beobachtung sich ergebenden Fragen nach dem Geschlechtsunterschied und seiner Bedeutung für das Sozialverhalten. Die Herstellung einer möglichst wenig rigiden Atmosphäre und das durch keinerlei Straf- oder Verbotshaltungen ermöglichte Vertrauen erleichtern direkte, meist naive Fragen, die allerdings auch eine offene Antwort erhalten sollten, soweit sich die Fragen nicht direkt aus dem Kreise der Schüler selbst beantworten lassen. Hierzu sollte der Erzieher immer anregen, indem er die Gegenfrage an die Klasse richtet. Gegen Ende der Unterstufe, bei verfrühter Vorpubertät, tauchen bei 10- bis 11jährigen Mädchen bereits u. U. Fragen nach der Menstruation oder der Geburt auf, deren Klärung nicht unnötig lange verschoben werden soll. Das Ende der Latenzperiode kündigt sich ohnehin durch eine erhöhte allgemeine Aktivität an, während die sexuelle, direkte Aktivität zunächst abnimmt. Die einsetzende Hormonproduktion beeinflußt den ganzen Organismus – auch die Psyche des Kindes. Wie zuvor mehrfach in anderem Zusammenhang erwähnt, bewirkt die Triebverstärkung Unruhe, während zugleich Angst vor der Sexualität entsteht. Es ist ein großer Irrtum anzunehmen, daß Kinder über die körperlichen Veränderungen beglückt sind. Wenn man Berichten heute erwachsener Frauen zuhört, die z. B. ohne jede Vorbereitung durch die Mutter in der Schule oder beim Spielen plötzlich von der ersten Menstruation ahnungslos überrascht wurden, wird man die Bedeutung einer rechtzeitig beginnenden Sexualerziehung kaum unterschätzen können. Die innere Angst und Unsicherheit des Mädchens in der Menarche wird aber allgemein genauso unterschätzt, wie die Gründe für Launenhaftigkeit und plötzliche knabenhafte Grobheit nicht als begreifliche Abwehr verstanden werden. Eine ähnliche Gegenreaktion ist die vorübergehende träumerische Weichheit und Sensibilität mancher Jungen in der Vorpubertät.

Diese Entwicklung kann je nach Bevölkerungszusammensetzung sehr verschieden sein. Bei der Klassenbeobachtung werden die Bedingungen der jeweiligen *Sozialschicht* mitberücksichtigt werden müssen. Während die unteren Sozialschichten und ländliche Bezirke durchschnittlich in sexuellen Fragen weniger scheu, dagegen rigide und voller Widerstände in der Aufklärungsbereitschaft sind – letzteres wohl auch aus Mangel an expressiver Sprachkommunikationsmöglichkeit –, ist die Mittelschicht in ihrer Haltung gespalten. Einer kleinen Gruppe vorzüglich informierter und interessierter Eltern steht eine andere Gruppe oft starrer, ängstlicher und perfektionistischer Eltern gegenüber, die alles mit Verbot und Zwang lösen wollen. Während die Kinder der ersteren sich meist recht unbefangen und natürlich in allen sexuellen Fragen verhalten und dadurch auf die Kinder der anderen Elterngruppe eher klärend und beruhigend wirken, sind die von ängstlichen Tabus umgebenen Kinder der sozialen Mittelschicht meist die tatsächlichen, verborgenen, wenn auch unbewußten Unruhestifter. Ihre relativ hohe Intelligenz bringt sie in eine Diskrepanz zu der offiziell in der Familie geforderten Verleugnungshaltung. Das erhöht ihre sexuelle Neugier. Dahinter verbirgt sich jedoch ein objektiv berechtigter Wissensdrang, der nur durch falsche Erziehungseinstellungen in eher verwirrende Bahnen phantasievoller Unsicherheiten gerät und sie dann überkompensieren muß. Um solche Kinder von unnötigen Konflikten freihalten zu können, wird sich der Erzieher zunächst meist mehr um die Haltung der Eltern kümmern müssen, die oft genug einer objektiven Aufklärung bedürfen, da sie »Sexualität« viel zu eng sehen. Die soziale Oberschicht enthält dagegen aus Gründen, die zuvor schon dargestellt wurden, oft mehr vernachlässigte und zum Teil verwöhnte Kinder, deren Sexual- und Sozialentwicklung fast stets gefährdet ist. Zuverlässige Unterlagen darüber liegen für die BRD noch nicht vor, jedoch hat sich in anderen Ländern gezeigt, daß die relative soziale Isoliertheit in der Kombination mit falschem Eliteehrgeiz der Eltern die Kinder der oberen Sozialschicht oft in unnötige Konflikte bringt, die dann von den Kindern weitgehend unbewußt sexuell ausagiert werden. Die Zugänglichkeit der Eltern dieser Schicht ist in den meisten Fällen gering. In jedem Fall sollte sich der Schulerzieher jedoch bereits vor Beginn der Vorpubertät eine gute Zusammenarbeit mit den Eltern seiner Schüler sichern, deren Standpunkte kennenlernen und die Notwendigkeit gegenseitiger Hilfe betonen. Gewiß haben sich Elternabende bewährt, bei denen die Eltern Möglichkeiten zur aktiven Beteiligung haben. Man kann sich jedoch mitunter des Eindruckes nicht erwehren, daß manche Eltern in Fragen der Sexualerziehung befangener sind als ihre Kinder. Auch zeigt sich manchmal, besonders in höheren Schulen, daß viele Eltern aus der falschen Angst, sie könnten ihren Kindern »schaden«, ihren Mund nicht aufmachen und wie ein passiver Block – mit wenigen Ausnahmen – den Klassenleiter und anwesenden Fachlehrer in die aktive Führungsrolle drängen. Die Zukunft wird erweisen, wieweit für spezielle Probleme der Sexualerziehung bei Elternabenden Berater aus Nachbardisziplinen herangezogen werden müssen. In einigen Schulen ist das auch von seiten der Eltern versucht worden. Es scheint jedoch richtiger, alle Fragen der Sexualerziehung in der gemeinsamen Verantwortung und Zusammenarbeit von Schule und Eltern zu belassen, zumal oft innerhalb der Elternschaft selbst fachkundige Mitglieder vorhanden sind.

In einer Elterngruppe, für die der Erzieher selbst keine Führung übernimmt, sondern diese weitgehend der Dynamik zwischen den verschiedenen Elternmeinungen überläßt, wird sich bei regelmäßiger Zusammenarbeit sehr bald die Diskrepanz zwischen Vorurteilseinstellungen einerseits und Bereitschaft zur Offenheit andererseits herausstellen, je weniger sich der Lehrer in eine autoritäre Position drängen läßt. Letztlich liegt es auch in der Verantwortlichkeit der Eltern, sich über Probleme der Sexualerziehung und deren soziale Bedeutung für die Schule so weit zu einigen, daß weder der Schule allein diese Aufgabe zugeschoben wird, wie dies bisher häufig immer noch geschieht, noch die Eltern aus Unsicherheit und Unwissenheit in vermeintlicher Verteidigung ihrer demokratischen Rechte glauben, diesen Bereich ausschließlich der Familienerziehung vorbehalten zu müssen, während in Wirklichkeit dort wenig geschieht. Gerade dadurch können dann u. U. ganze Klassen oder einzelne Schüler gefährdet werden. Man wird sich selbst und den Eltern stets verdeutlichen müssen, daß nicht ein einzelnes Kind oder ein bestimmter Familienstil zur Diskussion steht, sondern stets das Gesamtverhalten der Altersgruppen mit allen Gegebenheiten eines sehr verschiedenen kollektiven Verhaltens. Pädagogische Versäumnisse auf dieser Stufe müssen aber ganz erhebliche Folgen auch für den Lernprozeß in den weiteren Entwicklungsstufen haben. Es gibt in der psychologischen und kinderpsychotherapeutischen Fachliteratur zahlreiche langfristige Einzeluntersuchungen und Nachweise, in welchem Umfang zum Beispiel Lese-, Rechen-, Schreib-, Sprach- und Lernstörungen mit unbewältigten, verdrängten Sexualphantasien des Kindes zusammenhängen. Dies sind keineswegs Einzelfälle [44].

[44] Dazu: *Ross,* engl. Lit.-Verz. Nr. 87. Deutsche Übersetzung: Psyche 1968.

Es leidet also nicht nur die Persönlichkeits- und Ich-Entwicklung, sondern u. U. auch die Entfaltung der vorhandenen Intelligenzanlage. Deutlich läßt sich das nachweisen, wenn z. B. bei einem hohen Intelligenzquotienten im Test eine Unmöglichkeit für das Kind besteht, diese gute Intelligenz in die Schulpraxis umzusetzen. Die genauere Untersuchung dieser Diskrepanz ergibt häufig einen früh beginnenden Konflikt, dessen Inhalte mit der Sexualentwicklung im Zusammenhang stehen.
Beispiel: Eine 11jährige Schülerin fällt durch zunehmendes Versagen im Unterricht auf. Ihre Leistungen fallen jäh ab. Völlig im Gegensatz zu ihrer objektivierbaren Intelligenz und zu den mündlichen Leistungen sind die schriftlichen Arbeiten kaum noch zu beurteilen, da sie ungeordnet und verwirrt erscheinen. Zur Rede gestellt, erklärt die Schülerin, sie hätte Schwierigkeiten beim Lesen, auch könne sie an die Tafel geschriebene Texte nicht erkennen, dies sei der Grund. Eine augenärztliche Untersuchung bringt keinen objektiven Befund, jedoch ist der Arzt im Zweifel, ob es sich um eine psychische Sehstörung handelt, und empfiehlt Rücksprache mit der Erziehungsberatung. Vorrücken in die vorderste Bank ergibt weder besseres Sehen noch bessere Leistungen. Die nähere Untersuchung zeigt folgendes Ergebnis: Das Mädchen, vom Eintritt der ersten Monatsregel plötzlich nachts überrascht und beunruhigt, war aufgewacht und erregt ins Schlafzimmer der Eltern gelaufen, um von der Mutter Rat und Hilfe zu holen. Durch Zufall traf sie in eine intime Szene. Beide Eltern bemerkten während ihres ehelichen Verkehrs die vorübergehende Anwesenheit des Mädchens nicht. Sie versuchte sehr verwirrt, sich selbst zu helfen, wie ihr die Mutter dies zuvor erklärt hatte, und berichtete ihr am nächsten Morgen vom Eintritt der Periode. Die Mutter entschuldigte das Mädchen daraufhin in der Schule und legte sie, in bester Absicht, ins Bett, ließ sie jedoch allein, da sie halbtags berufstätig war. Während dieser Ruhezeit verstärkten sich die Phantasien des Mädchens. Wie sich später herausstellte, handelte es sich um die Wiederholung eines Früherlebnisses. Mit 4 Jahren hatte das Mädchen eine ähnliche Situation der Eltern erlebt, jedoch niemals darüber gesprochen und die Erinnerung verdrängt. Die Lese- und Sehstörung entwickelte sich aus dem Ambivalenzkonflikt, hinschauen zu wollen und zugleich nicht hinschauen zu dürfen. Dieser verdrängte Inhalt sexualisierte das Sehen schlechthin und beeinträchtigte schließlich die Lesefunktion und das Schreiben. Die Entwicklung eines »Schul-Symptoms« zeigt die unbewußte Hoffnung des Kindes, daß die Schule ihr eher helfen könne als das Elternhaus. Die Mutter hielt übrigens den von ihrer Tochter berichteten Vorgang zunächst für »völlig ausgeschlossen«.
In einem anderen Fall zeigte ein 11½jähriges Mädchen plötzlich einen Schreibkrampf. Sie gab an, keinen Federhalter mehr anfassen zu können, ohne einen Krampf in der Hand zu bekommen. Der Neurologe fand keine Veränderungen, der Klassenlehrer wußte keinen Rat mehr. Die längere Exploration in der EB durch eine weibliche Mitarbeiterin brachte folgendes Erlebnis: Die gemischte Klasse hatte untereinander neuerworbene sexuelle Kenntnisse ausgetauscht. Während einer schriftlichen Arbeit hatte das Mädchen plötzlich beobachtet, wie einer der Knaben in der Nachbarreihe exhibierte, während sein Nebenmann in halb aggressiver Absicht eine Handbewegung machte, als wolle er seinen Nachbarn für diese Unverschämtheit durch Ausreißen des Penis bestrafen. Der Schreibkrampf beruhte auf der unbewußten, konfliktbeladenen Phantasie des Mädchens, den Penis selbst anfassen zu wollen. Sie vermied diese Wunscherfüllung durch Entwicklung des Schreibkrampfes und verschob den Triebwunsch vom Penis auf den »unauffälligen« Federhalter als unbewußtes Symbol. Der Zusammenhang ist keineswegs immer so direkt. In einem ganz ähnlichen Fall entwickelte eine 15jährige nach unentdecktem Exhibitionismus eines Klassenkameraden »epileptische Anfälle«. So jedenfalls lautete die erste Diagnose. Tat-

sächlich sahen die Anfälle folgendermaßen aus: Der Kopf des Mädchens wanderte nach links oben, während sich die Augen weit offen nach rechts unten drehten. Dabei kam es zu rhythmischen Zuckungen der Hände und Arme und des Leibes nach vorne, jedoch nur im Sitzen. Man hätte allenfalls eine Jackson-Epilepsie annehmen können (Anfälle nach Schädelverletzungen in bestimmten Hirnbereichen), jedoch war das Bild atypisch. Der erste Anfall wurde beim Vorlegen der Tafeln des Z-Tests (Zulliger-Tests) beobachtet. Das Symptom drückte den Konflikt klar aus: Ich möchte gern hinsehen, wie das bei den Jungen aussieht (Augen nach rechts unten), aber ich darf nicht hinsehen, weil es unanständig ist (Kopf nach links oben). Es erregt mich aber, und ich kann diese Erregung nicht kontrollieren (ruckartige Bewegung des Körpers). Der unbewußte Sexualinhalt konnte bewußt gemacht und das Mädchen beruhigt werden. Die Anfälle tauchten nicht mehr auf.

Um keine Mißverständnisse über die Koedukation aufkommen zu lassen: Beide Ereignisse fanden in Klassen statt, die nicht in Koedukation aufgewachsen waren, sondern erst in der Vorpubertät zusammengeführt wurden. Diese Beispiele zeigen zugleich, daß die Altersstufe allein nicht entscheidet, sondern das Zusammenwirken von individueller Reifeentwicklung, spezifischen Milieufaktoren und Klassen- bzw. Schulklima. Insbesondere die Unterschiedlichkeit der körperlichen Reifeentwicklung bestimmt weitgehend viele Schulprobleme. Die Einteilung von Parallelklassen wird jedoch meist nicht nach den Gesichtspunkten der körperlichen Reifeentwicklung vorgenommen. Werden diese Differenzen und die daraus entstehende, entsprechend frühere Aktualität sexueller Zusammenhänge berücksichtigt, so entstehen auch weniger Schulsymptome.

Viele Beispiele ließen sich hier fortsetzen, auf welche Weise andere Erscheinungen, wie Unterricht schwänzen, versäumte Hausaufgaben und andere Schwierigkeiten bei der Bewältigung bestimmter Unterrichtsstoffe häufig viel komplexere Zusammenhänge haben, als man annimmt. Der Einwand, schließlich könne der Lehrer nicht Psychotherapeut werden, trifft auf die gegenteilige Auffassung vieler englischer Lehrer, die heute, nach einer langen Umwandlung des Schulsystems allerdings, vielfach die Meinung vertreten, ein guter Pädagoge müsse zugleich ein wenig von den Fähigkeiten und Kenntnissen eines Sozialarbeiters, eines Psychologen und eines guten Kindertherapeuten haben, wenn er mit Schulkindern in dieser komplizierten modernen Welt zurechtkommen wolle. Die entscheidende Vorbereitung der Unterstufe in der Sexualerziehung besteht neben den entsprechenden Stoffangeboten aus der sozialen Wirklichkeit und den Naturgegebenheiten vor allem in der Ich-Stärkung durch möglichst viele Einzelerfahrungen in der Erprobung von Versuch und Irrtum. Probeidentifizierungen, Entscheidungsübungen und Erziehung zur realistischen Lösung sozialer Konflikte innerhalb der Klassengruppe bewirken dies am ehesten. Man wird sich davor hüten müssen, dabei die gewohnte Extrapunitivität [45] zuzulassen, da gerade diese Haltung die infantilsexuellen Tendenzen bei Kindern verstärkt.

Bei Kindern führt dies nämlich gewöhnlich dazu, daß sie, beim Auftauchen von Konflikten oder in stärkeren Triebnöten, ihre Konflikte durch Verschiebung nach außen lösen, indem sie eine möglichst strenge Bestrafung anderer Kinder verlangen. Auf diese Weise werden

[45] Unter Extrapunitivität wird der Versuch eines schwachen, kindlichen Ich (auch bei Erwachsenen) verstanden, ausschließlich durch Identifizierung mit der Macht (Lehrer) und einer formalen Anlehnung an die jeweils im Besitz der Macht befindlichen »Führer« den inneren Konflikt zu lösen, der aus der Differenz zwischen den real erreichten oder erreichbaren Zielen und Problemlösungen des Ich und den noch nicht erfüllten Forderungen eines in der Phantasie entworfenen Ideal-Ich entsteht. Extrapunitivität bedeutet wörtlich, daß die Selbstbestrafungstendenz nach außen auf andere verschoben wird. *

* Siehe hierzu auch *T. Brocher:* Anpassung und Aggression in Gruppen, S. 180, in: Bis hierher und nicht weiter. A. Mitscherlich, Hrsg., München 1968 (Piper).

ständig Sündenböcke gesucht. In kindlichen Haltungen der Unterstufe ist für die Tendenz zur Extrapunitivität das »Petzen« charakteristisch. Wenn dies nicht den vom Kinde gewünschten Effekt zu seiner eigenen Entlastung erreicht, d. h. wenn an den anderen keine Strafe vollzogen wird, entwickelt sich leicht eine Terrorisierung von Sündenböcken mit deutlich sadistisch-sexuellem Befriedigungscharakter von seiten der Kinder, die die meisten sexuellen Schuldgefühle haben.

Für die allgemeine Sozialentwicklung ist dieser Abschnitt besonders wichtig, weil eine fehlende Ich-Stärkung in dieser Phase später bis in das Erwachsenenalter im Augenblick der Abwehr oder Unterdrückung eigener sexueller und aggressiver Triebwünsche sehr schnell in die Terrorisierung und aggressive Dehumanisierung (Entmenschlichung) von Minderheiten hineinführen kann. Die Allgemeinheit ist sich bis heute kaum der Tatsache bewußt, daß die unbewußte Beseitigungs- und Tötungstendenz gegenüber designierten Minderheiten eigentlich das Ergebnis unterdrückter, primitiv gebliebener Sexualwünsche ist, die dann rationalisiert – d. h. mit vordergründiger Motivation – destruktive Handlungen nach sich ziehen können, die im Namen von »Ordnung und Gerechtigkeit« geschehen [46]. (»Schreibtischmörder«; unbewußter Sadismus von bürokratischen Formalhaltungen; Frustration durch Paragraphenreiterei; wie Zulliger sich ausdrückt: »Tüpfli-Schisser«, wodurch auch die Quelle solcher Haltungen als Überbleibsel infantil analen Verhaltens gekennzeichnet ist.)

Es wird gewiß noch mindestens etwa 2 Jahrzehnte dauern, bis die Allgemeinheit die Zusammenhänge zwischen Sexualerziehung und Sozialverhalten in ihren Konsequenzen voll erfaßt haben wird. Der Erzieher, mitverantwortlich für die Zukunft, sollte jedoch diese Zusammenhänge so weit für sich kontrollieren können, daß er aufhört, im eigenen Arbeitsfeld nach Gutdünken und in bester Absicht naiv zu agieren. Dazu gehört freilich eine bessere Ausbildung des Lehrers in den Fragen der Sexualentwicklung des Kindes und in der allgemeinen Psychologie, die jedoch durchaus nachholbar ist.

2. *Mittlere Schulphase (Altersstufe: 10. bis 15. Lebensjahr)*

Die Mittelstufe umfaßt bei beiden Geschlechtern den Entwicklungsschritt in die Vorpubertät und Pubertät. Die körperlichen Veränderungen sind jedoch nur ein Aspekt dieses wichtigen Abschnittes im Sozialisationsprozeß. Benjamin Bloom hat in seiner neuesten Untersuchung über die menschliche Entwicklung (Stability and Change in Human Characteristics, 1967, N. Y.) festgestellt, daß 50 % des Wachstums der menschlichen Intelligenz sich von der Geburt bis zum 5. Lebensjahr, 30 % zwischen dem 5. und 8. Lebensjahr und die verbleibenden 20 % zwischen dem 8. und 17. Lebensjahr entwickeln. Danach finden nur noch Variationen und Abwandlungen dieser Vorprägungen statt. Diese Untersuchung erweist die viel größere Bedeutung der Unter- und Mittelstufe für die Sexualerziehung im Rahmen des allgemeinen Sozialisationsprozesses. Sie verdeutlicht aber auch, wie sehr der Erzieher auf die Vorarbeit der Primärgruppe angewiesen ist. Die Bedeutung der Schulerziehung wird dadurch nicht verringert, da es sich um die Einübung vorhandener Intelligenz in die konkreten sozialen Verhaltensweisen und um die Einsicht in ihre Begründungen handelt, allerdings sollte der Lehrplan der Schulen diesen Tatsachen mehr entsprechen, als dies heute der Fall ist.

[46] Siehe hierzu auch Lit.-Verz. Nr. 244.

Beide Geschlechter durchlaufen von dem Beginn der eigentlichen Pubertät an eine gegenläufige Phase. Die körperlichen Veränderungen kündigen sich auf diese Weise bereits vorher durch Verhaltensänderungen und erkennbare seelische Stimmungsschwankungen an. Die während der Latenzzeit bestehende relative Stabilität gerät ins Schwanken. Die Leistungen werden unregelmäßiger, Aufmerksamkeit und Interesse lassen nach. Man darf sich durch das gelegentlich ruppige oder großmäulige Verhalten nicht darüber täuschen lassen, daß die Ursache in einer tiefen *Angst* vor der Sexualität besteht. Kinder spüren die Endgültigkeit dieser Entwicklungsphase, von der aus es kein zurück in die Kindheit mehr gibt. Die hormonalen Umstellungen des Organismus, die den gesamten Stoffwechsel einbeziehen, sind der biologische Anstoß. Das Herannahen der endgültigen und unabänderlichen Festlegung der Geschlechtsrolle jedoch wird von vielen Kindern zunächst sehr ambivalent und ängstlich erlebt. Die Überwindung dieser Angst hängt weitgehend davon ab, in welchem Umfang die Sexualerziehung in Schule *und* Elternhaus Sicherheit und Beruhigung vermitteln kann. Während Mädchen in diesem Entwicklungsabschnitt aus den zuvor dargelegten Gründen vorübergehend mehr zu aktivem, z. T. bubenhaftem Verhalten neigen, beginnen Knaben in dieser Phase eher empfindlich zu werden, mitunter träumerisch und vereinzelt auch etwas weinerlich. Die größere seelische Empfindlichkeit bei verschiedener äußerer Verhaltensweise signalisiert dem Erzieher den beginnenden Veränderungsprozeß. Zu den offiziellen Kenntnissen des Erziehers sollte daher stets auch das »inoffizielle Pensum« der Mittelstufe hinsichtlich der Sexualerziehung gehören, d. h., er sollte über die Gewohnheiten, Verhaltensweisen und verborgenen Tendenzen seiner Kinder Genaueres wissen.

a) Mädchen

Mädchen sind vor allem daran interessiert zu wissen, wer »es schon hat« und »wer noch nicht«, d. h. wer bereits menstruiert und wer noch keine Menstruation hat. Der Eintritt der Menstruation gilt als Zeichen des Prestiges, während gleichzeitig ambivalente Angst davor besteht. Leider ist die Information von seiten des Elternhauses oft so gering, daß die Kinder vielfach auf Kenntnis- und Informationsaustausch untereinander angewiesen sind. Der Erzieher sollte damit rechnen, daß der Eintritt der Menstruation für die seelische Entwicklung des Mädchens meist ein sehr einschneidendes Ereignis ist, da die frühkindlichen, unbewußt fortbestehenden Phantasien, es könne schließlich doch noch zur Ausbildung eines Penis kommen, an dieser Stelle definitiv beendet werden müssen. Die Menstruation wird daher von vielen Mädchen keineswegs als Zeichen reifer Weiblichkeit nur positiv begrüßt, sondern vielfach auch heftig abgelehnt. Mitunter liegt dies auch an törichten Informationen; so ist es keineswegs selten, daß Mädchen etwa Äußerungen von seiten ihrer Mütter hören wie »Ach du lieber Gott, jetzt hast Du diese Schweinerei auch schon!«
Vorübergehende Verstimmungen und Depressionen sind bei Mädchen nicht allzu selten, gelegentlich kommt es jedoch auch zu jenem überkompensierenden Verhalten, das dann durch die Verleugnung der Weiblichkeit extrem bubenhaft wirkt. Die Stimmungsschwankungen können sich auch auf die Schulleistungen und auf die Aufmerksamkeit auswirken, obgleich oberflächlich gelegentlich die Befreiung vom Turnunterricht als »Vorteil« gegenüber den anderen Mädchen erlebt wird, die noch nicht menstruieren. Das bezieht sich jedoch mehr auf die Rivalität der Mädchen untereinander, während innerlich große Unsicherheit und sehr häufig Verzagtheit besteht. Der Inhalt der Gespräche und intimen Informationen bezieht sich auf die Bedeutung der Menstruation, auf Fragen der Schwangerschaft und der Zeugung, dagegen nur wenig auf tatsächliche Liebesbeziehungen, vereinzelt jedoch auch

intensiv auf die Anatomie des männlichen Geschlechts. Sexuell getönte Freundschaften innerhalb des gleichen Geschlechts überwiegen, haben jedoch mehr Zärtlichkeits- und Fürsorgecharakter. Die Phantasie schießt weit über das Ziel hinaus. Viele Inhalte werden dadurch sexualisiert und bekommen eine lustvoll erlebte Doppeldeutigkeit[46a].

Das sogenannte »Kicheralter«, die Neigung zu scheinbarer Albernheit, sowie der Wechsel zwischen Aufsässigkeit und Anschmiegsamkeit verbergen jedoch nur die noch weitgehend hilflosen Versuche, mit den neuerlebten Tatsachen der Sexualität fertigzuwerden. Das Anlehnungs- und Schutzbedürfnis nimmt daher bei Mädchen zu. So störend der Erzieher oft die Wisperei zweier nebeneinander sitzender Mädchen, die bedeutsamen Blicke oder stummen Kontaktnahmen durch Anstoßen mit dem Ellenbogen oder verborgener mit dem Fuß unter der Bank auch im Unterricht empfinden mag, er sollte sich stets überlegen, was eine gewaltsame Trennung solcher Freundschaften durch Auseinandersetzen psychologisch bedeutet. Die Partnerschaft der Schulbankgemeinschaft zweier Mädchen stellt nämlich zugleich auch eine Einübung in soziale Verhaltensweisen dar, d. h., es handelt sich gleichsam um »Ehen«, in denen auch Liebe, Haß, Eifersucht, Rivalität, Zärtlichkeit, Zuneigung, Abneigung, Pflege und Fürsorge gleichsam »trainiert« werden, um für spätere, heterosexuelle Beziehungen entsprechend gewappnet zu sein. Dies geschieht weitgehend unbewußt, hat jedoch erhebliche soziale Bedeutung. Gerade die Mädchenfreundschaften, d. h. der Verbleib in der Zweiergruppe und der Anschluß dieser Gruppe an das übrige Klassenkollektiv (auch in der Koedukation), bietet einen gewissen Schutz vor den sehr heftig andrängenden sexuellen Triebwünschen. In einzelnen Landschaften gibt es im Dialekt ganz spezifische Ausdrücke, die eine bestimmte, für die Altergruppe vorübergehend verpönte Verhaltensweise kennzeichnen. (In Schwaben z. B. werden Mädchen, die nicht »linientreu« bleiben, »Bubenfüßler« genannt, wenn sie auf dem Heimweg von der Schule oder im Spiel auf dem Schulhof zu viel mit Jungen umgehen, während umgekehrt Jungen von ihren Gruppen mit dem verächtlichen Begriff »Mädelesspringer« belegt und abgewertet werden.) Dies kennzeichnet die vorübergehende Tendenz zum geschlossenen, nach außen abgeschirmten geschlechtsspezifischen Kollektiv. Beide Geschlechter neigen in dieser Zeit, wenn man es allegorisch definiert, dazu, gleichsam wie zwei kampfbereite Heerhaufen einander wachsam gegenüberzustehen, um die als gefährlich empfundene Isolation des Einzelmitgliedes und seine Abwanderung zur Gegenpartei zu verhüten. Die Koedukation mildert dies zwar ab, jedoch sollte sich jeder Erzieher darüber klar sein, daß beide Geschlechter in diesem Entwicklungsabschnitt im Grunde vor dem anderen Geschlecht Angst haben. Ein Anteil dieser Angst stammt aus der eigenen Triebstärke. Sexuelle Verdächtigungen werden daher stets aus inneren Abwehrgründen auf das andere Geschlecht projiziert. Kein Erzieher sollte daher erschrecken, wenn in Fortsetzung der früheren analverbalen Verhaltensweisen etwa von Knaben die Mädchen kollektiv grob als »Säue« abgewertet werden, wie umgekehrt Mädchen nicht selten auch die Knaben kollektiv als

[46a] Dem Erwachsenen geht später meist die Sensibilität für diese Doppeldeutigkeit der Alltagssprache verloren. Das hängt z. T. mit den in der Adoleszenz einsetzenden Verdrängungen zusammen, jedoch auch damit, daß zu wenig bedacht wird, wie sehr in der ursprünglichen Sprachentwicklung Bildvorstellung und Wortvorstellung auf höherer Abstraktionsebene verbunden werden. Dabei kann das gleiche Wort mehrere Bedeutungen bekommen: Lat. z. B. altus = hoch und tief; deutsch: z. B. Tor = Tür und Narr. Vgl. hierzu auch das »Teekesselraten« dieser Altersstufe. Auch diese scheinbare Albernheit enthält Lernvorgänge, d. h. die emotionale Absicherung von doppelten Bedeutungen, deren sexuelle Besetzung mit der weiteren Entwicklung nachläßt. Für Lernhemmungen hat dies besondere Bedeutung, wenn eine ambivalente Besetzung aufgrund solcher verborgenen doppelten Bedeutung auftritt, an die der Erwachsene zunächst nicht denkt.

»Schweine« bezeichnen. Es handelt sich dabei um notwendige Projektionen, die als Abwehr gegen die eigenen beunruhigenden Sexualphantasien benutzt werden. Information, Diskussion und Antwort sind in dieser Altersstufe am dringlichsten in der Sexualentwicklung. Das Kichern, Wispern und Mißdeuten oder Umdeuten einer Formulierung ist unvermeidlich und verringert sich erst durch längeres intensiveres Bearbeiten des Themas.
Tatsächlich sind die Kinder in diesem Alter anlehnungsbedürftiger, d. h., sie suchen im Erzieher den souverän sicheren, führenden, nicht zu irritierenden Erwachsenen. Freilich stellen sie ihm zugleich Fallen, wenn er nur äußerlich als formale Autorität auftritt, im Inneren dagegen für die Kinder spürbar unsicher ist. Charakteristisch etwa ist die Anfrage 12jähriger Mädchen beim Katecheten oder beim würdigen, älteren Herrn Pfarrer, was denn nun eigentlich ein Zungenkuß sei (mehrfache Berichte aus den verschiedensten Schulen des Bundesgebietes). Solche Fragen geraten jedoch nur dann an die offensichtlich verkehrte Adresse, wenn in einseitig unrichtiger Kompetenzverteilung das Thema einfach nur an den Biologie- und Religionslehrer delegiert wird, während alle anderen Lehrer und Fachlehrer und die Eltern sich drücken oder sich blind und taub stellen. Der Erzieher sollte also stets mit *direkten* Fragen rechnen, sie aber weder autoritär unterdrücken noch direkt beantworten. Vielmehr handelt es sich pädagogisch dabei um eine Art Mut- und Kraftprobe. Eine aufgeworfene Frage bleibt im Raum stehen, der Erzieher soll dazu verführt werden, sie direkt zu beantworten, wobei gewiß oft die unbewußte Absicht besteht, ihn zu verwirren. Weicht er aus mit der Begründung, das würde später noch erklärt werden, so verliert er seine Glaubwürdigkeit, weil der Schüler sehr leicht die Unwahrheit erspürt. Antwortet er jedoch direkt, so gerät er in Schwierigkeiten bei der Begriffswahl, wenn er seine Sprache der Erlebnisweise der Kinder anpassen will. Es käme also darauf an, die Gegenfrage in den Raum zu stellen, ob irgend jemand darauf eine vernünftige Antwort wisse. Der Druck der danach folgenden Pause ist auszuhalten, wobei man durchaus die averbale Kommunikation der Schüler untereinander beobachten kann, um vorauszuahnen, von woher die Antwort kommt. Hält der Erzieher die Pause lang genug aus, so beginnt entweder eines der Kinder von sich aus zu sprechen, was die Begriffswahl insofern erleichtert, als man entweder Korrekturen vornehmen kann oder aber sich sofort in der Terminologie der Kinder befindet. Geschieht dies tatsächlich nicht, was nur in den seltensten Fällen zu erwarten ist, zugleich aber ein gewisses Signal für die autoritären Befürchtungen der Schüler sein kann, so kann durchaus die gestellte Frage dahin erweitert werden, was eigentlich daran so interessant sei und womit es wohl zusammenhängen könnte. Zur Methodik erschiene es wünschenswert, daß der Erzieher die Prinzipien der Gruppendynamik einer Schulklasse in seiner Ausbildung erlernt hat, um damit praktisch arbeiten zu können. Gerade in der Sexualerziehung erweist sich diese Unterrichtsmethodik als wesentlich wirkungsvoller und erleichternd für den Pädagogen, weil sich die Zusammenhänge des Klassengefüges besser erkennen lassen und außerdem die zuvor als illegal erlebte gegenseitige Informationsmöglichkeit der Schüler zur legalen Selbstverständlichkeit wird. Damit gilt sexuelles Wissen als zur Altersstufe gehörig und erscheint nicht mehr verboten.
Allgemein ist das Erleben des Mädchens in dieser Altersstufe darauf gerichtet, die Prinzipien der weiblichen sozialen Rolle zu erfassen, zu erproben und sich selbst im Vergleich mit dem eigenen und dem anderen Geschlecht richtig einzuordnen. Die Sexualerziehung im weiteren Sinn sollte diese Versuche ermutigen und die bestehenden Tabuierungen oder Befürchtungen der Anstößigkeit des Themas Sexualität erfolgreich aufheben, so daß eine natürliche, selbstverständliche Unbefangenheit eintritt, die letztlich den sichersten Schutz gegen alle denkbaren Gefährdungen darstellt. Erst für das Ende der Mittelstufe im Übergang zur Oberstufe, in Volksschulen auf jeden Fall vor dem Verlassen der Schule ist es

u. a. wichtig, Mädchen z. B. noch einmal zu verdeutlichen, daß der Zeitpunkt der individuellen sexuellen Verweigerung bereits im Vorfeld der Annäherung beider Geschlechter liegen muß, wenn nicht eine Überrumpelung durch den dann unkontrollierbar werdenden eigenen Triebdurchbruch eintreten soll. Das wird um so eher möglich sein, je mehr auf der Mittelstufe Gelegenheit bestand, Offenheit und Unbefangenheit in sexuellen Fragen, vor allem aber Sicherheit in der eigenen Geschlechtsrolle zu erlangen.

b) Knaben

Für Knaben ist die Mittelstufe wesentlich beunruhigender, weil die sexuelle Erregung allgemein beim Mann plötzlich und mit stärkerem Bedürfnis nach sofortiger Lösung und Befriedigung auftritt. Das »inoffizielle Pensum« besteht bei Jungen neben einem umfangreichen Repertoire generationsweise kaum unterschiedener, stets wiederkehrender Witze, obszönen Vokabeln, groben Knüttelversen und ähnlichem vor allem in gemeinsamer Besichtigung von anatomischen Bildern, Zeichnungen oder anderen »aufklärenden« Materialien. Seit Generationen wird von Knaben wie Mädchen die einschlägige Literatur entweder im elterlichen Wäscheschrank, hinter der ersten Bücherreihe oder im obersten Bücherregal gefunden, auch wenn dies später von vielen Erwachsenen verleugnet oder verdrängt wird. Dieses Versteckspiel wäre heute weder von seiten der Eltern noch von seiten der Schule durch Verbote und ähnlich unwirksame Mittel erforderlich. Der Durchschnittsjugendliche der Mittelstufe hat heute (trotz der eifrigen, recht unsinnigen Bemühungen moralistischer Literaturprüfer mit erstaunlicher Unkenntnis über die normale Jugendentwicklung) im allgemeinen genügend legale und auch leidlich vernünftige Zugänge zu sachlichem Informationsmaterial über seine eigene sexuelle Entwicklung, wenn diese Zugänge nicht künstlich verbaut werden. Leider enthalten viele Schriften offizieller Art mehr weltanschaulich begründete Idealisierungen als etwa sachliche Informationen. Die Folge dieser keineswegs glücklichen Koppelung von Ideologie und halber Information ist dann die Suche des Jugendlichen nach direkteren und damit oft gröberen Informationsquellen. Würde die Information in ausreichendem Maß rechtzeitig in der Schule gegeben, so bestünde eine größere Wahrscheinlichkeit dafür, daß sich allgemein die sexuellen Umgangsformen des Mannes verbessern würden, was nicht zuletzt zu größerem Glück und längerer Dauer der Ehen führen könnte. Kinsey, Masters, Johnson [47] und zahlreiche andere Untersucher haben nachgewiesen, daß nicht nur das reale Sexualverhalten des größeren Durchschnitts der Bevölkerung völlig anders ist als die theoretisch bisher geforderte Idealnorm, vielmehr hat sich auch gezeigt, daß der Mangel an Offenheit und Klarheit in sexuellen Fragen in der Erziehung zu einer Gehemmtheit des Partnerverhaltens führen kann, durch das gerade der tragende, seelisch-soziale Anteil der Partnerschaft verkümmert oder behindert wird.

Über die Fortsetzung der infantilen Sexualforschung hinaus, in der Pubertät mit weitaus wirksameren Zielsetzungen, versucht der Jugendliche dieses Alters auch, eine genauere Vorstellung über das andere Geschlecht zu gewinnen. In der Sexualerziehung muß man sich klarmachen, daß auch die beste Information über Anatomie, Physiologie und Funktionsweise der Geschlechtsorgane beider Geschlechter die unbewußt fortbestehende Angst keineswegs beseitigen kann, die gegenüber dem anderen Geschlecht vorhanden ist. Vielfach werden daher die Sexualprotzereien, die sich in allerlei zotigen Bemerkungen oder Phantastereien bemerkbar machen, deren Absurdität meist erkennbar ist, pädagogisch oft völlig falsch bewertet. Es handelt sich um eine Angstabwehr, die sich bereits an den einschlägigen Witzinhalten deutlich ablesen läßt. So ist z. B. die Fama vom Penis captivus

[47] Siehe: Übersichten und Untersuchungen im Literaturverzeichnis.

(= in der Scheide eingeklemmter Penis, ein Vorgang, der in der Realität fast nie eintritt, jedenfalls außerordentlich selten ist) ein Spiegelbild für die unbewußte Angst des Knaben oder Jünglings, »in die Falle« zu geraten, die auch später beim Erwachsenen noch anhalten kann. Die Sprache sagt dies bis auf den heutigen Tag deutlich z. B. in der Redewendung, daß jemand »reingefallen« sei; diese wird auch für die Partnerwahl verwendet. Hier kehrt einfach die alte infantile Kastrationsangst in verwandelter Form wieder. Aber so, wie mutige kleinere Kinder als Abwehr gegen ihre Dunkelangst im Keller singen oder laut pfeifen, muß auch der Pubertierende seine Sexualangst oft durch besondere Renommiererei kompensieren. Dies ist bei Knaben häufiger als bei Mädchen. Knaben verhalten sich dann so, wie sie sich besonders starke Männer vorstellen, nämlich als Frauenheld oder als Frauenverächter. Das furchterregende Objekt wird dann zunächst abgewertet und damit kleiner und ungefährlicher gemacht, um die Angst zu beseitigen, während in Wahrheit gerade Knaben dieses Alters, wenn sie tatsächlich schon in eine individuelle Verführungssituation hineingeraten sollten, vor gleichaltrigen und älteren Mädchen vorzeitig Reißaus zu nehmen pflegen. Diese Angst vor der direkten Begegnung mit Mädchen oder einer konkreten Liebesbeziehung ist auch der tatsächliche Grund, weshalb pubertierende Knaben meist in Gruppen oder Cliquen leben, die sich dann gegenseitig kontrollieren. Deutlicher Beweis für die Angst und Schüchternheit vor konkret-realen Beziehungen zum anderen Geschlecht sind die Auskünfte von Tanzlehrern. Die »Mannbarkeit« muß also – darin ähnlich den Intimbeziehungen pubertierender Mädchen – erst innerhalb der Gruppe des eigenen Geschlechts erkämpft werden. Die intime Zweierfreundschaft tritt bei Knaben aber deshalb seltener auf – obgleich sie besteht –, weil die Befürchtung, von den anderen Mitgliedern der Gruppe schließlich der Homosexualität verdächtigt zu werden, bislang bei Knaben viel größer ist als bei Mädchen. Dies hängt auch damit zusammen, daß die Gesellschaft offenbar Frauen eine Zweierbeziehung eher zugesteht, wie ja auch die weibliche Homosexualität nicht strafbar ist.* Die Ausdrücke für solche Verdächtigungen sind bei Knaben nicht gerade gewählt und differieren nach Landschaftsdialekt oder spezifisch urbanem Jargon. Dem männlichen Erzieher ist diese Vulgärsprache im allgemeinen vertraut, jedoch sollten sich Lehrerkollegien gelegentlich auch darüber informieren, wie diese Sprache aussieht. Der Erzieher sollte stets die *inoffizielle* Sprache der ihm anvertrauten Kinder genau kennen, so wie ihre jeweils spezifischen Interessen und Moden, ohne diese allzu schnell zu bewerten, vor allem nicht negativ, bevor er nicht die damit verbundenen, möglichen erzieherischen Gewinne geprüft hat.

Auch für den Knaben kommt es in der Sexualerziehung entscheidend darauf an, seine eigene Sexualität und die Sexualität des anderen Geschlechts angstfreier, offener und unbefangener als eine Gegebenheit der Natur erleben und innerlich annehmen zu können. Die soziale Verantwortlichkeit für die eigene Sexualität gegenüber dem potentiellen heterosexuellen Partner wird sich wohl ohne eine allmähliche Einordnung der vom Jugendlichen neu entdeckten Fakten in die richtigen sozialpsychologischen Zusammenhänge kaum ausreichend lehren lassen. Dazu gehört auch der Hinweis, daß die altersspezifischen Masturbationsphantasien gerade den jungen Menschen dazu verleiten können, in der Frau oder dem Mädchen nur ein Sexualobjekt zur Befriedigung seiner aktuellen Triebbedürfnisse zu sehen, d. h. die Frau schlechthin auf ihre Sexualorgane und -funktionen zu reduzieren. Diese Tendenz wird verstärkt, je mehr Unklarheit durch Verschweigen eintritt.

An die Stelle der Realität treten dann undeutliche und beunruhigende Phantasien. Ist es

* Lediglich die Strafbarkeit der sogenannten einfachen Homosexualität unter Männern über 21 Jahre wurde durch das Erste Gesetz zur Reform des Strafrechts vom 25. Juni 1969 (BGBl. I Seite 645) aufgehoben.

aber nicht gerade Aufgabe jeder Erziehung, Phantasie und Realität weitgehend in Übereinstimmung zu bringen? Wahrscheinlich besteht das Gefühl des Glücks und der Zufriedenheit im Menschen gerade darin, daß Phantasie und Wirklichkeit optimal miteinander identisch sind.

Es sei hier noch kurz daran erinnert, daß die Erzieher der zwanziger Jahre häufig klassische, humanistische Texte zu diesem Zweck im Unterricht benutzten (Ovid, Catull u. a.). Das gleiche bietet sich in anderen Sprachen ebenso an, jedenfalls wäre hier genügend Stoff vorhanden, um dem männlichen Adoleszenten sowohl an historischen wie auch an aktuellen Inhalten der Weltliteratur einen indirekten Zugang zu ermöglichen, der es ihm erlaubt, Maßstäbe auszubilden. Ziel dieser Bemühungen sollte es sein, die zunächst stets in recht grober oder entstellter Form auftauchenden sexuellen Phantasien der Pubertätsjahre allmählich in kreative Bahnen zu bringen. Jede weiterführende Erziehung in höheren Schulen wird während der Adoleszenz dieses Ziel ohne allzu große Schwierigkeiten erreichen können. Der Erzieher der Volksschule wird jedoch mit zwei Tatsachen rechnen müssen, für deren mögliche Wirkung seine Erziehung mitverantwortlich ist:

1. In der nachfolgenden Erziehung der Berufsschulen und in der Lehrlingsausbildung geschieht bislang bei der überwiegend rein zweckorientierten Ausbildung wenig für die Affektbildung und noch weniger für die Sexualerziehung.

2. Der schulentlassene Jugendliche wird innerhalb kürzester Zeit am Arbeitsplatz mit den gröbsten Formen der Sexualprotzerei bei »Montagsgesprächen« konfrontiert, auf deren überdeutliche Erörterung sexueller Details er kaum vorbereitet ist.

Viele jugendliche Sexualvergehen [48] beruhen nachweisbar auf diesem Versäumnis mangelnder Sexualerziehung als Vorbereitung, da besonders der unvorbereitete, oft in der Familie bisher behütete Jugendliche unter dem Druck und der gleichzeitigen Frustration seines Lehrlingsdaseins in eine allgemeine psychische Irritation gerät, die zu Kurzschlußhandlungen führen kann, wenn es ihm unmöglich wird, sich der ständig stimulierenden sexuellen Phantasien zu erwehren. Dies wird um so mehr der Fall sein, wenn er vor dem Eintritt in das Berufsleben keinerlei Information bekam und auch keine Gelegenheit hatte, sexuelle Tatsachen sozial richtig einzuordnen, so daß er über eine ausreichende Abwehr gegenüber den falschen Einstellungen der Erwachsenen verfügt. Mitunter werden am Arbeitsplatz solche Verhaltensweisen Erwachsener gegenüber Jugendlichen als eine Art »männlichen Initiationsritual« aufgefaßt. Darauf sollte der Volksschüler so weit vorbereitet sein, daß er auf Grund richtiger Maßstäbe, die er in seiner Sexualerziehung bilden konnte, die falschen Verhaltensweisen vieler Erwachsener richtig einordnen, sich innerlich davor schützen und sie damit weitgehend ignorieren kann. In absehbarer Zeit ist, besonders in bestimmten Berufszweigen, kaum damit zu rechnen, daß sich diese Verhaltensweisen der Erwachsenen ändern, da auf Grund mangelhafter Sexualerziehung in den Vorgenerationen hier auch weiterhin häufig puberale oder infantile Einstellungen gegenüber der Sexualität beibehalten werden. Um so notwendiger ist die ausreichende Sexualerziehung durch die Schule.

Grundsätzlich wird man die auch heute leider noch allzu häufige Gepflogenheit aufgeben müssen, mit dem Brustton scheinbar moralischer Überzeugung Sexualfragen in der Schule durch Strafe zu lösen. Sobald klarer würde, daß es sich dabei sowohl um einen Racheakt wie auch um das lebendige Zeugnis pädagogischer Hilflosigkeit handelt, wäre auch zu

[48] *Geisler, E.:* Das sexuell mißbrauchte Kind. Göttingen 1959. *Helmen, J.:* Jugendkriminalität in unserer Zeit. Frankfurt 1966, ferner Bayr. Statistisches Landesamt. Siehe auch: *T. Brocher:* fachärztliches Gutachten. In: *H. Giese:* Aufklärung in Illustrierten? Beiträge zur Sexualforschung, H. 44, 1968, S. 50 ff.

erwarten, daß sich kein Erzieher mehr, soweit er Verantwortungsbewußtsein hat, diese Problemlösung so einfach macht. Vielfach sind es aber auch mehr unvernünftige oder befangene Eltern, die dann, unbewußt erregt durch die sie selbst innerlich berührenden sexuellen Fragen, versuchen, Schule oder Erzieher zu unüberlegtem Handeln zu verleiten. Das wird sich in keinem Fall auszahlen, denn meist sind es ja gerade Jugendliche, die über Intelligenz, Begabung und Phantasie verfügen, deren Sexualität jedoch auf Grund schlechter oder mangelhafter Hilfen innerhalb der Primärgruppe während der kindlichen Sexualentwicklung später in falsche Bahnen geraten ist. Die pädagogische Mühe lohnt sich meist durchaus, sobald der Erzieher auftauchende Probleme von der Gesamtheit der Klasse bearbeiten läßt und vermeidet, sich selbst in die Rolle des urteilenden Richters zu begeben. Ziel der Sexualerziehung in der Mittelstufe sollte es sein, ruhige Gewißheit über die Geschlechtszugehörigkeit und die damit verbundenen Funktions- und Erlebnisveränderungen zu gewinnen. Ferner sollte sich ein beginnendes Verständnis für die andersartigen Erlebnisweisen des jeweiligen Gegengeschlechts entwickeln können. Dieses Ergebnis wird am ehesten gerade über die breitere Erörterung der sozialen, ökonomischen und psychologischen Bedingungen der Sexualität erreichbar sein, wobei die Funktionserörterung nicht isoliert am Anfang steht, sondern ständig mit den anderen Faktoren eng verflochten werden sollte. Die religiöse Einordnung der Sexualität muß dabei wohl letzten Endes dem individuell vom Schüler gewählten Unterricht überlassen bleiben, da die Auffassungen hierzu im Augenblick noch zu sehr differieren. Obwohl bessere Annäherungen an die Realität in allen westeuropäischen Religionsgemeinschaften sich anbahnen, sollte der religiöse Zusammenhang nicht ohne weiteres mit der Sexualerziehung der Schule verknüpft werden, weil in der frühinfantilen Sexualentwicklung kindliches Religionsgefühl und primäre sexuelle Phantasien sehr eng miteinander verbunden sind, die sich in vielen frühgeformten Symbolen ausdrücken. Ziel sowohl des Religionsunterrichtes wie der Sexualerziehung ist jedoch die Aufhebung des kindlichen magischen Denkens zugunsten bewußter Entscheidungen. (Da solche sachlichen Hinweise häufig als areligiöse oder antikirchliche Einstellung mißdeutet werden, sei vorsorglich darauf hingewiesen, daß diese Auffassung von zahlreichen Theologen geteilt wird, die sich mit den Problemen der Sexualerziehung ernsthaft auseinandergesetzt haben und über persönliche Erfahrung verfügen. Der theologische Laie sollte in dieser Frage, auch bei vermeintlich bester Absicht, seine Kompetenz nicht überschätzen. Sexualität ist für den zeitgenössischen Theologen keineswegs ein Ärgernis, was sie jahrhundertelang zuvor genausowenig war, bevor ökonomische und kulturell-soziale Prozesse bestimmte Sozialschichten zu einer Verfremdung der Sexualität trieben, die sich leider bis heute in bestimmten Irrtümern widerspiegelt[49].)

3. *Weiterführende Schulstufen (15. bis 19. Lebensjahr)*

In der Adoleszenz ist die Sexualerziehung vor allem auf weiterführenden Schulen, insbesondere höheren Schulen, von Bedeutung. Man wird sich vergegenwärtigen müssen, daß etwa 80 % der Gleichaltrigen der übrigen Bevölkerung während der Schulzeit der höheren Schüler bereits im Berufsleben stehen, z. T. ihren Unterhalt selbst verdienen und ihre Partnerschaften frei wählen können. Sie stellen sogar einen erheblichen Teil der Konsumenten in der Wirtschaftsgesellschaft dar. Auch die Sexualität aller Adoleszenten, die keine weiterführende Schule besuchen, unterliegt kaum einer wesentlichen Einschränkung.

[49] Siehe hierzu auch: *R. König* in: Sexualität und Verbrechen; Hrsg. F. Bauer et al. sowie *T. Brocher* in: Beiträge zur Sexualforschung, H. 44, 1968. Hrsg. H. Giese; S. 57 ff.

Lediglich sozial-ökonomische Faktoren verschieben die reale Möglichkeit, Nachkommen verantwortlich aufzuziehen. Auch hier handelt es sich jedoch um einen freiwilligen Aufschub. Demgegenüber befindet sich der Schüler einer weiterführenden Schule und häufig auch noch der Student in einer offiziell »illegalen« Situation. Obwohl niemand ernstlich bestreiten wird, daß im Alter zwischen 17 und 21 Jahren mit Sicherheit die volle sexuelle Reife gegeben ist, der auch die seelische Reife vom 18. Lebensjahr an beim höheren Schüler – verglichen mit dem übrigen Durchschnitt – kaum nachsteht, verhält sich die Schulinstitution mitunter noch so, als habe sie es mit »Kindern« zu tun und nicht mit jungen Erwachsenen. Auch hier ist vor einer Infantilisierung der Oberstufe dringend zu warnen. Kompensatorisch ruft dies entweder aggressive oder verstärkte sexuelle Bedürfnisse hervor. Innerhalb koedukativer Schulen ist durchgehend zu beobachten, daß die Prinzipien der »Exogamie« in Schulklassen ziemlich durchgehend eingehalten werden. Was früher als »Primanerpoussage« bezeichnet wurde, existiert in dieser Form heute kaum noch. Einerseits hat das sachliche Interesse gebildeter Adoleszenten an der Sexualität zugenommen, während das Bedürfnis nach direkter sexueller Betätigung eher schwächer geworden ist. Das mag z. T. mit den ausgedehnteren Sublimierungsangeboten zusammenhängen, z. T. aber wohl auch in dem stärkeren Bedürfnis der heutigen Adoleszenten begründet liegen, ihre sexuellen Kräfte kreativer zu nutzen. Freilich darf man dabei nicht jene Maßstäbe der Kreativität anlegen, die den Vorgenerationen eigen war, sondern muß vielmehr die aktuellen Ausdrucksformen der Schülergeneration studieren. Man darf auch ohne jeden Vorwurf gegenüber der Vorgeneration feststellen, daß der Durchschnitt der Schüler der heutigen Oberstufen z. B. Sigmund Freud, Herbert Marcuse und andere einschlägige Literatur über die Psychologie der Sexualität und der Gesellschaft häufig besser und genauer gelesen hat als manche ihrer Erzieher. Die Diskussion von Sexualfragen findet daher leider auf der Oberstufe oft außerhalb der Schule statt, weil nicht wenige Schüler aus Rücksichtnahme glauben, dies den Pädagogen nicht zumuten zu können. Gewiß gibt es zahlreiche Ausnahmen unter den Erziehern, jedoch läßt sich noch allzuoft die naive Annahme beobachten, die Sexualität des höheren Schülers beginne erst jenseits der Reifeprüfung. Der sachlich richtige Kern ist von Margaret Mead in einer kritischen Untersuchung der amerikanischen Erziehung schon vor einiger Zeit umrissen worden[49a]. Die höherzivilisierten, technischen Kulturen verlangen von den zukünftigen Intelligenzberufen eine Art freiwilliger Abstinenz zugunsten besserer Sublimierungsmöglichkeiten. Man wird jedoch dabei unbedingt zwischen gewaltsamer Verdrängung und ihren neurotisierenden Folgen und einer erfolgreichen Sublimierung mit ihrer stimulierenden Wirkung auf die schöpferischen Fähigkeiten scharf unterscheiden müssen.

Ziel der Sexualerziehung auf der Oberstufe ist also keineswegs die Empfehlung der Unterdrückung sexueller Regungen zugunsten des Leistungsprinzips und der Ausbildung von Zwangsneurosen, sondern eine ausreichende Hilfe in der Interessenstrukturierung und libidinösen Besetzung spezifischer Fähigkeiten und deren Entwicklung. Das Schulsystem läßt erst z. T. eine die Interessen des einzelnen Schülers entsprechende Fächerwahl zu, die ihm genügend individuelle Betätigung und Sachbefriedigung geben würde. Die Erörterung der Triebproblematik, die Grundkonzeption der Triebsteuerung durch Triebaufschub, Umwegverhalten und sublimierte Möglichkeiten der Ersatzbefriedigung sollten allerdings zur Sexualerziehung der Oberstufe in den weiterführenden Schulen gehören wie die Unterrichtung über soziale und rechtlich-ökonomische Implikationen des Sexualverhaltens. Es gibt in jeder Zeitung genügend alltäglichen Stoff, an dem diese Problematik durchge-

[49a] *Mead, M.:* Mann und Weib in einer sich wandelnden Welt, Ullstein.

arbeitet und so verdeutlicht werden kann, daß die persönliche Betroffenheit für den einzelnen Schüler auch ohne pädagogisch erhobenen Zeigefinger unabweisbar ist.
Schwieriger scheint das Problem zu bewältigen, welches tatsächliche Recht die institutionelle Schule eigentlich hat, in den Intimbereich junger Erwachsener einzugreifen. Die autokratische Selbstverständlichkeit, mit der dies häufig heute noch geschieht, bezeugt oft weniger persönlichen Takt und Verständnis als vielmehr nur allzu offen zutage liegenden Sexualneid. Dies kann durchaus auch von Schülern der Oberstufe wahrgenommen werden, die ihre Schlüsse daraus nach der Logik ziehen, die sie erlernt haben. Partnerschaftliche Erziehung mit weitgehender Selbständigkeit des angehenden Erwachsenen wird daher wohl das Grundprinzip jeder Sexualerziehung auf der Oberstufe sein müssen, wenn diese eine realistische Vorbereitung auf das nur kurz bevorstehende, eigenverantwortliche Leben eines Erwachsenen in einem Intelligenzberuf anstrebt. Das bedeutet keineswegs Förderung oder unendliche Duldsamkeit gegenüber Libertinage, die im übrigen statistisch nachweisbar bei 18- bis 28jährigen [50] mit Sicherheit viel weniger besteht als bei 45- bis 55jährigen. Vielmehr käme es gerade darauf an, offen zu diskutieren, wie diese zukünftigen Erwachsenen sich zu den Fragen von Liebe und Ehe tatsächlich einstellen, um sowohl Ideologien wie Utopien in Frage stellen zu können. Erst die eigene Formulierung des Problems ermöglicht dem jungen Erwachsenen dieser Altersstufe jene Distanz, die er tatsächlich braucht, um sich in seinem eigenen Interesse und um seiner eigenen Nachkommen willen – d. h. um der sozialen Zukunft aller willen – verantwortlich und umsichtig verhalten zu können. Die häufig nur vagen Andeutungen oder Einschüchterungsversuche, das Leben werde dann dem jungen Menschen schon zeigen, was man alles nicht gelernt habe, sind letztlich nicht nur Allgemeinplätze, sondern auch eine erzieherische Bankrotterklärung, solange nicht konkret dieses zu erwartende Leben angeboten und erarbeitet wird. Letztlich beruhen viele Anlässe der Studentenunruhen gerade auf der Tatsache, daß junge Menschen zwar theoretisch intellektuell hervorragend ausgebildet wurden, während sie nur sehr wenig darauf vorbereitet wurden, auf welche Weise sie mit sich selbst und ihren sozialen Beziehungen in einer unabhängigen und äußerlich selbständigen Situation umgehen sollen. Der Verlust zuvor bestehender Bindungen, die Ablösung vom Elternhaus, das zuvor alle Aufmerksamkeit auf den einzelnen zentrierte, und die »theoretische« Grundeinstellung stehen oft im krassen Gegensatz zu der sofort darauf folgenden sozialen Situation des Studenten als anonymer Bestandteil einer unübersehbaren Masse mit nur geringem Kontakt zu den Lehrenden. Dieser Aspekt der Sozialerziehung wird bei der Klage über die angebliche nihilistische oder kommunistische Tendenz studentischer »Linksintellektueller« übersehen – ohnehin eine Minorität. Gerade in der Oberstufe wird es genauso notwendig sein, sorgfältig auf Komplikationszeichen zu achten. Depressionen oder Zusammenbrüche sind keineswegs selten. Sie lassen sich bei einiger Aufmerksamkeit im voraus am Leistungsabfall oder plötzlichem Versagen erkennen. Wenn man ernsthafte Selbstmordversuche oder plötzliche Katastrophen vermeiden will, empfiehlt es sich, solchen Signalen rechtzeitig nachzugehen. So wenig man dem Erzieher äußerlich eine Schuld im Falle einer Selbstmorddemonstration des Schülers anrechnen würde, so sehr würde ein solches Ereignis ihn selbst wohl innerlich unabweisbar belasten. Im allgemeinen zeigt sich deutlich, daß auf dieser Altersstufe Selbstmordneigung und Depression mit unbewältigten Sexualproblemen zusammenhängen.
Der Erzieher der Oberstufe sollte von der Tatsache ausgehen, daß der vorläufige Aufschub sexueller Aktivität zugunsten sublimierter geistiger Leistungen eine sehr hohe soziale

[50] Siehe Lit.-Verz. Nr. 4, 5, 6, 7 sowie Anm. Nr. 1.

Forderung ist, die der junge Erwachsene erst erlernen und einüben muß. Ermutigung und Ich-Stärkung sind gebotene Erziehungsprinzipien in dieser auslaufenden Identitätskrise. Wenn dem Psychologen als ABC-Regel eingehämmert wird, er solle während jeder Beratung oder Konsultation mindestens zweimal zwischendurch an seinen eigenen, unbewußten Sadismus (d. h. seine Aggressionstendenz) denken, so gilt diese Regel gewiß in noch größerem Maß für den Erzieher, der durch Unachtsamkeit gerade beim Adoleszenten später schwer zu behebende Schäden durch künstliche Verunsicherung hervorrufen kann. Der Erzieher sollte gerade im Umgang mit Adoleszenten nie vergessen, daß die für ihn selbst auftretenden, unbewußten Versuchungs- und Versagungssituationen zu Abwehrreaktionen in seinem eigenen Inneren führen können, die auf Kosten der seelischen Ausgeglichenheit seiner Schüler erfolgen. Das Bewußtsein einer ständigen Mobilisation unbewußten ödipalen Konfliktmaterials durch Verhaltensweise, Fragen und Probleme der Schüler könnte dem genügend auf sich selbst und die eigenen Wirkungsweisen rückbezogenen Erzieher ein Hilfsmittel sein, die restlichen Konfliktinhalte seiner Schüler so weit lösen zu helfen, daß er tatsächlich reife Erwachsene in die Welt entläßt. Diese zukünftigen Erwachsenen nämlich sind es, die sein eigenes Alter tragen und seinen Lebensabend sichern werden. Die Fähigkeit dazu wird mitbestimmt von der inneren Sicherheit, als Mann oder Frau verantwortlich Aufgaben übernehmen zu können, die den Fortbestand der menschlichen Kultur gewährleisten.
Selbstverständlich bilden sich in der Oberstufe heterosexuelle Freundschaften und Liebesbeziehungen aus, die jedoch mehr den Charakter des »Going Steady«, d. h. einer möglichst konstanten Erlebnis- und Arbeitsgemeinschaft haben. Diese Beziehungen sind in der Realität viel weniger sexuell im direkten, genitalen Sinne, als allgemein von vielen Erwachsenen angenommen wird. Man kann sich dabei keineswegs an die in sensationellen Berichten einschlägiger Magazine auftauchende angebliche Standardisierung der Sexualität Jugendlicher halten oder etwa daran orientieren, obwohl natürlich diese Inhalte von den meisten Heranwachsenden gelesen werden. Vielmehr muß man zwischen der orientierenden Diskussion über diese Inhalte der Heranwachsenden untereinander und der tatsächlichen Verhaltensweise strikt unterscheiden.
Die statistischen Untersuchungen [51] zeigen bisher deutlich, daß sexuelles Verhalten ebenso wie andere Einstellungen und Verhaltensweisen weitgehend an die Sozialschicht gebunden sind. Hinzu kommt die enge Gruppengebundenheit der meisten Schüler höherer Schulen, die einerseits durch die gemeinsame Arbeitsanforderung der Schule, andererseits durch den isolierten Sozialraum bedingt ist, den die höhere Schule in der technischen Zivilisation bildet. Dieser Sozialraum wird vom Schüler der Oberstufe nur selten verlassen. Nach dem Vorbild der zugehörigen Erwachsenengruppen bewegt er sich überwiegend in »seinen Kreisen«. Für die Erziehung wird man folgende Fakten berücksichtigen müssen:

a) Entwicklung weiblicher Adoleszenten

Mädchen behalten in der Oberstufe das weibliche Kollektiv und die Verhaltensweisen der Mittel- und Oberstufe, wenn auch in sehr viel differenzierteren Formen, weitgehend bei,

[51] *Kinsey, A. C.* et al: Das sexuelle Verhalten der Frau. Berlin/Frankfurt a. M 1954. Das sexuelle Verhalten des Mannes. Berlin/Frankfurt a. M. 1955. *Giese,* H. (Hrsg.): rowohlt sexologie. Hamburg/Reinbek 1968. *Hochheimer, W.:* Aufklärung und Gegenaufklärung in der Sexualanthropologie. Psyche 10, 1956/57. *Mead, M.:* Mann und Weib. Das Verhältnis der Geschlechter in einer sich wandelnden Welt. Stuttgart/Konstanz 1955. Publikationen d. Inst. f. Sexualforschung, Hamburg, u. a. m.

d. h., sie leben in Zweier- oder Dreiergruppen mit enger Orientierung am Klassenkollektiv. Die provokative Formulierung der Jugendgesetzgebung in der BRD »freigegeben ab 18 Jahre« ruft mitunter bei sehr aktiven Mädchen eine Art Experimentiereinstellung hervor, die zu allerlei Versuchen führt, bewußt nach dem 18. Lebensjahr eine Verführungs- und Deflorationssituation herbeizuführen. Je mehr die Schule das Thema zuvor vermieden hat, desto intensiver wird der Einfluß von Konkurrenz- und Rivalitätseinstellungen, die dann hinsichtlich des sexuellen Erlebens eine ähnliche Form annehmen können wie das »Menstruationsprestige« zuvor. Es ist wenig sinnvoll, über sexuelle Verwahrlosung und Frühschwangerschaften zu klagen, wenn die Schulerziehung selbst sich nicht darum bemüht, Heranwachsende über die Fakten der Schwangerschaftsverhütung, der sinnvollen sexuellen Verhaltensweisen und der notwendigen geschlechtsspezifischen Einstellungen im Verhältnis der Geschlechter zueinander zu informieren.

Die Motive dieser »Nicht-Erziehung« mögen hier unerörtert bleiben, da sie mehr das pädagogische Gewissen des Erziehers betreffen als die Entwicklungsproblematik und die Verhaltenstendenzen der Oberstufenschülerinnen. Die Schule sollte sich jedoch mitverantwortlich fühlen für die von heranwachsenden Schülerinnen zu lösenden Intimprobleme. Ausreichende pädagogische Aufmerksamkeit und Beobachtungsgabe ermöglichen durchaus neutrale Zugänge, um die individuell sichtbar werdenden Probleme einzelner Schülerinnen von geeigneten Unterrichtsstoffen aus für die Gesamtgruppe so bearbeitungsfähig zu machen, daß keine isolierte Betroffenheit oder Heraushebung einzelner Schülerinnen eintritt. In jedem Fall sollte der Erzieher das Privatleben junger Erwachsener generell respektieren können, d. h. konfrontiert mit der Tatsache bestehender Arbeits-, Freundschafts- und Liebesbeziehungen seiner Schülerinnen darin nicht nur verdächtig Negatives erblicken, das schuldisziplinarisch geregelt werden müßte. Viele mutige und offene pädagogische Versuche haben seit Jahrzehnten bewiesen, daß die Erörterung dieses Problems in der Klassengemeinschaft, ohne auf die jeweils bekannten individuellen Fälle einzugehen, das sicherste Mittel ist, um eine Entspannung und Entlastung herbeizuführen, die vor allem die lächerliche Tendenz des Verheimlichenmüssens beseitigt.

Letztlich ist die Schule nur ein bestimmter Abschnitt im Leben des Menschen, der zudem noch weitgehend später in Vergessenheit gerät. Die gerade bei Mädchen zu Beginn der Oberstufe auftretende Schulmüdigkeit und Abbruchstendenz hängt einerseits mit der noch überwiegend »männlichen« Orientierung von Schule und Gesellschaft zusammen – es gibt in deutschen Aufsichtsräten bis heute kaum Frauen! –, andererseits aber auch mit der Sexualität der Schülerinnen. Je mehr Entmutigung und Abwertung einer Schülerin in der Oberstufe erfolgt, desto eher wird sich die Tendenz manifestieren, in weiblicher Eroberungstendenz und sexuellen Beziehungen Trost und Bestätigung zu finden. Manche Schulerzieher tragen leider sehr häufig durch eine in ihren Motiven unbewußte, aber durchschaubare besondere Strenge solchen Schülerinnen gegenüber ahnungslos dazu bei, sie kompensatorisch in sexuelle Abenteuer hineinzutreiben. Man erzielt mit dieser Haltung genau das, was man eigentlich vermeiden möchte und sofort zu rügen bereit ist, nämlich sexuelles Aufbegehren, Gefährdung und schließlich Abbruch einer bis dahin erfolgreich verlaufenden Schulentwicklung von 11 bis 12 Jahren. Diesen Verlust an Intelligenz insbesondere auf der weiblichen Seite, in deren Entwicklung letztlich staatliche Mittel investiert wurden, kann sich eine technische Kultur heute nicht mehr leisten. Die Sexualerziehung hat hier also auch erhebliche Bedeutung für die Möglichkeiten sozialökonomischer Folgen ihrer Unterlassung.

b) Entwicklung männlicher Adoleszenten

Die Entwicklung des männlichen Schülers der Oberstufe zeigt im Gegensatz zur Schülerin eine zunehmende Tendenz, sich aus den zuvor bestehenden Gruppen zu lösen. Das wird einerseits durch den einsetzenden Individuationsprozeß verursacht, andererseits jedoch auch durch die nun konkreter angestrebten Berufsziele und die damit verbundenen Vorstellungen. Hinsichtlich des Sexualverhaltens ist auch heute noch – zum Teil bedingt durch Einflüsse des Elternhauses oder einzelner Erzieher – das von S. Bernfeld bereits 1928 beschriebene Phänomen der »persistierenden (andauernden) Pubertät« zu beobachten. In der angelsächsischen Ideologie, besonders in England, überwiegt vielfach noch, bedingt durch die Schulstruktur (Colleges) eine gewisse Tendenz, das andere Geschlecht möglichst lange zu meiden, was mitunter anhaltende, manifeste Homosexualität zur Folge hat, die absurderweise eher toleriert wird als heterosexuelle Beziehungen Heranwachsender der Oberschicht. Die Neigung zu solchen falschen Präventionshaltungen des Spätpuritanismus besteht ähnlich mitunter in der BRD, oft überformt von einer »männlichen« Ideologie. Für den Schüler der Oberstufe sollte die Diskussion der Ursachen homosexuellen Verhaltens, vor allem das Verstehen der seelischen homosexuellen Struktur zu jenen Qualifikationen gehören, die im Schulunterricht durch die Sexualerziehung erreicht werden, ohne daß damit Angst erzeugt wird. Der Erzieher muß sich darüber klar sein, daß sehr häufig in dieser Altersstufe forciertes heterosexuelles Verhalten eine Abwehr unbewußter homosexueller Ängste darstellt. Dies gilt für das männliche Geschlecht in höherem Ausmaß.
Die recht merkwürdige Praxis der Viktorianer in der Vergangenheit, ihre Söhne oder die im Studium und in der Berufsausbildung befindlichen Jünglinge zwecks »sexueller Aufklärung« in alkoholisiertem Zustand in ein Bordell mitzunehmen oder zu schicken, war gewiß eine der absurdesten Formen von »Sexualerziehung«, durch die nicht nur Neurosen, sondern auch weitgehend misogyne (= frauenfeindliche) und homoerotische Einstellungen gefördert und häufig genug Impotenz oder Perversion erzeugt wurden. Die Methodik erweist jedoch auch die sexuelle Verstümmelungstendenz des Puritanismus, die sich heute noch bis in manche Erziehungseinstellungen fortsetzt. Die Diskrepanz der Einstellung zur Sexualität zwischen den Generationen ist heute mit Sicherheit größer als zuvor. Dies erweist sich – von wissenschaftlichen Studien (Giese, Farnsworth) abgesehen – auch an dem offenen Interesse an einer völlig andersartigen, jederzeit für diese Altersgruppe zugänglichen Belletristik. Auch populärwissenschaftliche Aufklärungsliteratur ist jederzeit zugänglich. In Diskussionen mit Jugendlichen zeigt sich sehr klar, daß Sexualität kein zu verschweigendes Geheimnis ist – wie noch vor 50 Jahren. Vielmehr geht es um die richtige Einordnung und Bewertung in den persönlichen Beziehungen. Während die meisten heutigen Eltern keine Sexualerziehung in Schule und Elternhaus hatten, ist dem größeren Teil der heutigen Generation dieser Altersstufe die gesamte Literatur ohne großen Kostenaufwand (Taschenbücher) zugänglich. Ferner zeigen erste Untersuchungen, daß ausgesprochen pornographische Primärliteratur überwiegend von der männlichen Altersgruppe 45 bis 62 Jahre frequentiert wird, nicht von Jugendlichen [52].

[52] *Mitscherlich, A.:* Pubertät und Tradition. In: C. v. Friedeburg (Hrsg.): Jugend in der modernen Gesellschaft. Köln 1967. Vergleiche auch die populärwissenschaftlichen Veröffentlichungen in Magazinen usw. (z. B. Kolle), ebenso moderne Belletristik. Beides wurde mit großer Heftigkeit von der Bundesprüfstelle – bei der allerdings in letzter Zeit hier ein deutlicher Wandel zu verzeichnen ist – und einzelnen konfessionellen Organisationen bekämpft im Gegensatz zu Skandinavien. Der Gegensatz zwischen viktorianischen Resten doppelter Moral und offener Unbefangenheit ist deutlich. Hier erweist sich aber die Notwendigkeit rechtzeitiger Urteilsbildung durch die Schule, da der literarische Markt durch »Verbot« kaum zu steuern ist.

Häufig wird der Erzieher dadurch gezwungen sein, Lernprozesse nachzuvollziehen, deren Inhalte ihm zuvor auf Grund seiner eigenen Erziehung fremd waren. Es kann in gewisser Weise heute als statistisch belegbares Standardverhalten heranwachsender Schüler der Oberstufe gelten (keineswegs nur in USA oder England), sexuelle Aktivität und Orgasmusbefriedigung durch »Petting« zu erreichen. Diese Verhaltensweise ist eine *Folge* der sozialökonomisch bedingten relativen Sexualeinschränkung. Nur zu einem Teil spielen bei Mädchen auch kulturell-ethische Faktoren eine Rolle, wie etwa die Vermeidung vorzeitiger Defloration bei gleichzeitiger Möglichkeit sexueller Betätigung. Dies wird jedoch jeweils kulturspezifisch sehr verschieden bewertet. Die mutuelle (= gegenseitige) sexuelle Stimulierung und Entspannung kann eine stärkere narzißtische Haltung zur Folge haben, wie sie etwa auch in den Tänzen und Gesellungsformen der Folgegenerationen deutlicher in Erscheinung tritt, jedoch ist der Einübungscharakter unverkennbar, der auch die Erkundung des eigenen sexuellen Erlebens anstrebt. Es handelt sich in jedem Fall um eine Übergangsphase, die letztlich eine volle sexuelle Partnerschaft anstrebt, wenn genügend Selbsterfahrung und Selbstsicherheit eingetreten sind. Bei nüchterner Überlegung wird man sich klarmachen müssen, daß in jeder Sexualbeziehung dieser Art zwischen jungen Menschen auf die Dauer die seelischen und sozialen Anteile zunehmen werden, während die sexuelle, direkte genitale Aktivität nur einen allmählich kleiner werdenden Teil der Beziehung darstellt. Die ursprünglich, besonders beim jungen Mann überwiegend auf die eigene sexuelle Befriedigung gerichtete, narzißtische Tendenz wird auf diese Weise allmählich in eine tragende Objektbeziehung umgewandelt werden.
Ähnliches gilt auch für die Selbstbestätigungsbedürfnisse des Mädchens, die ursprünglich überwiegen. Aus der im Sexualbereich zunächst noch infantilen Tendenz masturbatorischer Befriedigung mit Hilfe eines beliebigen Partners wird sich in den meisten Fällen die Entdeckung des konkret realen Partners ergeben, der in seiner Andersheit begriffen und angenommen werden muß. Dieser Übergang vom narzißtisch-egoistischen Lustbedürfnis (»Ich liebe Dich, weil Du mir Befriedigung verschaffst und Du so bist wie ich!«) zur realistischen Objektbeziehung (»Ich liebe Dich, weil ich mich mit Dir in allem gut verstehe und mich verstanden fühle, vor allem aber, weil Du so bist wie Du bist – ein anderer!«) stellt den wesentlichen Entwicklungsabschnitt zur Maturität dar. Der Begriff »Objektbeziehung« ist hier im Sinne der in den ersten Abschnitten erläuterten psychodynamischen Bedeutung zu verstehen. Ein oft verwendetes Beispiel, mit dem man Diskussionen anregen kann, ist folgendes: »Wenn zwei Menschen eine Partnerschaft eingehen, haben sie mindestens vier Partner zuviel. Es sind in Wirklichkeit sechs verschiedene Leute, die aufeinandertreffen, vier muß man versuchen loszuwerden.« – Pause – allgemeiner Zweifel. Erklärung: »Es gibt 1. Ihn, wie er sich vorstellt, daß er sei, 2. Sie, wie sie sich vorstellt, daß sie sei, 3. Sie, wie er sich vorstellt, daß sie sei, 4. Ihn, wie sie sich vorstellt, daß er sei, 5. Sie, wie sie wirklich ist, 6. Ihn, wie er wirklich ist. Nur die beiden letzten bleiben auf die Dauer übrig. Deshalb ist es gut, die Wirklichkeit vorher zu prüfen.« Dieses Beispiel erspart theoretische Begriffe. Dennoch lassen sich Probleme wie Ich-Ideal, Überidealisierung, Selbsttäuschung, und Enttäuschung daran gut bearbeiten, ebenso wie eine realistische Vorstellung von »Liebe«. Es gibt andere, ähnliche Beispiele, die zur Anregung dienen können. Entscheidend ist die Bearbeitung der Tendenz zur narzißtischen Befriedigung, die jede Objektbeziehung gefährdet.
Wie sehr gerade bei jungen Erwachsenen die Konstanz der Beziehungen von Bedeutung ist, wird an der Mißbilligung jedes häufigeren oder ständigen Partnerwechsels in der Altersgruppe erkennbar. Obgleich selbstverständlich für den Erzieher in der Oberstufe die verschiedensten Reifegrade und Entwicklungsstufen junger Menschen nebeneinander erkenn-

bar werden, käme es in der Sexualerziehung darauf an, die unruhige Phase der Partnersuche und der narzißtischen Tendenz bei gleichzeitiger Angst vor narzißtischer Kränkung oder Erfolglosigkeit durch eine Förderung des Übergangs von diesen narzißtischen Beziehungsformen und Einstellungen zu tragenden Objektbeziehungen und zur Objektliebe überwinden zu helfen. Gewiß wird jeder Erwachsene stets in bestimmtem Maß auch später noch narzißtische Befriedigungen, d. h. Bestätigungen seiner Selbstliebe und Selbstachtung brauchen, aber er wird davon nicht abhängig sein, weil er über die aktive Fähigkeit der eigenen Zuwendung zum Objekt, d. h. über die Möglichkeiten der Objektbeziehungen und Objektliebe verfügt. Das ist vor allem für den Lernprozeß deshalb so wichtig, weil die Verschiebung der Objektliebe, Sublimierung und Ersatzbefriedigung auf diese Weise möglich werden, während die verdrängte und nur unterdrückte Sexualität durch ihre fortbestehende Primitivität die Zuwendung zu anderen, lustvoll besetzten Lerngegenständen und -inhalten völlig blockieren kann. Nur naive Weltfremdheit kann annehmen, daß für den Schüler der Oberstufe Sexualität nicht genau die gleiche wichtige Bedeutung hat wie für alle anderen Erwachsenen. Es kommt aber darauf an, diese im Experimentierstadium befindliche, unsichere Sexualität so rechtzeitig für die Sublimierungsmöglichkeiten vorzubereiten, daß eine geistige Entwicklung überhaupt möglich ist, weil über die sexuell-schöpferischen Energien frei verfügt werden kann. Diese Freisetzung sexueller Energie für schöpferische Prozesse ist die Hauptaufgabe der Sexualerziehung auf der Oberstufe.

V. Prinzipien der Sexualerziehung

Durchgehend wurde in den einzelnen Abschnitten zuvor immer wieder darauf hingewiesen, wie wenig autoritärer Erziehungsstil und Sexualerziehung tatsächlich miteinander vereinbar sind. Mancher Erzieher wird sich im Augenblick überfordert fühlen, dennoch aber spüren, daß ähnliches ursprünglich von ihm selbst angestrebt wurde, das dann an der gepanzerten Amtsroutine und den täglichen eigenen Frustrationsgefühlen im Unterricht allmählich erlahmte. Martin Buber hat wohl mit Recht seit 1920 und später immer wieder auf das täglich neue Wagnis des Erziehers hingewiesen, sich selbst stets von neuem in Frage stellen zu müssen. Beginnt man sich ernsthaft mit den Problemen der Sexualerziehung auseinanderzusetzen, so stößt man unweigerlich auf Fragen, die auch in der Person des Erziehers selbst mitbegründet sind. Es sollte mit zu den Grundbegriffen seelischer Hygiene gehören, wie sie etwa unser Nachbarland, die Schweiz, vor einigen Jahrzehnten für die Schule als Psychohygiene einführte, daß der Erzieher eine ausreichend klare Einstellung zur Sexualität hat, die ihn genügend unbefangen gegenüber seinen Schülern macht. Das läßt sich nicht allein durch neue Stoffpläne oder Wissensfortbildung und »Materialien« für den Bereich der Sexualerziehung erreichen. Vielmehr sollte der anderen Ländern geläufige Begriff des »lebenslangen Lernens« (Lifelong learning) [53] auch für uns insoweit Gültigkeit haben, daß die sexuellen schöpferischen Kräfte erhalten bleiben und entfaltet werden können, ehe sie von den aggressiv-destruktiven Tendenzen der bürokratischen Tarnung und der zwangneurotischen Routine erstickt und zerstört werden. Einfacher gesagt, es geht um frische Luft in den Schulstuben, die den heuchlerischen Mief beseitigt, in den Erziehung sich vielfach auch heute noch in Ermangelung lebensnaher Bezüge einzuhüllen versucht. Damit könnte auch jene ursprüngliche Freude am Lehren zurückkehren, die einst das hohe soziale Prestige des Lehrers in der Gesellschaft bestimmte. Nicht »das Gehalt« macht's, sondern jene Fähigkeit, die mit Recht einst als pädagogischer *Eros* bezeichnet wurde. Niemand hat sich damals gescheut, sublimierte, kreative Sexualität als Eros beim Namen zu nennen und sie als besondere Auszeichnung des Erzieherberufes anzusehen. Ein Stück jener ursprünglichen Väterlichkeit und Mütterlichkeit des Lehrers wie der Lehrerin sollte als Bestandteil des Selbstbewußtseins in den Erzieherberufen wiederkehren, um die so hinderlichen Vorbehalte des Fachbeamtentums und die Versklavung an die Zwecke aufzulösen, die letztlich Widerstände gegenüber der Schwere der pädagogischen Aufgabe sind. Weder Neo-Idealismus noch Pseudo-Realismus können die Sexualerziehung bestimmen. Vielmehr wird nur der nüchtern beobachtende Blick auf die sexuelle Wirklichkeit des Kindes, eingedenk der dadurch aufgerührten eigenen verdrängten Erinnerungen, den Erzieher befähigen, die ihm zur Verfügung gestellten Lehr- und Lernmittel sinnvoll für eine breitere Sexualerziehung zu nutzen. Dabei wird er selbst auf die Dauer wahrscheinlich mit seinem Beruf, seinem Handeln und mit seinen Schülern wesentlich zufriedener sein als in der pseudowissenschaftlichen Beschränkung auf die Sachbildung allein, die in ihm häufig das Gefühl hervorruft, er sei ein verhinderter Universitätsassistent, was den schweren Unterricht mit Kindern nicht gerade lustvoller macht.

Die Berücksichtigung der phasenspezifischen Vorprägungen wird besser gelingen, wenn eine zusätzliche ausgiebige Information erfolgt. Von pädagogischer Seite ist hierfür ausgezeichnete Vorarbeit geleistet worden. Bittner und Rehm haben schon 1964 die wichtig-

[53] Siehe auch: Lit.-Verz. Nr. 9.

sten Aufsätze früherer Jahre zum Thema »Psychoanalyse und Erziehung« (Huber, Bern 1964) zusammengetragen und die Weiterentwicklung des Problems dargestellt. Darüber hinaus danken wir beiden Autoren je eine gesonderte Darstellung zur Entwicklung des Verhältnisses zwischen Pädagogik und den Einsichten der neueren Entwicklungspsychologie [54]. Als Musterbeispiel einer sinnvollen Anweisung für den Lehrer kann wohl der 1964 erschienene Band der schweizerischen Stiftung »Pro Juventute«, mit dem schlichten Titel »Gesundheitserziehung« (Orell-Füssli, Basel 1964) gelten, der von maßgebenden Jugendpsychiatern, Psychologen und Pädagogen im Auftrag der schweizerischen Bundesregierung erarbeitet wurde. Die UNESCO hat in ihrer jährlichen Literaturübersicht in einer besonderen Rezension darauf hingewiesen.

Hans Zulliger gehört gewiß zu den Pionieren der Sexualerziehung in der Schule, jedoch wird auch heute noch viel zuwenig der 1933 emigrierten Fachkräfte dieses Gebietes gedacht, wie etwa S. Bernfeld, Steff und Berta Bornstein, Therese Benedek, Ruth Eissler, Anna Freud, René Spitz, Erik H. Erikson u. a., denen wir während der letzten 30 Jahre entscheidende Einsichten in die Entwicklung der kindlichen Sexualität verdanken. Eine Zusammenfassung dieser »Grundzüge der Psychoanalyse«, wie sie etwa von Charles Brenner als Paperback 1967 bei Fischer erschien, gehört eigentlich zum Grundwissensbestand des Erziehers. Es wäre jedenfalls darauf hinzuweisen, daß insbesondere das Buch von Brenner als selbstverständlicher Leitfaden für den amerikanischen Studenten aller erziehungswissenschaftlichen Fächer gilt. Max Horkheimer hat 1964 nicht zu Unrecht die »Schande« beklagt, daß der Erzieher auch heute über die kindliche Sexualität in seiner Ausbildung kaum etwas erfährt. Dies erscheint um so relevanter, als Benjamin Bloom in der bereits erwähnten kritischen Übersicht verdeutlicht, wie sehr der Erzieher mit 50 % Vorprägung der kindlichen Intelligenz bereits bis zum 4. bis 5. Lebensjahr rechnen muß. Eine diesen Tatsachen entsprechende Veränderung der Schulerziehung wird sich nur langsam, gegen sehr viel konservative Widerstände und Vorurteile vollziehen können. Um so notwendiger erscheint es, am Beginn der Sexualerziehung den pädagogischen Ansatz so weit zu durchdenken, daß nicht jede zukünftige Bemühung schon in den Anfängen steckenbleibt, weil von falschen Voraussetzungen ausgegangen wird. Eine der wichtigsten Voraussetzungen für die Sexualerziehung scheint die ausreichende Ausbildung des Erziehers für diese Aufgabe zu sein. Die Sexualerziehung wäre gewiß nicht vernachlässigt worden, wenn diese Ausbildung je zuvor bestanden hätte. Man kann jedoch nicht angebliches sexuelles Fehlverhalten der Jugend beklagen oder verurteilen, solange die Erziehung nicht selbst genügend Vorsorge zur Vermeidung der Entstehung von Fehlhaltungen trifft.

Die phasenspezifische Vorprägung wird auch heute noch vielfach mißverstanden. Es handelt sich um *bleibende*, den Charakter in ganz bestimmter Weise prägende Vorerlebnisse, die entscheidend in der frühkindlichen Sexualentwicklung begründet sind. Keine dieser Vorprägungen läßt sich durch Erziehungsmaßnahmen irgendwelcher Art aufheben, allenfalls gewaltsam verdrängen, und das auch nur vorübergehend. Das Verdrängte aber ist vogelfrei, außerhalb jeder Kontrolle des Bewußtseins und deshalb viel gefährlicher in seinen möglichen späteren primitiven Durchbrüchen und Auswirkungen. Berücksichtigung der Vorprägungen bedeutet also in der Sexualerziehung eine bessere Entwicklung und Auflösung der bestehenden Fixierung an prägenitale Partialtriebe und deren Koordination zum Genitalprimat. Das ermöglicht manchmal die Vermeidung unnötiger Verdrängungen und die Wahrnehmung der Chance der Umwandlung früherer Verformungen. Das ist

[54] Siehe Lit.-Verz. Nr. 156, 277, 278, 279, 280, 301, 148; neuerdings: *W. Rehm:* Die psychoanalytische Erziehungslehre. München 1968 (Piper).

eines der entscheidenden Ziele der Erziehung zwischen dem 4. und 8. Lebensjahr, eine Entwicklungschance, die nach Bloom ohnehin nur noch 30 % einer bis dahin noch nicht festgelegten kindlichen Intelligenz erreicht. Die Bedeutung dieser Zeit wird noch dadurch betont, daß der Umfang der verbleibenden, ungeprägten Intelligenz vom 8. bis 17. Lebensjahr nur etwa 20 % beträgt, die endgültig reifende Urteilsfunktion sich jedoch auf die vorstrukturierten Urteile der ersten beiden Perioden bezieht. Die Chancen der Schulerziehung betragen also ohnehin weniger als 50 % für die Intelligenzentwicklung.
Um so wichtiger ist es, die Zugänge der individuellen, spezifischen Vorprägung in ihren Begründungen genau und rechtzeitig erkennen zu können. Die Erwachsenenbildung hat diese Probleme offenbar in weit größerem Umfang studieren müssen als die institutionelle Schule, weil sie auf freiwillige Teilnehmer angewiesen ist. Würde die Schule heute wie ein freies Unternehmen ihrer Qualität nach von der Wahl der Schüler abhängig sein, so erwiese sich, ähnlich wie bei privaten Internaten, sehr schnell, wodurch der Bestand einer Schule tatsächlich gefährdet ist. Die Schulpflicht verführt die Allgemeinheit leicht dazu, die Lernschule zu hoch zu bewerten und dabei die weitaus wichtigeren Probleme der Charakter- und Persönlichkeitserziehung zu vernachlässigen, die heute durch die Familie allein nicht mehr erreicht werden kann. Die Sexualerziehung ist nicht nur eine Antwort auf die Anonymität der Massengesellschaft, sondern auch auf die deutlich erkennbaren Änderungen der heutigen Familienstruktur. Die Tendenz vieler Eltern, eigene unbewußte und ungelöste Probleme der frühen Kindheit und deren Vorprägungen mit und an ihren Kindern zu wiederholen [55] und zu agieren, stellt den Erzieher vor die doppelt schwierige Aufgabe, gerade jenen Anteil kulturellen Bildungsgutes verteidigen zu müssen, der dem nur merkantil-ökonomisch-technisch orientierten Teil der Erwachsenengesellschaft unerheblich und unwichtig erscheint. Das letztere ist gewiß sehr kurzsichtig, wenn man auf die Dauer den allgemein beklagten Anstieg der Jugend- und Erwachsenenkriminalität sowie die erhöhten Sozialschwierigkeiten vermeiden will. Im ganzen wird man sich aber um die Triebbegründungen des Kulturgehorsams heute intensiver bemühen müssen, wenn man im Endergebnis nicht bei einer mehr oder minder totalen Kulturheuchelei ankommen will, die in den sozialen Gruppenbeziehungen bedenkliche Auswirkungen haben müßte.
Diese Bemühung um die Triebgrundlagen umfaßt in erster Linie die Berücksichtigung phasenspezifischer Vorprägungen in der erweiterten Sexualerziehung der Schule.

[55] Siehe hierzu: Lit.-Verz. Nr. 43 und Nr. 152, auch Nr. 154 in weiterem Zusammenhang.

VI. Zur Methodologie der Sexualerziehung

Eltern stellen häufig die Frage, wie sie sich gegenüber kindlichen Fragen nach Zeugung und Geburt im Vorschulalter verhalten sollen. Das Prinzip ist sehr einfach:
Der Erwachsene überläßt dem Kind weitgehend die Aktivität, indem er die Gegenfrage stellt: »Ja – wie könnte das wohl sein? Wollen wir einmal miteinander überlegen?« Besteht ein sicheres Vertrauensverhältnis zwischen Eltern und Kind, so wird das Kind beginnen, seine Phantasien darüber auszuspinnen. Der Erwachsene kann dann behutsam durch weitere Gegenfragen sich vortasten, bis entweder der erfragte Sachverhalt klar ist oder das Kind sich zufriedengibt. Der häufige Einwand: »Aber mein Kind fragt überhaupt nicht« beruht auf falschen Voraussetzungen. Kinder, die in frühem Alter mit ihren Fragen abgewiesen wurden – auch wenn es sich um völlig andersartige, nicht sexuelle Fragen handelte –, geben es schließlich auf, dem Erwachsenen überhaupt noch Fragen zu stellen, weil sie allzuoft die Vertröstung »später« oder »ich hab' jetzt keine Zeit« oder »wenn Du größer bist, dann werde ich es Dir erklären« gehört haben, ohne daß in der Folgezeit je dieses Versprechen erfüllt wurde. Der Erwachsene hat dann zum späteren Zeitpunkt bereits so viel an Glaubwürdigkeit und Vertrauen verloren, daß der eigene Forschungsdrang des Kindes als das einzig erfolgreiche Mittel zur Lösung von Fragen erscheint, die vom Erwachsenen nicht beantwortet werden. Mit dieser Vorstruktur hat die Schule weitgehend zu rechnen, ebenso wie mit dem allgemeinen autoritär-zwanghaften Erziehungsstil vieler Familien. Es wurde schon mehrfach darauf hingewiesen, daß Sexualerziehung in einem allgemein autokratischen Unterrichtsstil kaum eine Chance hat, mehr als Verwirrung und Unruhe zu stiften. In der zweiten Hälfte des Jahrhunderts sollten jedoch neue pädagogische Wege, wie sie etwa von Kerschensteiner und seinen Zeitgenossen in den zwanziger Jahren mit Erfolg begonnen wurden, nicht unbekannt geblieben sein, ebensowenig wie die Tatsache, daß in der Bundesrepublik an mehreren Schulen im Laufe des letzten Jahrzehntes ausgiebig bewiesen wurde, wie sehr sich mit einer Veränderung des Curriculums, des Unterrichtstils und des Lehrer-Schüler-Verhältnisses nicht nur das Verhalten der Schüler verändert, sondern auch weitaus bessere Qualifikationen erreicht werden, als dies bei einer Methodik allzu straffer Autorität mit all ihren Mängeln der sekundären Passivität und Schulmüdigkeit der Schüler der Fall ist. Die autoritäre Haltung erscheint freilich zunächst für den Lehrer einfacher, aber die Allgemeinheit bezahlt schon wenige Jahre später die Zeche mit den Rachetributen aggressiver Jugendlicher, die sich schwache Opfer, auch unter den Erwachsenen suchen. Eine Rückbesinnung auf die Bedeutung verborgener Gewaltsamkeit innerhalb der Schulerziehung erscheint ohnehin notwendig, da der Erzieher in seinem eigentlichen Feld überwiegend mit Kindern zu tun hat und die in anderen Berufen selbstverständliche, unter Umständen korrigierende Gegenkontrolle durch Erwachsene entbehren muß. Die Methodik der Sexualerziehung erfordert von vornherein eine erzieherische Haltung, die weder eindringt, noch Druck ausübt, noch zu Leistungen anspornt. Vielmehr bedarf sie einer ausreichenden Rückbesinnung auf die Grundstrukturen der menschlichen Lebensbedingungen – der conditio humana.
Die Projektion des Bösen auf andere, d. h. die Externalisierung eigener unbewußter Triebstrebungen hilft in der Erziehung wenig. Vielmehr muß der Erzieher hier auch methodologisch Farbe bekennen und seine tatsächlichen pädagogisch-psychologischen Voraussetzungen nüchtern prüfen. Sexualerziehung setzt primär Achtung vor den Gegebenheiten der Natur und damit auch vor der kindlichen oder jugendlichen werdenden Persönlichkeit vor-

aus, um deren »Bildung« es im tieferen Sinne geht. In den einzelnen Abschnitten wurden bereits verschiedene methodologische Hinweise gegeben. Auf keinen Fall wird man das Problem allein dadurch lösen können, daß man Kindern oder Jugendlichen einschlägige Schriften, Bücher oder Schallplatten anbietet, um sie dann damit beruhigt allein zu lassen. Das wäre im höchsten Maße unverantwortlich, so vorzüglich zahlreiche Schriften für die Unterstufe und Mittelstufe auch sein mögen (so z. B. Kurt Seelmann: »Woher kommen die kleinen Buben und Mädchen?«, Reinhardt, München [56], für 8- bis 10jährige, ein Buch, das vor seiner Publikation zum Teil sehr genau von Kindern erprobt wurde; ähnlich auch Sten Hegeler [57], als Übersetzung aus dem Dänischen). Entscheidend bleibt für jeden heranreifenden Menschen die Möglichkeit der weiteren Information, der Diskussion und der Frage, um den trotz aller Klarheit nur zu einem Teil voll verstandenen Inhalt richtig für sich selbst einordnen zu können. Nicht der Inhalt ist dabei das Entscheidende, sondern die sichernde Kontaktbeziehung zum Erzieher, die letztlich die soziale Anerkennung der assimilierten Inhalte bedeutet, also eine Identifizierung mit dem Erwachsenen ermöglicht. Der Erzieher sollte nie vergessen, daß beim Schüler genauso wie bei ihm selbst unbewußte Widerstände schon beim Lesen eines Inhaltes auftauchen können, die nur durch eine gemeinsame Orientierung innerhalb der altersspezifischen Gruppe auflösbar sind. Die Erfahrung zeigt übrigens, daß selbst für viele Eltern die Lektüre von Informationsschriften über Sexualität für Kinder und Jugendliche an vielen Stellen Neuigkeiten und Überraschungen enthält. Man wird dabei nicht annehmen dürfen, die Eltern hätten irgend etwas tatsächlich nie zuvor gewußt. Vielmehr wird dabei nur die langfristige Wirksamkeit früh errichteter Verdrängungsschranken gegenüber der Sexualität erkennbar. Methodologisch sind 3 Wege *gleichzeitig* erforderlich:

1. Das Wissensangebot durch Informationsquellen und deren Verarbeitung innerhalb eines Unterrichtssystems, das den Schülern für diesen Zweck weitgehend eigene Aktivität, Spontaneität und Selbständigkeit der Gesprächsführung ermöglicht.

2. Die konstante Beobachtung der jeweils aktuellen Entwicklungserscheinungen mit ihrer altersspezifischen Begleitsymptomatik, die je nach den Gegebenheiten mit den unter 1. genannten Informationsinhalten oder im Zusammenhang mit anderen Stoffangeboten direkt oder indirekt bearbeitet werden sollten. An die Stelle von Strafen und Rügen sollte die erzieherisch ausreichende Bearbeitung der dahinterstehenden Entwicklungs- und Sexualprobleme innerhalb der Schule treten. Aus pädagogischen Gründen ist die indirekte rechtzeitige Bearbeitung vorzuziehen. Ergibt sich ein aktueller Anlaß, so sollte die offene Bearbeitung in der zuvor dargestellten Weise niemals vermieden werden.

3. Die Koordination der erzieherischen Bemühungen des Gesamtkollegiums in *allen* Unterrichtsfächern erfordert sinnvolle Langstreckenplanung, gegenseitige Information der Erzieher untereinander und einen ausreichenden Konsens innerhalb des Konvents. Die damit unzweifelhaft verbundenen gruppendynamischen Probleme sind mit einiger Bemühung durchaus lösbar. Zu dieser Koordination gehört auch die rechtzeitige Kooperation mit den Eltern. Ausreichendes Schrift-, Bild- und Filmmaterial auch über andere Erziehungsprobleme steht vielfach kostenlos zur Verfügung (so z. B. alle Filme der Fernseh-Elternschule über die Entwicklung des Kindes- und Jugendalters bei den Landesbildstellen mit einem Begleittext. Ferner bei der Bundeszentrale für gesundheitliche Aufklärung, 5 Köln-Merheim, Ostmerheimer Straße 200).

[56] Lit.-Verz. Nr. 81.
[57] Lit.-Verz. Nr. 72.

Ähnlich wie die Stadtstaaten und einige Großstädte schon zuvor hat sich das Land Hessen seit 1966 dafür entschieden, jedem Elternpaar zur Geburt des ersten Kindes in jeweils kurzen zeitlichen Abständen Elternbriefe (Peter-Pelikan-Briefe) bis zur Vollendung des 6. Lebensjahres zu schicken, in denen die wichtigsten, jeweils gerade aktuellen Probleme der kindlichen Entwicklung auf nicht mehr als 4 bis 6 Seiten pro Brief allgemein verständlich dargestellt werden. Vielleicht fehlt im deutschen Schulwesen eine ähnliche Einrichtung für den Erzieher, die es ihm erlaubt, immer wieder von neuem die jeweils spezifischen Altersprobleme der Jugendentwicklung zu durchdenken (z. B. Informationsbriefe zur Sexualerziehung).

Die Koordination aller Bemühungen von Schule und Elternhaus stellt eine Art sozialkultureller Verteidigungsleistung dar, die um so notwendiger erscheint, als alle anderen wirksamen soziokulturellen Einflüsse und unsichtbaren Miterzieher sich nicht durch unsinnige Verbote allein ausschalten lassen. Vielmehr geht es um eine realistische Vorbereitung des Kindes auf die Welt des Erwachsenen, wie sie tatsächlich ist, nicht wie sie sein sollte. Auch im Märchen gibt es böse Wölfe und Giftzwerge – es wäre unsinnig zu glauben, man könne Kinder vor Versuchungen bewahren, denen sie täglich ausgesetzt sind. (Allein in einer süddeutschen Großstadt werden von *einer* Staatsanwaltschaft pro Jahr 900 Anzeigen wegen Exhibitionismus aus rein technischen Arbeitsgründen, wenn es sich dabei um Erstfälle handelt, einfach durch schriftlichen Strafbefehl ohne Verhandlung erledigt. Dies geschieht auch, um kindlichen Zeugen die unangenehmen Verhöre und die Fixierung des Erlebnisses durch die Hauptverhandlung zu ersparen. Das Dunkelfeld der Fälle männlichen Exhibitionismus dürfte in den Großstädten etwa drei- bis viermal so hoch sein, wie es in den Akten der Polizei erscheint.)

Die Annahme, Kinder könnten mit der Sexualität der Erwachsenen nicht in direkte Berührung kommen, ist eine leichtfertige Verleugnung der Realität. Haben die Kinder jedoch keine Möglichkeit, eine sachliche Information und Erklärung für sexuell abwegiges Verhalten Erwachsener zu bekommen, so wächst ihre Neugier und Angst gleichzeitig, so daß sie den »Ort des Unholds« wieder aufsuchen werden, um mehr zu sehen, zu erfahren und zu wissen. Ähnlich wird man das allgemeine Bedürfnis der Gesellschaft nach einer weitgehend nicht direkt genitalen Exhibition der Frau nicht durch Verbot von Kinoplakaten, Magazinen und ähnlichen Maßnahmen einschränken können. Letztlich ist der menschliche Körper in der Nacktheit nicht prinzipiell anstößig, sondern wird erst durch damit individuell sich verbindende Phantasien unter Umständen zum subjektiven Ärgernis. Man wird jedoch von Knaben nicht fordern können, sie sollten die Augen schließen, wenn sie durch die Straßen einer Stadt gehen. Vielmehr erfordert eine realistische Vorbereitung auf das gemeinsame Leben der Erwachsenen eine systematische Sexualerziehung und eine sachliche Abklärung der vom Jugendlichen beobachteten Erscheinungen in der Schule. Schulunterricht ist im weitesten Sinne Weltkunde, so daß die Ausklammerung bestimmter Bereiche der wirklichen Welt letztlich aus dem folgsamsten Schüler dieser realitätsverleugnenden Unterrichtsformen später gerade dann den Abonnenten und Konsumenten jener Filme und Magazine entstehen läßt, deren sachlich richtige Einordnung ihm in seiner Erziehung vorenthalten wurde. Die Vermeidung moralingesäuerter Indoktrination sollte jedem Erzieher schon um der Vorbeugung gegen die Gefahr eigener Unglaubwürdigkeit oder gar Lächerlichkeit willen eine psychologische Vorbedingung sein. Die Annahme vieler Erzieher, Jugendliche würden durch den Anblick von Filmen, Reklamen, Werbungen für Erotika u. a. »gefährdet«, ist ausgesprochen irrtümlich, da die meisten männlichen Jugendlichen sich allenfalls darüber lustig machen, während Mädchen und Frauen fast überhaupt keine Pornographie lesen und kaum dadurch allein sexuell stimuliert werden können.

Dies ist ein Irrglaube des Mannes, da Frauen in solchen Literaturstellen stets nur so erscheinen, wie Männer sie sich vorstellen, wie sie jedoch real nicht sind. Da weder die Schule als Institution noch andere tradierte Gesellschaftseinrichtungen das gegenüber der puritanischen Epoche heute tolerantere sexuelle Problembewußtsein der Gesellschaft ändern werden, weil es sich in einer gesunden Rückkehr zur selbstverständlichen Natürlichkeit früherer Jahrhunderte befindet, wird es Aufgabe des einzelnen Erziehers sein, dem Schüler im Unterricht methodisch die sachlich richtige Einstellung zu diesen Veränderungen des Gesellschaftsbewußtseins zu vermitteln. Es ist eigentlich im Grunde Unsinn, von »sexueller Revolution« zu reden, wenn man etwa die Moden, Verhaltensweisen und Sitten des Mittelalters, der Renaissance oder des Barock und Rokoko vergleicht. Um 1800 lag das Heiratsalter der Mädchen zwischen 15 und 17 Jahren, der Jünglinge zwischen 17 und 21. Die »sexuelle Revolution« bezieht sich also nur auf die Repression der etwa 40jährigen Epoche des europäischen Viktorianismus.
Zu den vorauszusetzenden Kenntnissen zeitgenössischen Bewußtseins wird jedoch in 10 bis 20 Jahren (dem Erwachsenenalter der heutigen Schüler) mit großer Selbstverständlichkeit das *Wissen* über Familienplanung, chemische und hormonale Geburtenregelung und sexuelle Partnerschaftsformen gehören. Der Mangel an mehr beiläufiger Information und Diskussion dieser Probleme in der Schulerziehung, die fehlenden methodologischen Vorüberlegungen von pädagogischer Seite in den letzten 20 Jahren lassen jenen Satz hochaktuell erscheinen, den Sigmund Freud 1929 in Wien niederschrieb, nämlich, daß die Erziehung sich so verhalte, als rüste man Menschen, die auf eine Polarexpedition gehen wollten, mit dem Kartenmaterial und der Bekleidung für Oberitalien aus [58].
Es bleibt eine in unserem Land von der Erziehung noch zu lösende Aufgabe, die Voraussetzungen für eine realitätsgerechte Sexualerziehung in Zusammenarbeit zwischen Psychologen, Jugendpsychiatern, Ärzten, Lehrern, Eltern und Psychoanalytikern zu schaffen, um jene Vorurteile abzubauen, die bislang mehr zur Unterdrückung der Sexualität des Menschen als zu ihrem Aufbau und ihrer Erhaltung beitrugen.

[58] Siehe: *S. Freud:* Das Unbehagen in der Kultur. Imago, London 1948, S. 494.

Nachwort

Seit dem ersten Entwurf dieser Schrift bis zu ihrem Abschluß sind über drei Jahre vergangen. Das Thema Sexualpädagogik ist mehr in Bewegung geraten. Das offenbart die Bedrängnis, in der wir uns befinden. Wir teilen sie mit vielen Nachbarn, aber es scheint sich daran mehr zu offenbaren als nur ein tradiertes Versäumnis. Haltungen und Einstellungen einer Epoche können viele Generationen überdauern, bis sich plötzlich alles Verdrängte und Unterdrückte auf einmal Luft macht, weil es künstlich aufgestaut wurde. Es ist gewiß kein Zufall, daß dies in den ersten Schritten auf die Jahrtausendwende hin geschieht. Wir verhalten uns inmitten einer Welt mit erregenden Zukunftsmöglichkeiten noch so, als könnten wir in unserer seelischen Entwicklung jene Naivität und Abhängigkeit aufrechterhalten, die aus früheren Jahrhunderten, wenn nicht aus einem anderen Jahrtausend stammt und dort begründet wurde.

Tatsächlich befinden wir uns in einem Übergang, dessen Grenzen niemand recht zu lokalisieren weiß. Die Sexualerziehung hat aber mit einem der bedrohendsten Zukunftsprobleme zu tun, das wir, eingedenk der eigenen zeitlichen Begrenztheit unseres Daseins, oft zu ignorieren trachten: die Bevölkerungsexplosion. Wenn die Menschheit diese Verantwortung für ihre eigene Zukunft und die ihrer Nachkommen im Laufe kommender Jahrhunderte übernehmen will, so wird man das nicht nur unvernünftig oder amoralisch schelten können. Die Unbefangenheit der kommenden Generationen wird in ihrem größeren, praktischen Lebenswissen – auch über die Sexualität – begründet sein, das trotz vieler Irrtümer rationale Entschlüsse an die Stelle irrationalen Hoffens setzt. Es wird nicht glücklicher machen, denn wissende Verantwortung war stets schwerer als unwissender Romantizismus. Die Last wird manchen geplagten Erzieher bedrücken, wenn er zu aller täglichen Mühe ein scheinbar so kompliziertes Thema in seinen Schulalltag eindringen sieht. Es ist auch keineswegs leicht, als Autor den Ton und eine Mitteilungsweise zu treffen, die jeden Leser so erreichen, daß er sich auch in seinen ganz konkreten, persönlichen Problemen des Erzieherberufes angesprochen fühlt.

Mein Dank gilt deshalb nicht nur meinen akademischen Lehrern und Kollegen in Deutschland, England und USA, die mir eine Fachdiskussion mit vielen Hinweisen ermöglichten, sondern vor allem jenen Pädagogen, die ihren Schulalltag mit mir teilten: in den fünfziger Jahren Erzieher der Ulmer Schulen, insbesondere Willy Rehm und Günther Bittner, letzterer als Mitarbeiter der dortigen Familien- und Elternberatung, zugleich der ersten Elternschule nach dem 2. Weltkrieg. In gleichem Umfang gilt mein Dank den Lehrern des ersten Gruppendynamischen Seminars in Schliersee 1963, britischen Pädagogen mehrerer Colleges und den Lehrern und Mitgliedern des ersten Arbeitskreises für Gruppendynamik Frankfurt, die neben einem vollen Schulalltag fünf Jahre gemeinsam mit mir viele aktuelle Klassenprobleme besprachen.

Für Anregung, Ermutigung und Unterstützung danke ich Frau Dr. Ilse Staff und Herrn Prof. Dr. B. Simonsohn vom Erziehungswissenschaftlichen Seminar der Universität Frankfurt. Ohne die Förderung meiner amerikanischen Kollegen, insbesondere der Maurice Falk Foundation in Pittsburgh durch Prof. Dr. Otto von Mering und Prof. Dr. Henry Brosin, Direktor des Western Psychiatric Institute and Clinic der Universität Pittsburgh, während meiner Gastprofessur 1968–1970 wäre eine Fertigstellung dieser Arbeit nicht möglich gewesen.

Meiner Frau Sibylle Gärtner möchte ich nicht nur für die Hilfe danken, die sie mir als Bibliothekarin in der Erstellung der Literaturverzeichnisse und beim Schreiben der Texte in USA – ohne jede deutsche Schreibhilfe weit und breit – in steter Kooperation geleistet hat, sondern vor allem für ihre Verzichtbereitschaft durch lange Monate, die eine zusätzliche Anstrengung forderten. Mein besonderer Dank gilt ferner Herrn Heinz Baas und seiner Familie für die mir häufig gewährte Gastfreundschaft, um in ruhiger Zurückgezogenheit Manuskriptentwürfe und Korrekturen fertigzustellen.

Nach uns kommende Generationen werden gewiß ein klügeres Problembewußtsein entwickeln, das liegt in der Natur menschlicher Erkenntnismöglichkeit. Es hätte meiner Spontaneität manchmal mehr gelegen, den Leser direkt anzusprechen, aber ein Sachbuch fordert Einschränkungen der persönlichen Kommunikation im Unausgesprochenen.

In der Hoffnung, daß dies trotz aller Zurückhaltung spürbar wird, gebe ich das Manuskript mit dem berechtigten Zweifel des Autors an die Bundeszentrale für gesundheitliche Aufklärung, deren Mitarbeitern ich besonders für ihre beharrlich mahnende Geduld bei der Entstehung der Schrift zu Dank verpflichtet bin.

Frankfurt/M., im September 1970

Literaturverzeichnis

I. Literaturübersicht zur Sexualerziehung bis 1971

1. *Grüninger, W.:* Geschlechtererziehung – Sexualkunde. In: Die Schulwarte, 7/1970, Neckar-Verlag, Villingen.
2. *Oesterreich, Heinrich:* Geschlechtserziehung im Schrifttum. 140 Bücher und Schriften zur Geschlechtserziehung. Köln 1964 (LAGG Nordrhein/Westf.).

2.a *Pfeiffer, R.:* Bibliographie zur Sexualerziehung, Folge I 1965–1968, Folge II 1968–1970. Pädagogisches Zentrum, Berlin, Verlag Beltz, Weinheim.

2.b *Scarbath, Horst:* Neue Literatur zur Sexualpädagogik. In: Zeitschr. f. Pädagogik, H. 13, 1967.

3. *Topfmeier, Christa:* Zentralinstitut für Gesundheitserziehung: Schriften und Lehrmittel zur Geschlechtserziehung. Köln-Merheim 1965 (alphab. Verz.).

II. Untersuchungen und Übersichten zur Sexualentwicklung und zum Sexualverhalten:

4. *Friedeburg, Ludwig v.:* Die Umfrage in der Intimsphäre. Beiträge zur Sexualforschung. Stuttgart 1953, H. 4., S. 81 ff.
5. *Hunger, Heinz:* Das Sexualwissen der Jugend. München/Basel 1967.
6. *Kinsey, A. C.* et al: Das sexuelle Verhalten der Frau. Berlin/ Frankfurt a. M. – Das sexuelle Verhalten des Mannes. Berlin/Frankfurt a. M. 1954/55.
7. *Reed, Bryden:* 80 000 Adolescents. A Study of Young People in Birmingham. London 1950.
8. *Christensen, Harold T. & Carpenter, George R.:* Value-Behavior Discrepancies Regarding Premarital Coitus in 3 Western Cultures. American Social Review 27, 1962, p. 66–74.

III. Allgemeine Fachliteratur zur Jugendtheorie und Erziehung:

9. *Arendt, Hannah:* Die Krise der Erziehung. Gedanken zur »progressiven education«. Der Monat 11, 1959, S. 48–61.
10. *Bals, Christel:* Gruppenbildung von Jugendlichen in einem Heim der offenen Tür. KZfS 12, 1960, S. 673–685.
11. *Bergius, Rudolf:* Jugend in unserer Zeit. Im Blickpunkt der Psychologie. In: Jugend in unserer Zeit, München 1961, S. 23–52.
12. *Bertlein, Hermann:* Das Selbstverständnis der Jugend heute. Berlin/Hannover/Darmstadt o.J.
13. *Bondy, Curt:* Pubertät als sozialkulturelles Phänomen. Praxis der Kinderpsychologie und Kinderpsychiatrie 5, 1956, S. 198–201.
14. *Borinski, Fritz:* Jugend in unserer Zeit. Im Blickpunkt der Pädagogik. In: Jugend in unserer Zeit, München 1961, S. 125–140.
15. *Bornemann, Ernst:* Jugendprobleme unserer Zeit. Göttingen o. J.
16. *Bühler, Charlotte:* Kindheit und Jugend. Leipzig 1928.
17. *Engelmann, Wolfhard:* Reifungsentwicklung und Reifungsveränderung im gefühlsbetonten Wertungsbereich unserer Jugend, ein Beitrag zum Akzelerationsproblem. Psychologische Rundschau 13, 1962, S. 131–140.
18. *Haire, N.:* Geschlecht und Liebe heute. Das Geschlechtsleben des modernen Menschen. München 1965.
19. *Harding, E.:* Der Weg der Frau. Zürich 1962.
20. *Haseloff, Otto:* Pubertät als biosoziales Phänomen. In: Moderne Entwicklungspsychologie, Berlin 1956, S. 79–88.
21. *Inhelder, B.:* Die affektive und kognitive Entwicklung des Kindes. Schweiz. Zeitschrift für Psychologie 15, o. J., o.O.
22. *Küchenhoff, Werner* (Hrsg.): Theorie des Jugendalters. München 1970.
23. *Muchow, Hans H.:* Sexualreife und Sozialstruktur der Jugend. Hamburg 1959.
24. *Lersch, P.:* Vom Wesen der Geschlechter. München 1950.
25. *Remplein, Heinz:* Die seelische Entwicklung des Menschen im Kindes- und Jugendalter. 7. Aufl. München 1958.
26. *Spranger, Eduard:* Psychologie des Jugendalters. Leipzig 1924.
27. *Steinwachs, Friedrich:* Körperlich-seelische Wechselbeziehungen in der Reifezeit. Basel 1962.
28. *Riesmann, D.:* Die einsame Masse. Darmstadt 1956.
29. *Undeutsch, Udo:* Entwicklung und Wachstum. In: Handbuch der Psychologie Bd. 3, Göttingen 1959, S. 79–103.

30. *Ders.:* Das Verhältnis von körperlicher und seelischer Entwicklung. Ebenda, S. 329–357.
31. *Ders.:* Somatische Akzeleration und psychische Entwicklung der Jugend der Gegenwart. Studium Generale, 5, 1952, S. 286–298.
32. *Ders.:* Die Sexualität im Jugendalter. Studium Generale 3, 1950, S. 433–454.

IV. Allgemeine Informationsschriften zum Thema Sexualität:
33. *Brocher, Tobias:* Erziehung zur Geschlechtlichkeit. In: »Krise der Ehe?« München 1967.
34. Gesundheitserziehung. Handbuch für Lehrer Schweizer Schulen. Hrsg.: Pro juventute und schweiz. Bundesregierung. Zürich 1966.
35. *Giese, Hans* (Hrsg.): Mensch, Geschlecht und Gesellschaft. 2. Aufl. Baden-Baden 1961.
36. *Giese, Hans* (Hrsg.): rowohlts sexologie. Reinbek 1968.
37. *Hartmann, Max:* Theorie der relativen Sexualität. In: Allgemeine Biologie. Stuttgart 1956.
38. *Kroh, O.:* Sexualerziehung aus sexualethischer Verantwortung. In: Jahrbuch für Psychologie und Psychotherapie 1953/54.
39. *Malinowski, B.:* Geschlecht und Verdrängung in primitiven Gesellschaften. Hamburg 1962.
40. *Marcuse, Herbert:* Triebstruktur und Gesellschaft. Deutsch, Frankfurt 1965.
41. *Mead, Margaret:* Mann und Weib. Das Verhältnis der Geschlechter in einer sich wandelnden Welt. Stuttgart/Konstanz 1955.
42. *Dies.:* Geschlecht und Temperament in primitiven Gesellschaften. Hamburg 1959 (gekürzt).
43. *Richter, H.-E.:* Eltern, Kind und Neurose. Stuttgart 1963.
44. *Schelsky, H.:* Soziologie der Sexualität. Hamburg 1955.
45. *Seelmann, K.:* Kind, Sexualität und Erziehung. München/Basel 1960.
46. *Wettreck, H.:* Geschlechtserziehung – eine Aufgabe des Jugendamtes. In: Jugendschutz 1966, S. 48. ff.

V. A. Schriften zur Sexualerziehung, medizinisch-psychologisch-pädagogisch (weltanschaulich neutral):
a) *Allgemein für Erzieher und Eltern:*
47. *Beiler, A.:* Biologisches Sachwissen und Geschlechtserziehung. Ratingen 1966.
47.a *Dawkins–Herzog:* Leitfaden für die Sexualerziehung in Schule und Elternhaus. Furche-Verlag, Hamburg 1969.
48. Dieckmann, H.: Probleme der Lebensmitte beim Mann. Stuttgart (Reihe: Psychologie).
49. *Dührssen, A.:* Psychogene Erkrankungen bei Kindern und Jugendlichen. Göttingen 1960.
50. *Dührssen, A.:* Psychotherapie bei Kindern und Jugendlichen. Göttingen 1960.
51. *Fanconi, G.:* Über Störungen der Pubertät. In: Deutsche Medizinische Wochenschrift 80, 1955, S. 337.
51.a *Fels, G.:* Pubertät. Klett-Verlag, Stuttgart 1969.
52. *Giese, H.:* Psychopathologie der Sexualität. In: Erziehung und Sexualität, Kritische Beiträge zur Bildungstheorie. Frankfurt 1968.
52.a *Göbel, E.:* Mädchen zwischen 14 und 18. Hannover 1964.
53. *Göppert, H.:* Eros und Libido. In: Jahrbuch für Psychologie, Psychotherapie u. medizinische Anthropologie, 13. Jg., H. 3/4, München 1966.
54. *Ders.:* Sexualkrisen bei Jugendlichen. In: Zeitschrift für Psychotherapie u. Medizinische Psychologie 12, 1962, S. 112.
55. *Ders.:* Über die seelische Entwicklung des Jugendlichen und ihre Krisen. In: Praxis der Kinderpsychiatrie und Kinderpsychotherapie 11, 1962, S. 161.
56. *Hartmann, M. & Hauenschild, C.:* Die allgemeinen biologischen Grundlagen der Sexualität. In: Die Sexualität des Menschen (Hrsg. H. Giese), Stuttgart 1955.
56.a *Kentler, H.:* Sexualerziehung. Rowohlt Verlag, Reinbek b. Hamburg 1970.
57. *Meiselbach, A:.* Anatomie und Physiologie der Sexualorgane. In: Die Sexualität des Menschen (Hrsg. H. Giese), Stuttgart 1955.
58. *Moore, R.:* Die Evolution. Reihe: Life – Wunder der Wissenschaft, Amsterdam 1965.
59. *Nilson, L.:* Ein Kind entsteht. Bilddokumentation über die Entwicklung des menschlichen Lebens im Mutterleib. Gütersloh 1961.
60. *Nourse, A. E.:* Der Körper. Reihe: Life – Wunder der Wissenschaft, Amsterdam 1965.
61. *Ockel, G.:* Von der Eizelle zum Neugeborenen. 3. Aufl. mit 38 Farb. Abb. für 10–14jährige. Würzburg/Wien 1962.
62. *Ohlmeier, D., & Krejci, E.:* Kinder- und Jugendpsychiatrie. D. Agnes-Karll Schwester, H. 20, 6, 1966.

63. *Orthner, H.:* Anatomie und Psychologie der Steuerungsorgane der Sexualität. In: Die Sexualität des Menschen (Hrsg. H. Giese), Stuttgart 1955.
64. *Pfeiffer, J.:* Die lebende Zelle. Reihe: Life – Wunder der Wissenschaft, Amsterdam 1965.
65. *Plenge, I.:* Die Emanzipation des Mannes. Der Mann in der veränderten Welt. Stuttgart o. J. (Reihe: Psychologisch gesehen).
66. *Seelmann, K.:* Lehrer und Geschlechtserziehung. Bartenschläger Verlag, München 1969.
67. *Seifert-Helwig, R.:* Die Frau in der Lebensmitte. Stuttgart o. J. Reihe: Psychologisch gesehen.
68. *Stockert, F. G. von:* Kindheit, Pubertät, Reife, Alter. In: Die Sexualität des Menschen (Hrsg. H. Giese), Stuttgart 1955.
68.a *Thomas, K.:* Sexualerziehung. Diesterweg Verlag, Frankfurt/M. 1969.
69. *Zeller, W.:* Konstitution und Entwicklung. Göttingen 1952.

b) *direkt an Jugendliche gerichtet oder zur Diskussion mit ihnen geeignet:*

69.a *Clausnitzer, F.:* Unser Sexualleben. Fackelverlag, Olten 1968.
69.b *Brauer, J.:* Junge – Mädchen, Mann und Frau. Gütersloh 1969.
69.c *Fels, G.:* Pubertät. Klett-Verlag, Stuttgart 1969.
70. *Fischle-Carl, H.:* Kinder werden Mann und Frau. Vom Hineinwachsen in die Sexualität als Lebensmacht – Aufklärung heute. Stuttgart o. J. Reihe: Psychologisch gesehen.
71. *Goldstein, M. & H. Edelmann:* Anders als bei Schmetterlingen. Er und Sie und ihre Liebe. Wuppertal-Barmen 1967 (etwa vom 8. Schuljahr an).
72. *Hegeler, Sten:* Wie ist das eigentlich, Mutter? München 1961 (Grundschule).
73. *Jacobi, P.:* Aufklärung (Samspel). Beltz-Verlag, Weinheim 1968.
74. *Knehr, Edeltraut:* Von Eltern für Eltern. Stuttgart o. J. (Reihe: Psychologisch gesehen). S. Anm. 19.
75. *Knehr, E.:* Erziehen in Freiheit zur Ordnung. Stuttgart o. J. (Reihe: Psychologisch gesehen).
76. *Küpper, W.:* Mädchentagebücher. O. J., o. O.
77. *Meng, H.:* Gespräche mit einer Mutter. In: Zeitschrift für Psychoanalytische Pädagogik 1926/27, 1. Jg., S. 60 ff.
78. *Polemann, O. & L. Rössner:* Wege zum Eros. Ein Lese- und Diskussionsbuch. Frankfurt 1960.
79. *Reinprecht, H.:* Erziehung ohne Angst. Köln/Graz o. J.
80. *Schottländer, F.:* Die Mutter als Schicksal. Stuttgart 1949.
81. *Seelmann, K.:* Woher kommen die kleinen Buben und Mädchen? München 1966.
82. *Spock, B.:* Säuglings- und Kinderpflege II. Probleme der Kindheit und Jugend. Frankfurt/Berlin 1965.
83. *Webers, E.:* Erziehung zum partiellen Verzicht. In: P. Hastenteufel (Hrsg.), Markierungen. München 1964.
84. *Zulliger, H.:* Wie sag' ich's meinem Kinde? Zeitschrift für Psychoanalytische Pädagogik 2, 1927/28.

V. B. Christlich-weltanschaulich, theologisch-psychologisch-medizinisch (konfessionell orientierte Schriften)

a) *Allgemein für Erzieher und Eltern:*

86. *Ders.:* Der Primat der Liebe. Krefeld 1948.
86.a *Affemann, R.:* Geschlechtlichkeit und Geschlechtserziehung in der modernen Welt. Gütersloh 1970.
87. *Bovet, Th.:* Die Ehe. Tübingen o. J.
87.a *Burger, R.:* Sexualerziehung im Unterricht an weiterführenden Schulen. Herder-Verlag, Freiburg 1970.
88. *Ell, E.:* Die Jugendlichen in der seelischen Pubertät. Freiburg/Br. 1963.
89. *Ders.:* Junge und Mädchen in der leiblichen Pubertät. Freiburg/Br. 1962.
90. *Foerster, F. W.:* Sexualethik und Sexualpädagogik. 6. Aufl., Recklinghausen 1952.
92. *Gagern, F. von:* Die Zeit der geschlechtlichen Reife. Frankfurt o. J.
93. *Gebhardt, G.:* Von 5–25. Frankfurt 1962.
94. *Ders.:* Wenn man erwachsen ist. Frankfurt o. J.
95. *Graevenitz, J. von.:* Ehe im Wandel. Stuttgart o. J. (Reihe: Psychologisch gesehen).
96. *Groeger, G.:* Die Geschlechtserziehung der Jugend. In: Jugendschutz 3. Jg., H. 13, 1958, S. 16 ff.
97. *Ders.:* Erziehung zu Ehe und Elternschaft. In: Jugendschutz 3. Jg., H. 2, 1958, S. 2 ff.

100. *Härtter, R.:* Warum lieben sich Mann und Frau und woher kommen ihre Kinder? Recklinghausen 1967.
102. *Hertz, A.:* Theologische Aspekte der Sexualpädagogik. In: Kritische Beiträge zur Bildungstheorie. Frankfurt 1968, S. 94–106.
103. *Hornstein, F. X. von, Faller, A.:* Du und Ich. München o. J.
104. *Janssen, H.:* Thesen zur Geschlechtserziehung in der Schule. In: Evangelische Erzieher, H. 19, 1967, S. 339 ff.
106. *Le Moal, P.:* Richtige Geschlechtserziehung. Salzburg 1964.
107. *Leist, F.:* Liebe und Geschlecht. München o. J.
108. *Ders.:* Für die Liebe geschaffen. Frankfurt o. J.
109. *Leist. M. & Ell, E.:* Kind, Geschlecht, Liebe. München 1966.
112. *Müller-Eckhard, H.:* Grundlagen der Geschlechtserziehung. Stuttgart o. J.
115. *Piper, O.:* Die Geschlechter. Hamburg 1954.
116. *Pfahler, G.:* Wie sag' ich's meinem Kinde? Aufklärung oder Geleit. Tübingen 1962.
118. Sexual-Pädagogik der Volksschule. Hrsg. vom Willmann-Institut. Freiburg/Br. 1967.
119. *Tilmann, K.:* Aufgaben und Wege geschlechtlicher Erziehung. Würzburg 1962.
119.a *Wiesböck, E.:* Geschlechtliche Erziehung in der Schule. Ehrenwirth-Verlag, München 1969.
119.b *Wrage, K.-H.:* Mann und Frau. Gütersloh 1966.

b) *direkt an Jugendliche gerichtet*

1. Mädchen:

120. *Bovet, Th.:* Die werdende Frau. Tübingen 1964.
123. *Reis. M.:* Antwort an dich. Donauwörth 1965.
124. *Tilmann, K.:* Damit Du Bescheid weißt. Eine Schrift von den Geheimnissen des Lebens für reifende Mädchen. Recklinghausen 1956.
125. *Goldstein, M.:* Lexikon der Sexualität. Jugenddienst-Verlag, Wuppertal 1970.
126. *Wisdorf, J.:* Gewissensfragen für Mädchen. Düsseldorf o. J.

2. Jungen:

127. *Bovet, Th.:* Von Mann zu Mann. Tübingen 1964.
128. *Goldstein, M.:* Lexikon der Sexualität. Jugenddienst-Verlag, Wuppertal 1970.
131. *Tilmann, K.:* Was Du gerne wissen möchtest. Recklinghausen o. J.
132. *Wisdorf, J.:* Gewissensfragen für Jungen. Düsseldorf o. J.
133. *Ders.:* Muß ein Junge daran scheitern? Düsseldorf 1966.

Anmerkung:

Es gibt darüber hinaus eine Fülle lokaler Kleinschriften auf diesem Gebiet, die innerhalb der einzelnen Religionsgemeinschaften direkt vertrieben werden. Der Autor stimmt auf Grund der von G. Rohde-Dachser L. V. Nr. 147 ermittelten Ergebnisse und der daraus sich ergebenden Gefahrenmomente mit dem größten Teil dieser Kleinschriften nicht überein. Die o. a. Schriften enthalten sachlich-theologische Informationen. Die konfessionell verschiedene Einstellung zur Sexualität wurde hier nicht berücksichtigt. Vgl. jedoch hierzu: *T. Brocher:* Geschlechtserziehung. In: Krise der Ehe, München, und *ders.:* Gefährdete Demokratie? In: Kontexte, II., Stuttgart.

VI. Kritik der Sexualpädagogik:

1. Erziehung, allgemein:

134. *Brocher, T.:* Ideologie, Legende und Wirklichkeit in der Erziehung. In: Gesellschaft und Neurose. Stuttgart 1965, S. 43 ff.
135. *Ders.:* Die Situation des Erziehers. In: R. Hörl (Hrsg.): Konzepte für eine neue Schule; aktuelle Pädagogik. Neuwied/Berlin 1967.
136. *Fischer, W.:* Was ist Erziehung? München 1966.
137. *Flitner, W.:* Allgemeine Pädagogik. 10. Aufl. Stuttgart 1965.
138. *Heitger, M.:* Die Destruktion der Pädagogischen in seinem instrumentalen Verständnis. In: Welt der Schule 21, H. 3, 1968, S. 105 ff.
139. *Ders.:* Die Erziehungswissenschaft in ihrem Verständnis zur Psychologie und Soziologie. In: Zeitschrift für Pädagogik, 6. Beiheft, Weinheim 1966, S. 85 ff.
140. *Staff, I.:* Das Grundrecht auf Bildung. In: Bildung und Konfessionalität. Kritische Beiträge zur Bildungstheorie, Bd. 2, Frankfurt a. M. 1967, S. 109 ff.
141. *Pestalozzi, J. H.:* Meine Nachforschungen über den Gang der Natur ... (1797). In: Ausgewählte Schriften hrsg. von A. Flitner. 2. Aufl., Düsseldorf/München 1954.

2. Sexualpädagogik:

142. *Brocher, T.:* Kritische Überlegungen zu den Problemen der Sexualerziehung. Kritische Beiträge zur Bildungstheorie. Frankfurt a. M. 1968, S. 7–31.
143. *Brüggemann, O.:* Sexuelle Konflikte in Gymnasien. Ergebnisse einer Umfrage. Heidelberg 1967.
144. *Freud, S.:* Zur sexuellen Aufklärung der Kinder. Gesammelte Werke Bd. VII, London 1942.
145. *Kentler, H.:* Für eine Revision der Sexualpädagogik. Kritische Beiträge zur Bildungstheorie, Bd. 2, Frankfurt a. M. 1967.
146. *Müller-Luckmann, E.:* Über die Glaubwürdigkeit kindlicher und jugendlicher Zeugnisse bei Sexualdelikten. Beiträge zur Sexualforschung, H. 14d, 2. Aufl., Stuttgart 1963.
147. *Rhode-Dachser, Ch.:* Die sexuelle Erziehung Jugendlicher in katholischen Kleinschriften. Ein Beitrag zur Problematik der Moraltradierung in der komplexen Gesellschaft. Inaug. Diss. Staatswissenschaftliche Fakultät der Ludwig-Max-Universität München, 1968.
148. Sexualpädagogik, Für eine Revision der.
Mit Beiträgen von *H. Kentler, G. Bittner, H. Scarbath, R. Gerds, M. Goldstein* und *G. Hoppe.* München 1967.
149. *Scarbath, H.:* Schule und Sexualerziehung. in: Kritische Beiträge zur Bildungstheorie, Frankfurt a. M. 1968, S. 54–75.
150. *Wolf, A.:* Rein bleiben und reif werden. In: Südd. Zeitung v. 8. 1. 1966.
151. *Ders.:* Geschlechtserziehung – Motive, Aufgabe und Wege. Heidelberg 1967.

3. Psychoanalytische Aspekte der Sexualpädagogik:

152. *Benedek, Th.:* Elternschaft als Entwicklungsphase. Jahrbuch der Psychoanalyse Bd. 1, 1960, S. 35.
153. *Brocher, T. & D. Eckensberger:* Zur psychoanalytischen Theorie des Jugendalters. In: Küchenhoff, W. (Hrsg.): Theorie des Jugendalters. München 1970.
154. *Brocher, T.:* Das Ich und die Anderen in Familie und Gesellschaft. Stuttgart, 1967.
154.a *Brocher, T.* u. *von Friedeburg, L.* (Hrsg.): Lexikon der Sexualerziehung, Stuttgart 1971.
155. *Bittner, G. & W. Rehm:* Psychoanalyse und Erziehung. Bern/Stuttgart 1964.
156. *Bittner, G.:* Emotionale Aspekte geschlechtlicher Erziehung. In: Für eine Revision der Sexualpädagogik. München 1967, S. 49 ff.
157. *Freud, Anna:* Einführung in die Psychoanalyse für Pädagogen. Bern/Stuttgart, 3. Aufl. 1956.
158. *Zulliger, H.:* Schulkindalter und Sexualität. In: H. Giese & A. Willy (Hrsg.): Mensch – Geschlecht – Gesellschaft. Frankfurt a. M. und Paris 1954.
159. *Ders.:* Sexualerziehung und geschlechtliche Aufklärung der Kinder, Zürich 1963.

VII. Jugenddelinquenz und Sexualproblem (sozialforensische Aspekte):

160. *Aichhorn, A.:* Verwahrloste Jugend. (Die Psychoanalyse in der Fürsorgeerziehung.) Bern/Stuttgart 1957.
161. *Bals, Ch.:* Halbstarke unter sich. Köln/Berlin 1962.
162. *Bauer, F.:* Das Sexualstrafrecht. In: Erziehung und Sexualität. Kritische Beiträge zur Bildungstheorie. Frankfurt a. M. 1968.
163. *Baumert, G.:* Jugend der Nachkriegszeit. Lebensverhältnisse und Reaktionsweisen. Darmstadt 1952.
164. *Becker, W.:* Kriminalität der »rebellierenden« Jugend. Gewerkschaftliche Monatshefte 11, 1960, S. 403–409.
165. *Bergler, R.:* Kinder aus gestörten und unvollständigen Familien. Weinheim/Berlin 1955.
166. *Bloch, H., & A. Niederhofer:* The Gang. A Study in Adolescent Behavior. New York 1958
167. *Böhm, H. & A. Böhm:* Die jugendliche Mutter (Untersuchungen von Müttern unter 16 Jahren). In: Jahrbuch für Jugendpsychiatrie und ihre Grenzgebiete, Bd. 1, Bern/Stuttgart 1956.
168. *Bondy, C. & K. Eyferth:* Bindungslose Jugend. Eine sozialpädagogische Studie über Arbeits- und Heimatlosigkeit. München 1952.
169. *Brückner, G:.* Die Jugendkriminalität. Hamburg 1961.
170. *Coerper, C., W. Hagen, H. Thomae:* Deutsche Nachkriegskinder. Stuttgart 1954.
171. *Cohen, A.:* Kriminelle Jugend. Zur Soziologie jugendlichen Bandenwesens. Hamburg 1961.
172. *Corboz, R. & P. Harrer-Stierli:* Die Schwangerschaft bei jungen Mädchen. In: Monatsschrift für Psychiatrie und Neurologie 130, 430, 1955.
173. *Geisler, E.:* Das sexuell mißbrauchte Kind. Göttingen 1959.
174. *Koller, M.:* Familie ohne Vater. In: Blätter der Wohlfahrtspflege, H. 10, 1955, S. 368 ff.

175. *Künzel, E.:* Jugendkriminalität und Verwahrlosung. Göttingen 1965.
176. *Laforgue, R.:* Homosexualität. In: Das psychoanalytische Volksbuch. Hrsg. P. Federn und H. Meng, Bern/Stuttgart 1957.
177. *Kraus, K.:* Sittlichkeit und Kriminalität. Frankfurt a. M. 1966.
178. *Schüler-Springorum, H.:* Der Schutz von Kindern vor Sittlichkeitsverbrechern. In: Jugendschutz, 1965, S. 1 ff.
179. Sexualität und Verbrechen. Hrsg. v. F. Bauer u. a. Frankfurt a. M. und Hamburg 1963.

VIII. Spezialproblem: Masturbation:

180. *Boehm, F.:* Über den Ödipuskomplex. Vortrag vor der Deutschen Psychoanalytischen Vereinigung. Dresden 1926. Internationale Zeitschrift ärztlicher Psychoanalyse 12 (1926), S. 66–79.
181. *Chadwick, M.:* Die allgemeine Verschwörung zur Verleugnung. In: Zeitschrift für psychoanalytische Pädagogik, Sonderheft »Onanie« 2, 1928, S. 128.
182. *Federn, P.:* Die Wiener Diskussion aus dem Jahr 1912. In: Zeitschrift für psychoanalytische Pädagogik, Sonderheft »Onanie« 2, 1928, S. 106.
183. *Hoffer, Willi:* Der Onaniekampf im Tagebuch des Jugendlichen. Zeitschrift für psychoanalytische Pädagogik 5, 1931, S. 35–38.
184. *Landauer, K.:* Zwei Vorbemerkungen zur Onaniediskussion. In: Zeitschrift für psychoanalytische Pädagogik, Sonderheft »Onanie« 2, 1928, S. 115.
185. *Meng, H.:* Das Problem der Onanie von Kant bis Freud. In: Zeitschrift für psychoanalytische Pädagogik, Sonderheft »Onanie« 2, 1928, S. 112.
186. Onanie, Die: 14 Beiträge zur Onaniediskussion der »Wiener Psychoanalytischen Vereinigung« (1912), Neudruck: Amsterdam 1965.
187. *Sadger, I.:* Neue Forschung zum Onanieproblem. In: Zeitschrift für psychoanalytische Pädagogik, Sonderheft »Onanie« 2, 1928, S. 121.
188. *Zulliger, H.:* Schule und Onanie. In: Zeitschrift für psychoanalytische Pädagogik, Sonderheft »Onanie« 2, 1928, S. 135.

IX. Psychoanalytische Grundlagen (und neuere Literatur):

189. *Balint, M.:* Die Urformen der Liebe und die Technik der Psychoanalyse. Stuttgart 1966.
190. *Berna, J.:* Das sexuelle Verhalten der Jugendlichen. Psyche 6, 1952/53, S. 161–171.
191. *Deutsch, H.:* Psychologie der Frau. Bern 1948.
192. *Erikson, E. H.:* Kindheit und Gesellschaft. Stuttgart 1965.
193. *Ders.:* Das Problem der Identität. In: A. Mitscherlich (Hrsg.): Entfaltung der Psychoanalyse. Stuttgart 1957.
194. *Ders.:* Triebe und Umwelt in der Kindheit. In: Freud in der Gegenwart. Frankfurter Beiträge zur Soziologie 6, 1957.
195. *Ders.:* Wachstum und Krisen der gesunden Persönlichkeit. Stuttgart 1953.
196. *Freud, Anna:* Das Ich und die Abwehrmechanismen. München 1964.
197. *Ders.:* Normality and Pathology in Childhood. Assessment of Development, New York 1965 (deutsch: Stuttgart 1969).
198. *Freud, S.:* Drei Abhandlungen zur Sexualtheorie. Ges. Werke Bd. 5, London 1943.
199. *Ders.:* Die infantile Sexualorganisation. Ges. Werke Bd. 13, London 1940.
200. *Ders.:* Einige psychische Folgen des anatomischen Geschlechtsunterschiedes. Ges. Werke Bd. 14, London 1948.
201. *Ders.:* Die »kulturelle« Sexualmoral und die moderne Nervosität. Ges. Werke Bd. 7, London 1942.
202. *Ders.:* Die Sexualität in der Ätiologie der Neurose. Ges. Werke Bd. 1, London 1952.
203. *Ders.:* Triebe und Triebschicksale. Ges. Werke, Bd. 10, London 1946.
204. *Ders.:* Über die weibliche Sexualität. Ges. Werke Bd 14, London 1948.
205. *Ders.:* Über infantile Sexualtheorien. Ges. Werke Bd. 7, London 1942.
206. *Ders.:* Der Untergang des Ödipuskomplexes. Ges. Werke Bd. 13, London 1943.
207. *Ders.* Vorlesungen zur Einführung in die Psychoanalyse, Teil III: Allgemeine Neurosenlehre. Ges. Werke Bd. 11, London 1943.
208. *Ders.:* Zur Einführung des Narzißmus. Ges. Werke Bd. 10, London 1946 (sämtlich auch: Studien-Ausgabe, Frankfurt 1970 ff.).
209. *Hartmann, H.:* Ich – Psychologie und Anpassungsproblem. Stuttgart 1960.
210. *Nunberg, H.:* Allgemeine Neurosenlehre. Bern/Stuttgart 1959.

211. *Rapaport, D.:* Die Struktur der psychoanalytischen Theorie. Versuch einer Systematik. Stuttgart 1961.
212. *Reich, W.:* Der triebhafte Charakter. Internationaler Psychoanalytischer Verlag, Wien o. J.
213. *Spitz, R. A.:* Nein und Ja. Die Ursprünge der menschlichen Kommunikation. Stuttgart 1959.
214. *Ders.:* Vom Säugling zum Kleinkind. Stuttgart 1967.
215. *Zulliger, H.:* Die Angst unserer Kinder. Stuttgart 1966.

X. Informationsliteratur zum Grenzgebiet: Pädagogik, Psychotherapie und Psychoanalyse:

1. Allgemein

216. *Bally, G.:* Einführung in die Psychoanalyse Freuds. Hamburg 1961 (rde 131/132).
217. *Brocher, T.:* Psychosoziales Feld und Pubertät. In: Jugend zwischen gestern und morgen. Stuttgart 1961.
218. *Bronfenbrenner, N.:* Wandel der amerikanischen Kindererziehung. In: L. von Friedeburg (Hrsg.), Jugend in der modernen Gesellschaft. Köln/Berlin 1965.
219. *Brückner, P.:* Zur Pathologie des Gehorsams. In: Politische Psychologie Bd. 4, Politische Erziehung als psychologisches Problem. Frankfurt a. M. 1966.
220. *Buber, M.:* Rede über das Erzieherische. In: Buber-Reden über Erziehung. Heidelberg 1953.
221. *Devreux, E. C., U. Bronfenbrenner & G. J. Suci:* Zum Verhalten der Eltern in den Vereinigten Staaten und in der Bundesrepublik. In: L. von Friedeburg (Hrsg.), Jugend in der modernen Gesellschaft. Köln/Berlin 1965.
222. *Dührssen, A.:* Beratung und Behandlung in ärztlich analytisch psychotherapeutischer Sicht. Psyche 5, 1954/55.
223. *Eliasberg, W. G.:* Abstraktion, geistige Entwicklung und Pädagogik. Studium Generale 16, 1963.
224. *Erikson, E. H.:* Identität und Lebenszyklus. Frankfurt a. M. 1967.
225. *Ders.:* Einsicht und Verantwortung. Stuttgart 1966.
226. *Federn, P., & H. Meng:* Das psychoanalytische Volksbuch. Bern 1939.
227. *Fürstenau, P.:* Soziologie der Kindheit. In: Gesellschaft und Erziehung 3, Heidelberg 1967.
228. *Freud, S.:* Das Unbehagen in der Kultur. Ges. Werke Bd. XIV, 1946.
229. *Giese, H.:* Die politische Rolle der Frage nach dem Wesen der menschlichen Sexualität. In: Über das Wesen der Sexualität. Beiträge zur Sexualforschung H. 1, Stuttgart 1952.
230. *Gitelson, M.:* Zur Wissenschaft und sozialen Position der Psychoanalyse. Psyche 18, 1964/65.
231. *Glaser, H.:* Spießer-Ideologie. Von der Zerstörung des deutschen Geistes im 19. und 20. Jahrhundert. Freiburg/Br. 1964.
232. *Görres, A.:* Methoden und Erfahrungen der Psychoanalyse. München 1958.
233. *Häfner, H.:* Schulderleben und Gewissen. Stuttgart 1956.
234. *Hartmann, H.:* Ich – Psychologie und Anpassungsprobleme. In: Psyche 14, 1960.
235. *Ders.:* Die gegenseitigen Beeinflussungen von Ich und Es. In: Psyche 9, 1955/56.
236. *Hartmann, K.:* Über psychoanalytische Funktionstheorien des Spiels. Jahrbuch der Psychoanalyse 2, 1961/62.
237. *Heer, F.:* Der verstoßene Vater. In: Wort und Wahrheit 10, 1955.
238. *Ders.:* Auf der Suche nach dem verlorenen Vater. Magnum 2, 1956.
239. *Heiss, R.:* Allgemeine Tiefenpsychologie. Bern/Stuttgart 1956.
240. *Henningsen, H.:* Die Entwicklung der analytischen Kinderpsychotherapie. Psyche 18, 1964/1965.
241. *Hentig, H. von:* Die Strafe. 2 Bde., Berlin/Göttingen/Heidelberg 1955.
242. *Hochheimer, W.:* Zur Diskussion von Abgrenzungsfragen zwischen Psychotherapie und ihren Nachbargebieten, Psyche 8, 1954/55.
243. *Höhn, E.:* Geschichte der Entwicklungspsychologie und ihre wesentlichsten Ansätze. Handbuch der Psychologie Bd. 3: Entwicklungspsychologie. Göttingen 1959.
244. *Horn, K.:* Dressur oder Erziehung. Frankfurt 1967.
245. *Kubie, L. S.:* Psychoanalyse ohne Geheimnis. Hamburg 1956 (rde 11).
246. *Kuiper, P. C.:* Die seelischen Krankheiten des Menschen. Stuttgart 1968.
247. *Kunz, H.:* Die Aggressivität und die Zärtlichkeit. Bern 1946.
248. *Lebovici, S., & R. Diatkine:* Die Bilanz der Kinderpsychoanalyse in Frankreich. Praxis der Kinderpsychologie und Kinderpsychiatrie 4, 1955.
249. *Marcuse, H.:* Zur Stellung des Denkens heute. In: Zeugnisse. Th. W. Adorno zum 60. Geburtstag, hrsg. von M. Horkheimer. Frankfurt 1963.

250. *Ders.:* Triebstruktur und Gesellschaft. Frankfurt a. M. 1965.
251. *Meng, H.:* Strafen und Erziehen. Bern 1934.
252. *Menninger, K.:* Das Leben als Balance. München 1968.
253. *Mitscherlich, A.:* Aggression und Anpassung, I/II. In: Psyche 10 und 12, 1956/57 und 1958/59.
254. *Ders.:* Pubertät und Tradition. In: L. von Friedeburg (Hrsg.), Jugend in der modernen Gesellschaft. Köln 1965.
255. *Ders.:* Der unsichtbare Vater. Zeitschrift für Soziologie und Sozialpsychologie 9, Köln 1955.
256. *Ders.:* Auf dem Weg zur vaterlosen Gesellschaft. München 1963.
257. *Ders.:* Das soziale und das persönliche Ich. Zeitschrift für Soziologie und Sozialpsychologie Nr. 18, Köln 1966.
258. *Montessori, M.:* Kinder sind anders. Stuttgart 1952.
259. *Muensterberger, W.:* Über einige psychologische Fundamente der menschlichen Gesellschaftsbildung. In: Psyche 6, 1952/53.
260. *Müller-Beck, H.:* Das Berufsmilieu des Volksschullehrers. In: Psyche 12, 1958/59.
261. *Neill, A. S.:* Erziehung in Summerhill. München 1965.
262. *Nunberg, H.:* Allgemeine Neurosenlehre. Bern/ Stuttgart 1959.
263. *Otten, K.:* Ego und Eros. Stuttgart 1963.
264. *Pfürtner, S.:* Gegenwartsprobleme unserer Sexualethik. Die neue Ordnung 15, 1961.
265. *Piaget, J.:* Psychologie der Intelligenz. Zürich 1948.
266. *Pross, H.:* Jugend, Eros, Politik. Bern/München/Wien 1964.
267. Psychoanalytische Erziehung und Kinderanalyse. In: Federn, P. & H. Meng (Hrsg.), Das psychoanalytische Volksbuch, Bern 1939.
268. *Rapaport, D.:* Die Struktur der Psychoanalytischen Theorie. Stuttgart o. J. (Beihefte zur Psyche.)
269. *Rosemayr, L.:* Geschichte der Jugendforschung in Österreich. Wien 1962.
270. *Rude, A.:* Alte und neue Schule. In: W. Flitner, G. Kudritzki (Hrsg.), Die deutsche Reformpädagogik, Bd. 2, Düsseldorf/München 1962.
271. *Scharfenberg, J.:* Zum Problem von Gut und Böse. In: Was weiß man von der Seele? Stuttgart/Berlin 1967.
272. *Schottländer, F.:* Das Ich und seine Welt. Stuttgart 1959.
273. *Wilhelm, Th.:* Pädagogik der Gegenwart. Stuttgart 1959/60.
274. *Zulliger, H.:* Gespräche über Erziehung. Bern 1960.
275. *Ders.:* Psychoanalyse und Alltag. In: P. Federn & H. Meng, Psychoanalyse und Alltag, Bern 1964.
276. *Ders.:* Väter als Partner der Söhne. Pädagogische Rundschau 19, 1965.

2. Zur Sexualpädagogik und Entwicklungspsychologie

277. *Bittner, G.:* Emotionale Aspekte der geschlechtlichen Erziehung. In: Für eine Revision der Sexualpädagogik. München 1967.
278. *Ders.:* Für und wider die Leitbilder. Heidelberg 1964.
279. *Bittner, G. & W. Rehm:* Psychoanalyse und Erziehung. Ausgewählte Beiträge aus der Zeitschrift für psychoanalytische Pädagogik. Bern/Stuttgart 1964, München 1966 (Goldmann Tb 1702).
280. *Bittner, G.:* Psychoanalyse und soziale Erziehung. München 1967.
281. *Bowlby, J.:* Die Trennungsangst. In: Psyche 15, 1961/62.
282. *Brocher, T.:* Homosexuelles Verhalten als psychische Entwicklungsstörung. In: Plädoyer für die Abschaffung des § 175. Frankfurt a. M. 1966.
283. *Comfort, A.:* Der aufgeklärte Eros. München 1966.
284. *Ekstein, R. & R. L. Motto:* Psychoanalyse und Erziehung. Vergangenheit und Zukunft. In: Praxis der Kinderpsychologie und Kinderpsychiatrie 12, 1963.
285. Erziehung zur Sexualität. Beiträge zur Sexualforschung H. 24, Stuttgart 1961.
286. *Flitner, A.:* Die pädagogische Anthropologie inmitten der Wissenschaften vom Menschen. In: A. Flitner (Hrsg.) und andere Wege zur pädagogischen Anthropologie. Heidelberg 1963.
287. *Freud, Anna:* Die Erziehung des Kleinkindes vom psychoanalytischen Standpunkt aus. Zeitschrift für psychoanalytische Pädagogik 8, 1934.
288. *Dies.:* Die Beiträge der Psychoanalyse zur Entwicklungspsychologie. In: Psyche 11, 1957/58.
289. *Dies.:* Probleme der Pubertät. In: Psyche 14, 1960/61.
290. *Frijling-Schreuder, E. C. M.:* Kinderanalyse. Jahrbuch der Psychoanalyse 4, 1965.

291. *Fürstenau, P.:* Zur Psychoanalyse der Schule als Institution. Das Argument 6, 1964.
292. *Häberlin, P.:* Sexualgespenster. In: Sexualprobleme 8, 1912; Kleine Schriften, Zürich 1948.
293. *Hochheimer, W.:* Die Bedeutung des Unbewußten für die Pädagogik. Berlin 1954.
294. *Ders.:* Erziehung und Menschenbehandlung unter tiefenpsychologischem Aspekt. Studium Generale 9, 1956.
295. *Ders.:* Aufklärung und Gegenaufklärung in der Sexualanthropologie. In: Psyche 10, 1956/57.
296. *Ders.:* Zur Tiefenpsychologie des pädagogischen Feldes. In: Psychologie und Pädagogik, hrsg. v. J. Derbolav u. a. Heidelberg 1959.
297. *Kentler, H.:* Fernhalten und Ablenken. Deutsche Jugend 13, 1965.
298. *Ders.:* Repressive und nichtrepressive Sexualerziehung im Jugendalter. In: Für eine Revision der Sexualpädagogik. München 1967.
299. *Prochaska, L.* (Hrsg.): Problematik der Geschlechtserziehung. Wien 1966.
300. *Rangell, L.:* Die frühen psychischen Funktionen im Lichte der Psychoanalyse. In: Psyche 17, 1963/64.
301. *Rehm, W.:* Psychoanalytisch orientierte Pädagogik. In: Was weiß man von der Seele? Hrsg. v. H. J. Schultz. Stuttgart/Berlin 1967.
302. *Richter, H.-E.:* Die narzißtische Projektion der Eltern auf das Kind. Jahrbuch der Psychoanalyse 1, 1960.
303. *Riedmüller, R.:* Psychoanalytische Aspekte der Pädagogik Makarenkos, Neue Sammlung 6, 1966.
304. *Robertson, J.:* Der Einfluß der mütterlichen Betreuung auf die frühe Entwicklung. In: Psyche 18, 1964/65.
305. *Scarbath, H.:* Geschlechtserziehung. Heidelberg 1967.
306. *Schraml, W.:* Die Erziehungsberatung, ein Überblick über die Verhältnisse in Westdeutschland. In: Psyche 9, 1955/56.
307. *Ders.:* Methoden der Kinderpsychotherapie – kritischer Rückblick. In: E. Speer (Hrsg.), Die Vorträge der 5. Lindauer Psychotherapie-Woche. Stuttgart 1955.
308. *Snyder, W. U.:* Der gegenwärtige Stand der psychotherapeutischen Beratung. In: Psyche 3, 1949/50.
309. *Spitz, R. A.:* Über psychosomatische Epidemien des Kindesalters und vorbeugende Psychiatrie. In: Psyche 4, 1950/51.
310. *Ders.:* Die Entstehung der ersten Objektbeziehungen. Stuttgart 1957.
311. *Ders.:* Nein und Ja. Beiheft zur Psyche. Stuttgart 1959.
312. *Ders.:* Vom Säugling zum Kleinkind. Naturgeschichte der Mutter-Kind-Beziehung im 1. Lebensjahr. Stuttgart 1967.
313. *Vogel, P.:* Psychotherapie und Pädagogik. Freiburg/Br. 1954.
314. *Wittels, F.:* Psychologische Anmerkungen über den Erzieherberuf. In: Psyche 1, 1947/48.
315. *Ders.:* Die Anfänge der Kinderanalyse und psychoanalytische Pädagogik. In: Psychoanalyse und Kindergarten. München/Basel 1966.
316. *Wyatt, F.:* Psychoanalytische Charakterologie. In: Freud in der Gegenwart. Frankfurter Beiträge zur Soziologie Bd. 6, Frankfurt a. M. 1957.
317. *Zulliger, H.:* Heilende Kräfte im kindlichen Spiel. Stuttgart 1952.
318. *Ders.:* Psychoanalyse in der Praxis des Volksschullehrers. Schweizer Zeitschrift für Psychologie 15, 1956.
319. *Ders.:* Lehrer, Humor und Aggression. In: Mehrdimensionale Diagnostik und Therapie. Stuttgart 1958.
320. *Ders.:* Psychoanalyse und Pädagogik. In: Freud in der Gegenwart, Frankfurter Beiträge zur Soziologie Bd. 6, Frankfurt a. M. 1957.

3. Theologisch orientierte Schriften

321. *Arnold, F. X.:* Sinnlichkeit und Sexualität im Lichte von Theologie und Seelsorge. In: Über das Wesen der Sexualität. Beitrag zur Sexualforschung H. 1, Stuttgart 1952.
322. *Auer, A.:* Vom Sinn menschlicher Leiblichkeit und Geschlechtlichkeit. In: Der Mensch und seine Geschlechtlichkeit. Würzburg 1967.
323. *Böckle, F.:* Sexualität und sittliche Norm. Stimmen der Zeit 92, 1967.
324. *Böckle, F. & I. Köhne:* Geschlechtliche Erziehung vor der Ehe. Mainz 1967.
325. *Guardini, R.:* Sigmund Freud und die Erkenntnis der menschlichen Wirklichkeit. Jahrbuch für Psychologie und Psychotherapie 5, 1958.

326. *Michel, E.:* Ehe. Stuttgart 1948.
327. *Oraison. M.:* Zwischen Angst und Illusion. Freiburg/Basel/Wien 1960.
328. *Ders.:* Zwang oder Liebe. Salzburg 1963.
329. *Teichtweier, G.:* Die Sittlichkeit des erlösten Menschen. In: Im Dienst des Glaubens. Trier 1962.
330. *Wilhelm, Th.:* Das sexuelle Leben und seine Bewertung im Leben der Kinder. Donauwörth 1960.

XI. Ausschnitt der vor 1933 im deutschen Sprachgebiet veröffentlichten Arbeiten zur psychoanalytischen Erziehung und Sexualpädagogik (Stand der bis 1933 erreichten Kenntnis und Kooperation), (Österreich bis 1938):

1. Erziehung – Schule und Psychoanalyse:

331. *Abraham, K.:* Zur Psychogenese der Straßenangst im Kindesalter. Internationale Zeitschrift für Psychoanalyse I, 1913.
332. *Achelis:* Das Plattenlaufen. Zeitschrift für psychoanalytische Pädagogik III, 1929.
333. *Adler, A. & C. Furtmüller* (Hrsg.): Heilen und Bilden. München 1914.
334. *Aichhorn, A.:* Zur Technik der Erziehungsberatung. Zeitschrift für psychoanalytische Pädagogik 10, 1936.
335. *Ders.:* Psychoanalytisches Verständnis und Erziehung Dissozialer. In: Das psychoanalytische Volksbuch, hrsg. von P. Federn & H. Meng, Stuttgart 1927.
336. *Balint, A.:* Versagen und Gewähren in der Erziehung. Zeitschrift für psychoanalytische Pädagogik 10, 1936.
337. *Behn-Eschenburg, G.:* Die Erziehung des Kleinkind-Erziehers. Zeitschrift für psychoanalytische Pädagogik 8, 1934.
338. *Bernfeld, S.:* Sisyphos oder die Grenzen der Erziehung. Frankfurt a. M. 1967 (Neuauflage).
339. *Ders.:* Über eine typische Form der männlichen Pubertät. Imago IX, 1923. S. 169, Wien/Berlin.
340. *Bernfeld, S.:* Zur Sublimierungstheorie. Imago 17, Wien/Berlin o. J.
341. *Ders.:* Über die Einteilung der Triebe. Imago 21, Wien/Berlin 1935.
342. *Ders.:* Die heutige Psychologie der Pubertät. Leipzig/Wien/Zürich 1927.
343. *Ders.:* Die Psychoanalyse in der Jugendforschung. In: S. Bernfeld (Hrsg.)., Vom Gemeinschaftsleben der Jugend. Leipzig/Wien/Zürich 1925, Neuaufl. 1967.
344. *Ders.:* Die psychoanalytische Psychologie des Kindes. Zeitschrift für psychoanalytische Pädagogik 8, 1934.
345. *Ders.:* Zur Psychologie des Unmusikalischen. Archiv für die gesamte Psychologie 34, o. J.
346. *Ders.:* Der soziale Ort und seine Bedeutung für Neurose, Verwahrlosung und Pädagogik. Imago XV, Wien/Berlin 1929 (sämtliche in: Antiautoritäre Erziehung I u. II [Reprint], Frankfurt a. M. 1968).
347. *Blum:* Zur Psychologie von Studium und Examen. Internat. Zeitschrift für Psychoanalyse XII, 1926.
348. *Bornstein, B.:* Zur Psychogenese der Pseudodebilität. Internat. Zeitschrift f. Psychoanalyse XVI, 1930.
349. *Ders.:* Ein Beitrag zur Psychoanalyse des Pädagogen. Zeitschrift für psychoanalytische Pädagogik 7, 1933.
350. *Bornstein-Windholz, S.:* Mißverständnisse in der psychoanalytischen Pädagogik. Zeitschrift für psychoanalytische Pädagogik 11, 1937.
351. *Burlingham, D.:* Probleme des psychoanalytischen Erziehers. Zeitschrift für psychoanalytische Pädagogik 11, 1937.
352. *Buxbaum, E.:* Fragestunde in einer Klasse. Zeitschrift für psychoanalytische Pädagogik 5, 1931.
353. *Ders.:* Massenpsychologische Probleme in der Schulklasse. Zeitschrift für psychoanalytische Pädagogik 10, 1936.
354. *Ders.:* Die Rolle der Eltern in der Ätiologie der Lernstörung. In: Psyche H. 3, Jg. XX, 1966, (Neuauflage).
355. *Ders.:* Über schwierige, insbesondere faule Schüler. Zeitschrift für psychoanalytische Pädagogik 4, 1930.
356. *Bychowski:* Schwierigkeiten in der Schule und ihre Psychotherapie. Zeitschrift für psychoanalytische Pädagogik 4, 1930.

357. *Ders.:* Zur Psychopathologie der Brandstiftung. Schweizer Archiv für Neurologie und Psychiatrie V, 1919.
358. *Chadwick, M.:* Die Erziehung des Erziehers. Zeitschrift für psychoanalytische Pädagogik 4, 1930.
359. *Ders.:* Die Unterscheidung zwischen Ton und Sprache in der frühen Kindheit. Zeitschrift für psychoanalytische Pädagogik 2, 1928.
360. *Deutsch, Helene:* Psychoanalyse der weiblichen Sexualfunktion. Internationaler Psychoanalytischer Verlag, Wien 1925.
361. *Dies.:* Über die pathologische Lüge (Pseudologica phantastica). Internationale Zeitschrift für Psychoanalyse 8, 1922.
362. Diskussion des Wiener Psychoanalytischen Vereins, H. 1: Über den Selbstmord, insbesondere den Schülerselbstmord. Wiesbaden 1910.
363. *Dolch, J.:* Erziehung und Erziehungswissenschaft in Deutschland und Deutschösterreich von 1900–1930. In: Handbuch der Erziehungswissenschaft 5, 3, 1. München 1934.
364. *Federn, P.:* Zur Psychologie der Revolution: Die vaterlose Gesellschaft. Leipzig/Wien 1919 (Der Aufstieg, Neue Zeit- und Streitschrift Nr. 12–13).
365. *Ders.:* Psychoanalytische Auffassung der »intellektuellen Hemmung«. Zeitschrift für psychoanalytische Pädagogik 4, 1930.
366. *Ferenczi, S.:* Die Anpassung der Familie an das Kind. Bern/Stuttgart 1964 (Neuauflage).
367. *Ders.:* Psychoanalyse und Pädagogik. Bern/Stuttgart 1964 (Neuauflage).
368. *Ders.:* Sonntagsneurosen. In: Bausteine zur Psychoanalyse Bd. II, o. J.
369. *Ders.:* Sprachverwirrung zwischen Erwachsenen und dem Kind. Internat. Zeitschrift für ärztliche Psychoanalyse 19, 1933.
370. *Foerster, F. W.:* Schule und Charakter. Kempten 1908.
371. *Ders.:* Psychoanalyse und Pädagogik. Österreichische Rundschau 35, 1913.
372. *Freud, S.:* Die am Erfolge scheitern. Gesammelte Werke Bd. X, 1915.
373. *Ders.:* Analyse der Phobie eines 5jährigen Knaben. Gesammelte Werke VIII, 1910.
374. *Ders.:* Beiträge zur Psychologie des Liebeslebens. Gesammelte Werke V, 1905.
375. *Ders.:* Charakter und Analerotik. Gesammelte Werke V, 1905.
376. *Ders.:* »Ein Kind wird geschlagen«. Gesammelte Werke V, 1905.
377. *Ders.:* Hemmung, Symptom und Angst. Ges. Werke XI, 1916/17.
378. *Ders.:* Der Humor. Gesammelte Werke XI, 1916/17.
379. *Ders.:* Das ökonomische Problem des Masochismus. Gesammelte Werke V, 1905.
380. *Ders.:* Die psychogene Sehstörung in psychoanalytischer Auffassung. Ges. Werke V, 1905.
381. *Ders.:* Trauer und Melancholie. Gesammelte Werke V, 1905.
382. *Ders.:* Über Deckerinnerungen. Gesammelte Werke I,
383. *Ders.:* Über Triebumsetzungen insbesondere der Analerotik. Gesammelte Werke V, 1905.
384. *Ders.:* Die Verbrecher aus Schuldbewußtsein. Gesammelte Werke X, 1915.
385. *Ders.:* Die Verdrängung. Gesammelte Werke V, 1905.
386. *Ders.:* Zwangshandlungen und Religionsübungen. Gesammelte Werke X, 1915.
387. *Friedjung:* Akute Psychoneurosen der Kinder. Zeitschrift für Kinderheilkunde, 1925
388. *Ders.:* Beitrag zum Verständnis der Einschlafstörungen der Kinder. Wiener Medizinische Wochenschrift, 1924.
389. *Glover, E.:* Die unbewußte Funktion der Erziehung. In: Almanach der Psychoanalyse. Wien 1938.
390. *Graber, G. H.:* Die Ambivalenz des Kindes. Leipzig/Wien/Zürich 1924.
391. *Graf, A.:* Schülerjahre. Berlin-Schöneberg 1912.
392. *Häberlin, P.:* Psychoanalyse und Erziehung. Internationale Zeitschrift für ärztliche Psychoanalyse, o. J.
393. *Hall, S. G.:* Ausgewählte Beiträge zur Kinderpsychologie und Pädagogik. Altenberg 1902.
394. *Hermann:* Sinnesmodalitäten und Denkformen. Imago XV, Wien/Berlin 1929.
395. *Ders.:* Begabtheit und Unbegabtheit. Zeitschrift für psychoanalytische Pädagogik IV, 1930.
396. *Hoffer, Willi:* Das Archaische im Spiel. Zeitschrift für psychoanalytische Pädagogik 6, 1932, S. 230–238.
397. *Ders.:* Ein Knabenbund in einer Schulgemeinde. In: Vom Gemeinschaftsleben der Jugend. Hrsg. S. Bernfeld. Leipzig 1922, S. 76–144.
398. *Ders.:* Kind und Märchen. Zeitschrift für psychoanalytische Pädagogik 5, 1931, S. 107–111.

399. *Ders.:* Phantasiespiele der Kinder und ihre Beziehung zur dichterischen Produktivität. Wien 1924.
400. *Hug-Hellmuth, H. von:* Aus dem Seelenleben des Kindes. Leipzig/Wien 1924.
401. *Ders.:* Neue Wege zum Verständnis der Jugend. Leipzig/Wien 1924.
402. *Hylia, E.:* Die Psychoanalyse und ihre Anwendung bei Jugendlichen. In: Die Sonde, 1914.
403. *Jacobssohn, E.:* Beitrag zur asozialen Charakterbildung. Zeitschrift für psychoanalytische Pädagogik IV, 1930.
404. *Jones, E.:* Die erste Entwicklung der weiblichen Sexualität. Internat. Zeitschrift für Psychoanalyse XIV, 1928.
405. *Ders.:* Unbewußte Zahlenbehandlung. Zentralblatt für Psychoanalyse II, 1912.
406. *Jung, C. G.:* Die Bedeutung des Vaters für das Schicksal des Einzelnen. Jahrbuch für psychoanalytische und psychopathische Forschung 1, 1909.
407. *Ders.:* Über Konflikte der kindlichen Seele. Jahrbuch für psychoanalytische und psychopathische Forschung 2, 1910.
408. *Ders.:* Über Psychoanalyse beim Kinde. In: 1er Congrès Internat. de pédologie, part. 2, Brüssel 1912.
409. *Just-Keri, H.:* Lernhemmung in der Schule. Zeitschrift für psychoanalytische Pädagogik 6, 1930.
410. *Kerschensteiner, G.:* Charakterbegriff und Charaktererziehung. Leipzig/Berlin 1912.
411. *Ders.:* Grundfragen der Schulorganisation. Leipzig/Berlin 1912.
412. *Key, E.:* Das Jahrhundert des Kindes. Berlin 1905.
413. *Klein, M.:* Die Rolle der Schule in der libidinösen Entwicklung des Kindes. Internationale Zeitschrift für ärztliche Psychoanalyse 9, 1921.
414. *Ders.:* Die Rollenbildung im Kinderspiel. Internationale Zeitschrift für ärztliche Psychoanalyse 15, 1929.
415. *Kielholz:* Symbolische Diebstähle. Zeitschrift für die gesamte Neurologie und Psychiatrie 55, 1920.
416. *Lampl-de Groot, J.:* Zur Entwicklungsgeschichte des Ödipuskomplexes der Frau. Internationale Zeitschrift für Psychoanalyse 12, 1927.
417. *Landauer, K.:* Äquivalente der Trauer. Internationale Zeitschrift für Psychoanalyse 11, 1925.
418. *Ders.:* Die symptomatische Neurasthenie. Zeitschrift für die gesamte Neurologie und Psychiatrie 14, 1929.
419. *Low, B.:* Der Einfluß der Psychoanalyse auf die Erziehung in England während der letzten 18 Jahre. Internationale Zeitschrift für psychoanalytische Pädagogik 15, 1929.
420. *Meng, H.:* Aus Analysen von stotternden Kindern. Zeitschrift für psychoanalytische Pädagogik 2, 1928.
421. *Ders.:* Das einzige und das einsame Kind. Neue Erziehung X, 1928.
422. *Müller, H. von:* Psychoanalyse und Pädagogik. Zeitschrift für pädagogische Psychologie 18, 1917.
423. *Müller-Braunschweig, A.:* Zur Psychoanalyse des stotternden Kindes. Neue Erziehung X, 1928.
424. *Otto, B.:* Kindesmundart. Berlin 1908.
425. *Pfister, O.:* Anwendung der Psychoanalyse in der Pädagogik und Seelsorge. Imago I, 1912.
426. *Ders.:* Die Behandlung schwererziehbarer und abnormer Kinder. Bern 1922.
427. *Ders.:* Gefährdete Kinder und ihre psychoanalytische Behandlung. Jugendwohlfahrt 1908.
428. *Ders.:* Die Pädagogik in Selbstdarstellung. Leipzig 1927.
429. *Ders.:* Der Schülerberater. Zeitschrift für psychoanalytische Pädagogik 1, 1926/27.
430. *Ders.:* Das Umdenken der Tiefenpädagogik. Die neue Erziehung 10, 1928.
431. *Ders.:* Vermeintliche Nullen und angebliche Musterkinder. Bern 1920.
432. *Ders.:* Was bietet die Psychoanalyse dem Erzieher? Leipzig/Berlin 1917. 3. Aufl. unter dem Titel: Die Psychoanalyse im Dienst der Erziehung. Leipzig 1929.
433. Psychoanalyse und Pädagogik. Berner Seminarblätter 6, 1912.
434. *Rank, O. & H. Sachs:* Die Bedeutung der Psychoanalyse für die Geisteswissenschaften. Grenzfragen des Nerven- und Seelenlebens, Bd. 14, Wiesbaden 1913.
435. *Redl, F.:* Erziehungsberatung, Erziehungs-Hilfe, Erziehungs-Behandlung. Internationale Zeitschrift für psychoanalytische Pädagogik 6, 1932.
436. *Reich, W.:* Eltern als Erzieher. Zeitschrift für psychoanalytische Pädagogik 1, 1926/27.
437. *Ders.:* Der triebhafte Charakter. Wien 1925.

438. *Reik, Th.:* Geständniszwang und Strafbedürfnis. Wien 1925.
439. *Ders.:* Das Ritual. Wien 1919.
440. *Sadger:* Kinder und Jugendliche als Verleumder. Zeitschrift für psychoanalytische Pädagogik 3, 1928.
441. *Ders.:* Über Prüfungsangst und Prüfungsträume. Internationale Zeitschrift für Psychoanalyse VI, 1920.
442. *Ders.:* Vom ungeliebten Kinde. Fortschritte der Medizin, 1916.
443. *Schäfer, K. L.* (Hrsg.): Bericht über den Kongreß für Kinderforschung und Jugendfürsorge in Berlin (1906). Langensalza 1907.
444. *Schmiedeberg, M.:* Erziehung und Gesellschaftsordnung. Imago 18, 1932.
445. *Ders.:* Intellektuelle Hemmung und Aggression, Zeitschrift für psychoanalytische Pädagogik 4, 1930.
446. *Ders.:* Zur Dynamik der durch die Strafe ausgelösten Vorgänge. Zeitschrift für psychoanalytische Pädagogik 5, 1931.
447. *Schmidt, V.:* Psychoanalytische Erziehung in Sowjetrußland. Leipzig/Wien/Zürich 1924.
448. *Schneider:* Über den Sinn des Stotterns. Bern 1922.
449. *Ders.:* Zur Psychologie des Lausbuben. Zeitschrift für psychoanalytische Pädagogik 2, 1927.
450. *Schneider, E.:* Psychoanalyse und Pädagogik. Langensalza 1930 (Fr. Manns Pädagogisches Magazin, 1903).
451. *Schultz, J. H.:* Psychoanalyse. Zeitschrift für angewandte Psychologie und psychologische Sammelforschung 2, 1909.
452. *Ders.:* Psychotherapie und Erziehung. Jena 1921.
453. Über den Selbstmord, insbesondere den Schülerselbstmord. Diskussion in der Wiener Psychoanalytischen Vereinigung, Wiesbaden 1910.
454. *Waelder, R.:* Die psychoanalytische Theorie des Spieles. Zeitschrift für psychoanalytische Pädagogik 6, 1932.
455. *Wittels, F.:* Tagtraum, Verbrechen und Traum. Die neue Erziehung 10, 1928.
456. *Ders.:* Verdrängung und Zwangsideen in der Kindheit. Zeitschrift für psychoanalytische Pädagogik 2, 1928.
457. *Wolffheim, N.:* Psychoanalyse und Kindergarten. Wien 1930.
458. *Wyneken, G.:* Schule und Jugendkultur. Jena 1913.
459. Zehn Jahre Berliner Psychoanalytisches Institut. Hrsg. von der Deutschen Psychoanalytischen Gesellschaft. Wien 1930.
460. *Zulliger, H.:* Aus dem unbewußten Seelenleben unserer Schuljugend. Stuttgart 1923, 1927.
461. *Ders.:* Hintergründe einer orthographischen Hemmung. Zeitschrift für psychoanalytische Pädagogik 4, 1930.
462. *Ders.:* Psychoanalytische Erfahrungen aus der Volksschulpraxis. Bern 1921.
463. *Ders.:* Beiträge zur Psychologie der Trauer- und Bestattungsbräuche. Imago X, 1924.

2. Sexualpädagogik und Psychoanalyse:

464. *Abraham, K.:* Das Erleiden sexueller Traumen als Form infantiler Sexualbetätigung. Kleine Beiträge zur Psychoanalyse aus den Jahren 1907–1920. Leipzig/Wien/Zürich 1921.
465. *Ders.:* Psychische Nachwirkungen der Beobachtung des elterlichen Geschlechtsverkehrs bei einem 9jährigen Kinde. Internationale Zeitschrift für Psychoanalyse I, 1913.
466. *Adler, A.:* Das sexuelle Problem in der Erziehung. In: Die neue Gesellschaft. Berlin 1905.
467. Am Lebensquell. Ein Hausbuch zur geschlechtlichen Erziehung. Hrsg. vom Dürerbund. Dresden 1905.
468. *Andreas-Salomé, L.:* »Anal« und »sexuell«. Imago 4, 1916.
469. *Bernfeld, S.:* Über sexuelle Aufklärung. Zeitschrift für psychoanalytische Pädagogik 1, 1926/1927.
470. *Bonaparte, M.:* Die Sexualität des Kindes. Zeitschrift für psychoanalytische Pädagogik 5, 1931.
471. *Bornstein, B.:* Beziehungen zwischen Sexual- und Intelligenzentwicklung. Zeitschrift für psychoanalytische Pädagogik 4, 1930.
472. *Chadwick, M.:* Menstruationsangst. Zeitschrift für psychoanalytische Pädagogik 5, 1931.
473. *Eckstein, E.:* Die Sexualfrage in der Erziehung des Kindes. Leipzig 1904.
474. *Fenichel, O.:* Spezialformen des Ödipuskomplexes. Internationale Zeitschrift für ärztliche Psychoanalyse 17, 1931.

475. *Ferenczi, S.:* Über obszöne Worte. Zentralblatt für Psychoanalyse I, 1911.
476. *Ders.:* Waschzwang und Masturbation. Zentralblatt für Psychoanalyse VIII, 1922.
477. *Forel, A.:* Die sexuelle Frage. München 1905.
478. *Freud, S.:* Über einige neurotische Mechanismen bei Eifersucht, Paranoia und Homosexualität, Ges. Werke V, 1905.
479. *Fromm-Reichmann, F.:* Pädagogische Diskussionsbemerkungen zur psychoanalytischen Trieblehre. Zeitschrift für psychoanalytische Pädagogik 4, 1930.
480. *Graber:* Redehemmung und Analerotik. Zeitschrift für psychoanalytische Pädagogik 2, 1928.
481. *Happel, C.:* Onanieersatzbildungen. Zeitschrift für psychoanalytische Pädagogik 9, 1923.
482. *Hattingberg, H.:* Analerotik, Angstlust und Eigensinn. Internationale Zeitschrift für Pädagogik 2, 1914.
483. *Hitschmann, E.:* Eine natürliche Schwierigkeit der Aufklärung. Zeitschrift für psychoanalytische Pädagogik 1, 1926/27.
484. *Ders.:* Das Strafen aus analerotischen Motiven. Zeitschrift für psychoanalytische Pädadogik 5, 1931.
485. *Homburger, E.* (Derselbe: Erikson, E. H.): Die Zukunft der Aufklärung und die Psychoanalyse. Zeitschrift für psychoanalytische Pädagogik 4, 1930.
486. *Horney, K.:* Flucht aus der Weiblichkeit. Internationale Zeitschrift für Psychoanalyse XII, 1926.
487. *Ders.:* Zur Genese des weiblichen Kastrationskomplexes. Internationale Zeitschrift IX, 1923.
488. *Jones, E.:* Die erste Entwicklung der weiblichen Sexualität. Internationale Zeitschrift für Psychoanalyse XIV, 1928.
489. *Kempner, S.:* Beitrag zur Oralerotik. Internationale Zeitschrift für Psychoanalyse XI, 1925.
490. *Key, E.:* Über Liebe und Ehe. Berlin 1905.
491. *Laforgue:* Über die Erotisierung der Angst. Internationale Zeitschrift für Psychoanalyse XVI, 1930.
492. *Landauer, K.:* Zur psychosexuellen Genese der Dummheit. Zeitschrift für Sexualwissenschaft, 1929.
493. *Ders.:* Die Zurückweisung der Aufklärung durch das Kind. Zeitschrift für psychoanalytische Pädagogik 1, 1926/27.
494. *Moll, A.:* Das Sexualleben des Kindes. Berlin 1909.
495. *Müller-Braunschweig, C.:* Psychoanalyse und Sexualreform. In: A. Weil (Hrsg.), Sexualreform und Sexualwissenschaft. Stuttgart 1922.
496. *Ders.:* Die pädagogisch grundlegende Bedeutung der Epoche der Reinlichkeitsgewöhnung und des Gehen-Lernens. Die neue Erziehung 10, 1928.
497. *Pfeifer, S.:* Äußerungen infantil-erotischer Triebe im Spiel. Imago 5, 1917–1919.
498. *Rivière, J.:* Weiblichkeit als Maske. Internationale Zeitschrift für Psychoanalyse XV, 1929.
499. *Sadger:* Analerotik und Analcharakter. Heilkunde 1910.
500. *Siebert, F.:* Das sexuelle Problem im Kindesalter. In: A. Schreiber (Hrsg.), Das Buch vom Kinde. Leipzig/Berlin 1907.
501. *Sterba, E.:* Schule und Erziehungsberatung. Zeitschrift für psychoanalytische Pädagogik 10, 1936.
502. *Ders.:* Nacktheit und Scham. Zeitschrift für psychoanalytische Pädagogik 3, 1929.
503. *Ders.:* Der orale Ursprung des Neides. Zeitschrift für psychoanalytische Pädagogik 3, 1929.
504. *Tausk, V.:* Zur Psychologie der Kindersexualität. Internationale Zeitschrift für ärztliche Psychoanalyse 1, 1913.
505. *Waelder, R.:* Zur Frage der Genese der psychischen Konflikte im frühen Kindesalter. Internationale Zeitschrift für ärztliche Psychoanalyse 22, 1936.
506. *Wittels, F.:* Die sexuelle Not. Wien 1907.
507. *Ders.:* Die Befreiung des Kindes. Stuttgart/Leipzig/Zürich 1927.
508. *Wulff, M.:* Beiträge zur infantilen Sexualität. Zentralblatt für Psychoanalyse 2, 1912.

Etwa 80 % dieser Publikationen wurden in den Jahren 1933/34 in Deutschland und 1938/39 in Österreich von den Nationalsozialisten aus rassischen Vorurteilen verbrannt oder konfisziert. Die Druckstöcke wurden vernichtet auf Anordnung des Reichskultusministers und der Geheimen Staatspolizei. 72 % der Wissenschaftler dieses Gebietes wanderten aus, um zu überleben. Ein wesentlicher Teil des damals erreichten Kenntnisstandes ging Deutschland verloren.

Einleitung der englischen Spezialliteratur

Die nachfolgende Aufstellung enthält, nach Gebieten geordnet, für den Interessierten als Anregung eine kurze Übersicht der Forschungsarbeiten zur Theorie der Kinder- und Jugendentwicklung. Die Bibliographie ist nicht vollständig und enthält nur einen kleinen Teil der wissenschaftlichen Veröffentlichungen der Psychoanalyse zu diesen Problemen. (Vollständiges Verzeichnis aller internationalen wissenschaftlichen Veröffentlichungen dieses Gebietes siehe: Grinstein, A.: Index of Psychoanalytic Writings Bd. I ff.) Alle nachfolgenden Publikationen erschienen in Bd. I–XXIII von The Psychoanalytic Study of the Child, hrsg. von Anna Freud, Ruth Eissler et al. New York, International University Press 1945 ff. Die Zahlen bezeichnen den Band, das Erscheinungsjahr und die Seitenzahl.

I. Kind-Eltern-(Erwachsenen-)Beziehung:

1. *Buxbaum, E.:* The Parents Role in the Etiology of Learning Disabilities. Bd. 19, 1964, P. 421–447.
2. *Coleman, R. W., Kris, E. & Provence, E.:* The Study of Variations of Early Parental attitudes: A Preliminary Report. Bd. 8, 1953, p. 20–47.
3. *Friedlander, K.:* Neurosis and Home Background: A Preliminary Report. Bd. 3/4, 1949, p. 423–438.
4. *Fries, M. E.:* The Child's Ego Development and the Training of Adults in his Environment. Bd. 2, 1946, p. 85–112.
5. *Hellman, I.:* Some Observations on Methods of Children with Intellectual Inhibitions. Bd. 9, 1954, p. 259–273.
6. *Jackson, E. B. & Klatskin, E. H. & Wilkin, L. C.:* Early Child Development in Relation to Degree of Flexibility of Maternal Attitude. Bd. 7, 1952, p. 393–428.
7. *Kestenberg, J. S.:* On the Development of Maternal Feelings in Early Childhood: Observations and Reflections. Bd. 11, 1956, p. 257–291.
8. *Neubauer, P. B.:* The One-Parent Child and his Oedipal Development. Bd. 15, 1960, p. 286–309.
9. *Olden, C.:* On Adult Empathy with Children. Bd. 8, 1953, p. 111–126.

II. Frühe Entwicklungsphasen und Latenz (Ich-Entwicklung):

10. *Albert, A. & Bernstein, I.:* Dynamic Determination in Oral Fixation. Bd. 19, 1964, p. 170 to 195.
11. **Bornstein, Berta:* On Latency. Bd. 6, 1951, p. 279–285.
12. **Bornstein, Berta:* Masturbation on the Latency Period. Bd. 8, 1953, p. 65–78.
13. *Bowlby, J.:* Grief and Mourning in Infancy and Early Childhood. Bd. 15, 1960, p. 9–52.
14. *Boyer, L. B.:* On Maternal Overstimulation and Ego Defects. Bd. 11, 1956, p. 236–256.
15. *Bennett, J., & Hellman, I.:* Psychoanalytic Material related to Observations in Early Development. Bd. 6, 1961, p. 307–324.
16. *Brodey, W. M.:* On the Dynamics of Narcissism: I. Externalization and Early Ego Development. Bd. 20, 1965, p. 165–193.
17. **Erikson, E. H.:* Ego Development and Historical Change: Clinical Notes. Bd. 2, 1946, p. 359–396.
18. *Escalona, S. K.:* Patterns of infantile Experience and the Developmental Process. Bd. 18, 1963, p. 197–244.
19. **Freud, Anna:* Observation on Child Development. Bd. 6, 1951, p. 18–30.
20. **Freud, Anna:* Assessment of Childhood Disturbances. Bd. 17, 1962, p. 149–158.
21. *Fries, M. E. & Woolfe, P. J.:* Some Hypotheses on the Role of the Congenital Activity Type in Personality Development. Bd. 8, 1953, p. 48–62.
22. *Handelsman, I.:* The Effects of Early Object Relationships on Sexual Development: Autistic and Symbiotic Modes of Adaptation. Bd. 20, 1965, p. 367–383.
23. **Hartmann, H.:* Psychoanalysis and Developmental Psychology. Bd. 5, 1950a, p. 7–17.
24. **Hoffer, Willie:* a) Mouth, Hand and Ego-Integration. b) Development of the Body Ego. c) The Mutual Influences in the Development of Ego and Id: Earliest Stages. Bd. 3/4, 5, 7, 1949, 1950, 1952.

III. Adoleszenz:

25. **Blos, P.:* The Second Individuation Process of Adolescence. Bd. 20, 1967, p. 162–186.
26. **Blos, P.:* The Initial Stage of Male Adolescence. Bd. 20, 1965, p. 145–164.

27. *Blos, P.: Character Formation in Adolescence. Bd. 23, 1968, p. 245–263.
28. Beres, D.: The Effects of Extreme Deprivation in Infancy on Psychic Structure in Adolescence: A Study in Ego Development. Bd. 5, 1950, p. 212–235.
29. *Freud, Anna: Adolescence. Bd. 13, 1958b, p. 255–278.
30. Greenacre, P.: Special Problems of Early Female Sexual Development. Bd. 5, 1950, p. 122–138.
31. Jacobson, E.: Adolescent Moods and the Remodeling of Psychic Structures in Adolescence. Bd. 16, 1961, p. 164–183.
32. Jakobson, E.: Development of the Wish for a Child in Boys. Bd. 5, 1950, p. 139–152.
33. *Lampl- de Groot, J.: On Adolescence. Bd. 15, 1960, p. 95–103.
34. Laufer, M.: Ego Ideal and Pseudo Ego Ideal in Adolescence. Bd. 19, 1964, p. 196–221.
35. Laufer, M.: Object Loss and Mourning during Adolescence. Bd. 21, 1966, p. 269–293.
36. Spiegel, L. A.: A Review of Contributions to a Psychoanalytic Theory of Adolescence: Individual Aspects. Bd. 6, 1951, p. 375–393.
37. Van der Leeuw, P. J.: The Preoedipal phase of the Male. Bd. 13, 1958, p. 352–374.

III,1 Aggressionen:

38. Beres, D.: Clinical Notes on Aggression in Children. Bd. 7, 1952, p. 241–263.
39. Beres, D.: Vicissitudes of Superego Functions and Superego Precursors in Childhood. Bd. 13, 1958, p. 324–351.
40. *Freud, Anna: Aggression in Relation to Emotional Development: Normal and Pathological. Bd. 3/4, 1949, p. 37–48.
41. *Hartmann, H. & Loewenstein, R. M.: Notes on the Theory of Aggression. Bd. 3/4, 1949, p. 9–36.
42. Rank, B.: Aggression. Bd. 3/4, 1949, p. 43–48.
43. Rubinfine, D. L.: Maternal Stimulation, Psychic Structure and Early Object Relations: With Special Reference to Aggression and Denial. Bd. 17, 1962, p. 265–282.

III,2 Masturbation:

44. *Lampl-de Groot, J.: On Masturbation and its Influence on General development. Bd. 5, 1950, p. 153–174.
45. Laufer, M.: The Body Image, the Function of Masturbation, and Adolescence: Problems of the Ownership of the Body. Bd. 23, 1968, p. 114–137.
46. Levine, M. J.: Pediatric Observations on Masturbation in Children. Bd. 6, 1951, p. 117–124.
47. Reich, A.: The Discussion of 1922 on Masturbation and Our Present-Day Views. Bd. 6, 1951, p. 80–84.
48. Tausk, V.: On Masturbation. Bd. 6, 1951, p. 61–79.
49. Werner, H. & Levin, S.: Masturbation Fantasies: Their Changes with Growth and Development. Bd. 22, 1967, p. 315–328.

IV. Schule und Entwicklung

IV,1 Lernschwierigkeiten und Störungen, Begabungen, Entwicklungsstörungen, Schulangst:

50. *Buxbaum, E.: Transference and Group Formation in Children and Adolescents. Bd. 1, 1945, p. 351–365.
51. Coolidge, J. C., Tessman, E., Waldfogel, S. & Willer, M. L.: Patterns of Aggression in School phobia. Bd. 17, 1962, p. 319–333.
52. Greenacre, P.: On the Development and Function of Tears. Bd. 20, 1965, p. 209–219.
53. Greenacre, P.: Play in Relation to Creative Imagination. Bd. 14, 1959, p. 61–80.
54. *Freud, Anna & Dann, S.: An Experiment in Group Upbringing. Bd. 6, 1951, p. 127–169.
55. Jacobson, E.: The Child's Laughter: Theoretical and Clinical Notes on the Function of the Comic. Bd. 2, 1946, p. 39–60.
56. Klein, E.: The Reluctance To Go To School. Bd. 1, 1945, p. 263–279.
57. Klein, E.: Psychoanalytic Aspects of School Problems. Bd. 3/4, 1949, p. 369–390.
58. Noy, P.: The Development of Musical Ability. Bd. 23, 1968, p. 332–347.
59. Wolfenstein, M.: Children's Understanding of Jokes. Bd. 8, 1953, p. 162–173.
60. Róheim, G.: Fairy, Tale and Dream. Bd. 8, 1953, p. 394–403.
61. Pearson, G. H. J.: A Survey of Learning Difficulties in Children. Bd. 7, 1952, p. 322–386.
62. Peller, L. E.: The School's Role in Promoting Sublimation. Bd. 11, 1956, p. 437–449.
63. Plank, E. N. & Plank, R.: Emotional Components in Arithmetica Learning as Seen through Autobiographies. Bd. 9, 1954, p. 274–293.

64. *Rosen, V. H.:* On Mathematical »Illumination« and the Mathematical Thought Process: A Contribution of the Genetic Development and Metapsychology of Abstract Thinking. Bd. 8, 1953, p. 127–154.
66. *Sperling, S.:* School Phobias: Classification, Dynamics and Treatment, Bd. 22, 1967, p. 375 to 401.

IV,2 Erziehung und Entwicklung:
67. **Fenichel, O.:* The Means of Education. Bd. 1, 1945, p. 281–292.
68. **Freud, Anna:* Psychoanalysis and Education. Bd. 9, 1954, p. 9–15.
69. *Liss, E.:* Motivations in Learning. Bd. 10, 1955, p. 100–116.
70. *Nagera, H.:* The concepts of Structure and Structuralization: Psychoanalytic Usage and Implications for a Theory of Learning and creativity. Bd. 22, 1967, p. 77–102.
71. *Nass, M. L.:* The Superego and Moral Development in the Theories of Freud and Piagét. Bd. 21, 1966, p. 51–68.
72. *Rubinfine, D. L.:* Perception, Reality Testing and Symbolism. Bd. 16, 1961, p. 73–89.
73. *Sterba, E.:* Interpretation and Education. Bd. 1, 1945, p. 309–317.

IV,3a Hilflosigkeit, Bewegungsbedürfnis, Unfallbereitschaft, Necken und Masochismus, Furcht, Angst, Schmerz:
74. *Brenmann, M.:* On Teasing and Being Teased: on the Problem of »Moral Masochism«. Bd. 7, 1952, p. 264–285.
75. *Frankl, L.:* Self-Preservation and the Development of Accident Proneness in Children and Adolescents. Bd. 18, 1963, p. 464–483.
76. *Kaplan, E. B.:* Reflections Regarding Psychomotor Activities during the Latency Period, Bd. 20, 1965, p. 220–238.
77. *Mittelmann, S.:* Motility in Infants, Children and Adults: Patterning and Psychodynamics. Bd. 9, 1954, p. 142–177.
78. *Ramzy, I. & Wallerstein, R. S.:* Pain, Fear and Anxiety: A Study in Their Interrelationship. Bd. 13, 1958, p. 147–189.
79. *Schmale, A. H. jr.:* A Genetic View of Affects: With Special Reference of the Genesis of Helplessness and Hopelessness. Bd. 19, 1964, p. 287–310.

IV,3b Einnässen, Mandeloperationen, psychosennahe Grenzzustände:
80. *Katan, A.:* Experiences with Enuretics. Bd. 2, 1946, p. 241–255.
81. *Jessner, L., Blom, G. E., & Waldfogel, S.:* Emotional Implications of Tonsillectomy and Adenoidectomy on Children. Bd. 7, 1952, p. 126–169.
82. *Lipton, S. D.:* On the psychology of Childhood Tonsillectomy. Bd. 17, 1962, p. 363–417.
83. *Geleerd, E. R.:* Boderline States in Childhood and Adolescence. Bd. 13, 1958, p. 279–295.

IV,3c Zwillinge:
84. *Burlingham, D. T.:* The Fantasy of having a Twin. Bd. 1, 1945, p. 205–210.
85. *Burlingham, D. T.:* The Relationship of Twins to Each Other. Bd. 3, 1949, p. 57–72.
86. *Burlingham, D. T., & Barron, A. T.:* A Study of Identical Twins: Their Analytic Material Compared with Existing Observation Data of their Early Childhood. Bd. 18, 1963, p. 367 to 423.

V. Lehrer:
87. *Ross, Helen,* The Teacher Game. Bd. 20, 1965, p. 288–297.
88. *Ilan, E.:* The Problem of Motivation in the Educator's Vocational Choice. Bd. 18, 1963, p. 266–285.

VI. Jugenddelinquenz:
89. **Aichhorn, A.:* Some Remarks on the Psychic Structure and Social Care of a Certain Type of Female Juvenile Delinquents. Bd. 3/4, 1949, p. 439–448.
90. **Blos, P.:* Preoedipal Factors in the Etiology of Femals Delinquency. Bd. 12, 1957, p. 229 to 249.
91. *Eissler, R. S.:* Riots: Observations in a Home of Delinquent Girls. Bd. 3/4, 1949, p. 449–460.
92. **Bettelheim, B. & Sylvester, E.:* Delinquency and Morality. Bd. 5, 1950, p. 329–342.
93. *Redl, F.:* The Psychology of Gang Formation and the Treatment of Juvenile Delinquents. Bd. 1, 1945, p. 367–377.
94. *Friedlander, K.:* Formation of the Antisocial Character. Bd. 1, 1945, p. 189–203.
95. *Eissler, K. R.:* Ego-Psychological Implications of the Psychoanalytic Treatment of Delinquents. Bd. 5, 1950, p. 97–121.

Weitere im englischen Sprachraum veröffentlichte Arbeiten zur Entwicklungspsychologie, Sexualpädagogik und and. Spezialproblemen (soweit in der Publikation verwendet bzw. zitiert):

96. *Alpert, A.:* Sublimation und Sexualisation. The Psychoanal. Study of the Child, 3/4, New York.
97. *Benedek, Th.:* Psychosexual Functions in Women. New York 1952.
98. *Blos, P.:* On 'Adolescence. A Psychoanal. Interpretation. Glencoe, Ill., 1962.
99. *Bruch, H.:* Puberty and Adolescence. Psychologic Considerations. In: S. Z. Levine et al (Ed.): Advances in Pediatrics 3, p. 219–290 New York 1948.
100. Deutsch, H.: Selected Problems of Adolescence. With Special Emphasis on Group Formation. Psychoanal. Study of the Child 3, 1967 (Monogr.).
101. *Dollard, J., & N. E. Miller:* Personality and Psychotherapy. An Analysis in Terms of Learning, Thinking and Culture. New York 1950.
102. *Ekstein, R. & R. L. Motto:* Psychoanalysis and Education – an Historical Account. Reiss-Davis-Clinic Bulletin 1, 1964.
103. *Fenichel, O.:* The Psychoanalytic Theory of Neurosis. New York 1945.
104. *Freud, A., & D. Burlingham:* War and children. New York 1943.
105. *Ders. & ders.:* Infants without Families. New York 1945.
106. *Fromm, E.:* Escape from Freedom. New York 1941.
107. *Gesell, A. L.:* The First Years of Life. New York 1940.
108. *Glover, E.:* War, Sadism and Pacifism. Further Essays on Group Psychology and War. London 1947.
109. *Ders.:* Notes on the Psychopathology of Suicid. Internat. Journal of Psychoanalysis III, 1922.
110. *Ders.:* Notes on Oral Character Formation. Internat. Journal of Psychoanalysis VII, 1926.
111. *Greenacre, Ph.:* Pregenital Patterning. Internat. Journal of Psychoanalysis 32, 1952.
112. *Hemmig, J.:* Problems of Adolescent Girls. London 1960.
113. *Hoffer, W.:* Psychoanalytic Education. The Psychoanalytic Study of the Child 1, 1945.
114. *Hollingshead, A. & F. C. Redlich:* Social Class and Mental Illness. A Community Study. New York 1958.
115. *Isaac, S.:* Social development in Young Children. London 1961.
116. »It's about time«. The Reiss-Davis-Clinic Bulletin 1, 1964.
117. *Jones, E.:* Psychoanalysis and Education. Journal of Education and Psychology. 1910.
118. *Ders.:* The Significance of Sublimating process for Education and Re-Education. Journal of Ed. Psychology 1912.
119. *Ders.:* Psychoanalysis and Education. Journal of Ed. Psychology 1910.
120. *Kiell, N.:* The Universal Experience of Adolescence. New York 1964.
121. *Kris, E.:* On Psychoanalysis and Education. Am. Journal of Orthopsychiatry 18, 1948.
122. *Lippit, R.:* An Experimental Study of Authoritarian and Democratic Group Atmospheres. In: University of Iowa Study in Child Welfare 16, 1940.
123. *Mott, R. L., B. Bail, A. Malin:* Psychoanalysis and Education. The Emergence of a New Collaboration. The Reiss-Davis-Bulletin 1, 1964.
124. *Miles, M. B.:* Learning to work in Groups. New York 1959.
125. *Morgenthaler, F. & P. Parin:* Typical Forms of Transference among West Africans. Internat. Journal of Psychoanalysis 45, 1964.
126. *Parin, P. & F. Morgenthaler:* Ego and Orality in the Analysis of West Africans. Psychoanalytic Study of Sociology 4, 1964.
127. *Pearson, G.:* Adolescence and the Conflict of Generations. New York 1958.
128. *Reich, A.:* The Discussions of 1912 on Masturbation and our Present-Day Views. The Psychoanalytic Study of the Child Bd. 6, 1951.
129. *Scott, J. P.:* Aggression. Chicago 1959.
130. *Spitz, R. A.:* Aggression: Its Role in the Establishment of Object Relations. In: Drives, Affects, Behavior. New York 1953.
131. *Ders.:* Authority and Masturbation: Some Remarks on a Bibliographical Investigation. Psychoanalytic Quarterly 21.
132. *Stephens, W. N.:* The Oedipus Complex. Cross Cultural Evidence. Glencoe, Ill., 1962.

Alle mit * bezeichneten Autoren s. a. deutsches Literaturverzeichnis.

Begriffserläuterungen/Lexikon

Für weitere Definitionen siehe auch Lexika, z. B. H. Giese: Wörterbuch der Sexualwissenschaft; F. Dorsch: Psychologisches Wörterbuch, T. Brocher, L. v. Friedeburg (Hrsg.): Lexikon der Sexualerziehung.

Abwehr
Hier verstanden als Abwehr des Ich gegen die Triebe, s. a. Triebkonflikt (siehe *A. Freud:* Das Ich und die Abwehrmechanismen).

Aggression
Lat.: ad-gredi = herangehen.

Aggressionstrieb
und Sexualtrieb sind in der dualistischen Trieblehre Gegensätze. Der Aggressionstrieb ist biologisch bedingt. Die Kulturerziehung läßt ihn teilweise für das Bewußtsein kontrollierbar werden.

Aggressivität
Angriffshaltung im Sinne der kämpferischen bis zu zerstörerischer (destruktiver) Handlung. Aggressivität kann mitunter aus Verteidigungsgründen zur Selbsterhaltung notwendig sein: z. B. relative, moralische Bewertung der Aggressivität im Kriege; Notwehr usw.

Anus
Afteröffnung.

anal
Zur Gesäßregion gehörig (s. a.: erogene Zone).

Ambivalenz
Zwiespältigkeit, trifft nicht den vollen Sachverhalt; zwischen Bejahung und Verneinung; angezogen werden und abweisen, schwankende Gefühle gleicher Stärke. (Klassisches Beispiel: Lukian: Fabel vom Esel.)

Agieren
Handeln aus unbewußten Motiven, während rationale Motive vorgeschützt werden. Agieren dient der unbewältigten Triebbefriedigung.

ambivalent
Bewußte und unbewußte Haltung, schwanken ohne Entscheidungsmöglichkeit zwischen als gleich erlebten Objekten oder Werten, daher auch: Ambivalenzkonflikt.

Anthropoide
Menschenaffen.

Adoleszenz
Seelisch-geistige Bewältigung der mit der Geschlechtsreife eintretenden körperlichen Veränderung (Pubertät). Oft wird der erste Abschnitt der Körperentwicklung als Pubertät bezeichnet und der seelisch-geistige folgende Reifungsprozeß als Adoleszenz.

Adoleszent
Jugendlicher in der Reifungsperiode (siehe auch Maturität).

das Es
Siehe Struktur, seelische.

das Ich
Siehe Struktur, seelische.

das Über-Ich
Siehe Struktur, seelische.

Derivat
Abkömmling; Filtrierungsergebnis (z. B. in der Chemie), hier: Triebderivat = Triebabkömmling, im Sinne von Veränderungen ursprünglicher Triebimpulse; gewandelt durch Abwehr, Verdrängung u. a.

Dominanz
Überlegenheit im engeren Sinne. Beherrschen anderer, die sich unterwerfen (Submission: Unterwerfung, submissives Verhalten: unterwürfiges Verhalten).

Elektrakomplex
Früher kurze Zeit gebräuchliche Bezeichnung für den ödipalen Konflikt des Mädchens in der frühen und in der puberalen Sexualentwicklung. Siehe: ödipaler Konflikt.

Emotion, emotional
Gefühl, gefühlsbegründet. Man unterscheidet Emotionen = Gefühl, und Affekte = verdichtete, gebündelte (oft unter hohem inneren Druck stehende) Gefühle. Affekte werden leichter unkontrollierbar.

Endogamie
Heirat innerhalb der eigenen Sippe, Verwandtenehe.

Erektion
Steifwerden des männlichen Gliedes bei sexueller Erregung durch venöse Rückstauung des Blutes in Schwellkörpern (s. a. Pollution).

Erogen
Sexuell-erotisch erregbar; z. B. erogene Leitzonen in der frühkindlichen Sexualentwicklung: orale Leitzonen: Mund, Lippen, Umgebung des Mundes. Im weiteren Sinne dann Ohren, Hände, Brust; anale Leitzonen: Afteröffnung, Damm und Gesäß (als Teilergebnis der natürlichen frühen Reinlichkeitspflege des Säuglings); andere erogene Zonen individuell verschieden, oft verschoben, s. a. Symptom.

Exogamie
Heirat außerhalb der Sippe, Clan, Gruppengemeinschaft (s. a.: Inzest).

Fehlleistung
Unbewußte Fehlleistung mit bestimmten Sinngehalten: Vergessen, verlegen, versprechen, verlaufen, verfahren, verwechseln, verschreiben u. a. m. In vielen Fällen unterläuft eine Fehlleistung trotz (oder wegen) größter Aufmerksamkeit entgegen der bewußten Absicht. Genauere Betrachtung bringt meist eine völlig unbewußte, gegenläufige Absicht zum Vorschein, die unterdrückt (verdrängt) wurde, unbewußt jedoch zum Durchbruch kam und den Handlungsablauf beeinflußte, ohne sich voll durchzusetzen. Die moralische Bewertung einer Fehlleistung wäre falsch. Sie kann jedem Menschen unterlaufen. Sie zeigt nur, daß jeder Mensch Verdrängungen ins Unbewußte vornimmt.

Flatulenz
Blähungen mit abgehenden Winden.

Frustration
Versagung, im Sinne von: etwas Erwartetes vorenthalten bekommen. Frustration und Aggression stehen in bestimmtem Verhältnis zueinander.

frustrierend
Vergebliches Erwarten: »enttäuschend« trifft nicht voll das gleiche. W. Busch: »Am tiefsten ist der Mensch empört, fühlt er sich pekuniär gestört«, trifft den Zusammenhang zwischen analaggressiver Reaktion auf Entzug von Zufuhr, zugleich jedoch doppeldeutig, da »pekuniär gestört« auch Mangel an eigener »Produktionsfähigkeit« sein kann. Frustration soll das Mißverhältnis zwischen u. U. irrationaler Erwartung und tatsächlicher Möglichkeit kennzeichnen (Dollard/Miller: Frustrations-Hypothese).

Genitalien
Geschlechtsorgane.

Genitalprimat
Zentrierung der sich entwickelnden Partialtriebe (s. dort) auf die Geschlechtsorgane u. -funktionen.

Hackordnung
(Bei Vögeln; bei Säugetieren auch Platzrecht genannt.) Rangfolge z. B. bei Hühnern: A hackt B, B hackt C, C hackt A. Es gibt Dreier- und Vierer-Hackordnungen: populärwissenschaftlich hier siehe K. Lorenz: »Er redete mit dem Vieh, den Vögeln und den Fischen.«

Identifizierung
Vor dem Erwerb der vollen Sprachfähigkeit beginnt der Identifizierungsprozeß. Das Kind übernimmt, nicht nur durch Nachahmung und Erprobung, Verhaltensweisen, Äußerungen, Reaktionen der Erwachsenen seiner Umgebung. In der Identifizierung setzt sich das Subjekt mit dem (geliebten oder gefürchteten) Objekt gleich. Konflikte mit dem Objekt werden durch Identifizie-

rung gelöst. Z. B.: »Wenn ich die Mutter nicht haben kann, will ich sein wie sie.« Das kann die spätere Objektwahl beeinflussen: z. B. fühlt sich ein mit der Mutter identifizierter Knabe mehr zum Vater hingezogen und will ihre Stelle bei ihm vertreten. Kinder identifizieren sich oft mit dem Elternteil, von dem die meisten emotionalen Versagungen ausgehen.

Identität

Übereinstimmung, Gleichheit. Z. B. zwischen Person und Ausweis; hier gemeint als Übereinstimmung zwischen historischer Identität des einzelnen und seiner aktuellen Identität. »Ich weiß mich als dieser Eine unverwechselbar.« Problematik der Identität z. B. »Mein Gedächtnis sagt, das habe ich getan. Mein Stolz begehrt auf: Das kann ich nicht getan haben. Am Ende gibt das Gedächtnis nach« (s. Nietzsche) *.

* Nietzsche, Fr.: Jenseits von Gut und Böse, Stuttgart 1958, S. 78.

Individuation

Oft übersetzt mit Selbstfindung; hier gemeint als der früheste Ablösungsprozeß aus der Einheit mit der Mutter im 1. Lebensjahr (s. a. Symbiose). Dieser Vorgang wiederholt sich auf den verschiedensten Stufen des Lebensablaufes (s. a. Separation). »Individuation-Separation« ist ein feststehender Begriff, der die erste Ich-Entwicklung des Kindes kennzeichnet, wenn es zwischen sich und der Mutter in den späteren Monaten des 1. Lebensjahres unterscheiden lernt.

Integration

Einordnung; hier z. B. von neuen Inhalten und Erlebnissen in die zuvor bestehende Persönlichkeitsstruktur.

Introjektion

Nach innen geworfen; gemeint ist der Vorgang der Hereinnahme (Verinnerlichung) von Objekten, Regeln, Haltungen usw. (s. a. Identifizierung). Kinder introjizieren oft unbewußt Haltungen von Eltern, Lehrern (s. a. Objektrepräsentanz).

Introversion

Nach innen gerichtet (Gegensatz: Extraversion). Von *C. G. Jung* zur Beschreibung von Charakterentwicklungen gebraucht.

Inversion

Umkehrung; z. B. der Triebrichtung, oft gebraucht für Homosexualität, jedoch nicht korrekt, da Inversion eintreten kann ohne manifeste Homosexualität.

Inzest, inzestuös

Inzucht, »Blutschande«; sexuelle Beziehungen innerhalb der Eltern-Kind- oder Geschwister-Beziehung. In vielen Kulturen unter Strafandrohung, ursprünglich aus ökonomischen Gründen, weil Exogamie zur Vergrößerung, Versorgung oder zum Machtzuwachs erforderlich war. In ländlichen Gegenden Geschwisterinzest nicht selten, meist unentdeckt. Im ägyptischen Kult Mystifikation der Geschwisterehe. Die spätere Vorstellung, Inzest verursache stets genetische Degeneration, ist nicht erwiesen.

Inzesttabu

Magische Rituale und Mythen, die Unberührbarkeit und Unberührtheit (sexuell) zum Inhalt haben. In Primitivgesellschaften besteht magischer Glaube, daß die Übertretung der Tabus zum Tode führt. Daraus abgeleitet dann Inzestverbot und Strafandrohung. Gleichzeitig jedoch ist in Totem- und Primitivreligionen – aber auch in der Antike – oft Mythos und Mutter-Sohn-, Vater-Tochter- oder Geschwisterbeziehungen (s. a. Ambivalenz), Mythologie und Tabu kennzeichnend für die der Kindheit entstammenden magischen Inhalte.

Kastrationsangst

Technisch (seit 1910) feststehender Begriff für die klinische Beobachtung, daß Knaben im frühen Alter bei der Entdeckung des Geschlechtsunterschiedes lebhafte Phantasien und Ängste entwickeln, ihr männliches Glied könne ihnen weggenommen (abgeschnitten) werden. (Wie in Partisanengebieten noch im 2. Weltkrieg bei Gefangenen oder Gegnern.) Es handelt sich nicht um eine reale Bedrohung, sondern um eine Phantasie, in der die aggressiven Bedürfnisse des kleinen Kindes gegen die Eltern nach außen projiziert werden (obgleich hierzu z. B. Struwwelpeter [Konrad] als Verschiebung nach oben Material anbietet). Die phantasierte Drohung hat Einfluß auf die Unterdrückung aggressiver Wünsche (1. Trotzalter).

Kastrationskomplex

Feststehender Begriff, der das normale Entwicklungsstadium der frühen Geschlechtsentwicklung bei kleinen Kindern beiderlei Geschlechts bezeichnet. Heute allgemein als ödipaler Konflikt bezeichnet (s. dort). »Komplex« bezeichnet nicht, wie so oft fälschlich gebraucht, etwas Krankhaftes, sondern die vorübergehende Verdichtung (Kristallisation) seelischen Geschehens in bestimmten Phasen der Entwicklung.

Klitoris

Kitzler; die deutsche Übersetzung ist recht primitiv und eignet sich wenig für die Sexualpädagogik. Sie leitet sich von der Tatsache ab, daß der im Scheideneingang im oberen Winkel zwischen den inneren Schamlippen liegende (individuell verschieden große) Schwellkörper in erregtem Zustand (Erektion) die Stelle des größten sexuellen Reizes darstellt. Hier wird ersichtlich, wie wenig bei einer rein anatomischen Information der Erlebnisaspekt ausgeschaltet werden kann (s. a. Masturbation).

Koedukation

Gemeinschaftserziehung von Mädchen und Knaben ohne Geschlechtertrennung.

Komplex

Zusammenhang; hier im Sinne seelischen Komplexes, d. h. der Verdichtung von hochbesetzten (oft ambivalenten) Inhalten. Die volkstümliche Aussage: »Der (die) hat ja Komplexe« zielt auf die Tatsache, daß in Kindheit und Jugend oft stark triebbesetzte Inhalte in Gedanken (komplex) aus dem Bewußtsein verdrängt werden und dann ungünstig auf Verhalten und Entwicklung gegen den bewußten Willen des Betreffenden einwirken. Bei ausreichender Erziehung und genügend Verständnis für die kindliche Entwicklung lösen sich diese Komplexe, d. h. normalerweise in der Kindheit entstehende Angst-, Wunsch- und Phantasieverdichtungen zugunsten der Wirklichkeitserkenntnis auf, so daß keine »Komplexe« im volkstümlichen Sinne entstehen. Im Gegensatz hierzu: »neurotische« Komplexbildung = krankhafte Verdichtung im Unbewußten, die der Auflösung durch Therapie bedarf.

Koprolal

Wörtlich Kotsprache = Vorliebe für obszöne Worte, meist an grobe Volkssprache und deren Ausdrücke für Verdauungs- und Ausscheidungsvorgänge angelehnt.

Latenz

Phase etwa zwischen 6. und 10. bis 11. Lebensjahr, nach Abschluß der frühkindlichen Sexualentwicklung und Lösung des ödipalen Konfliktes und vor Beginn der Vorpubertät. Auch als »mittlere Kindheit« bezeichnet. Kennzeichen: lebhaftes Realitätsinteresse, Lernbereitschaft, Erprobungs- und Aktivitätsbedürfnis, vorübergehender, relativer Rückgang der zuvor bestehenden Sexualneugier. Letzteres jedoch abhängig von der Sexualerziehung im Elternhaus, daher nicht die Regel.

Libido

Seelische Energie, als Ausdruck des Sexualtriebes. Diese Energie kann Objekte (Objektrepräsentanzen) »besetzen«, d. h., die Energie kann verschoben, sublimiert, verstärkt, verringert usw. auftreten. Im Gegensatz hierzu: seelische Energie des Aggressionstriebes – zeitweilig auch als »Destrudo« bezeichnet. Der Begriff Libido kennzeichnet die aufbauende Kraft der Sexualität. Häufigster Irrtum: moralische Bewertung der Sexualität als »schlecht«. Es gibt sexuelle Äußerungsformen, bei denen narzißtische oder aggressive Anteile überwiegen. Das nur moralische Werturteil verhindert jedoch die Einsicht, daß es sich um eine ungenügende seelische Entwicklung handelt, die oft behebbar ist. Diese »Schuld« ist jedoch als »Entwicklungsschuld« nicht vorwerfbar, solange soziale Mitverantwortung der Gesellschaft besteht. Die Verteilung der seelischen Energie bestimmt weitgehend Gesundheit oder Krankheit.

Masturbation

Onanie = Selbstbefriedigung. Keiner der Begriffe trifft den Sachverhalt. Ein besonderes Sprachproblem stellt »Selbstbefleckung« dar, ein außerordentlich belasteter, noch dazu für Mädchen z. B. nicht zutreffender Begriff. Masturbation wird im internationalen Sprachgebrauch verstanden. Kinder gebrauchen in Deutschland etwa 40 verschiedene Ausdrücke (z. T. regional gebunden). Der Begriff Masturbation ist sachlich auch unzulänglich, da die Befriedigung oft ohne jede Berührung der Geschlechtsorgane mit den Händen erreicht wird. Der weitere Begriff autoerotische Befriedigung, der auch Seelisches erfaßt, erscheint jedoch zu umständlich. Von den meisten Erwachsenen wird Kindern gegenüber der Begriff »spielen« verwandt, das trifft am ehesten vom Kinde aus gesehen den Sachverhalt, denn es ist stets zunächst eine »spielerische Selbstentdeckung«, selten von außen herangetragen, wie vielfach durch das Übersehen der frühkindlichen Masturbation angeommen wird, wenn Pubertierende entdeckt werden.

Maturität
Reife (Maturum = Abitur). In der westlichen europäischen Fachwelt bestehen Zweifel, ob die volle soziale psychologische Reife, d. h. die Wahrnehmung und Einordnung aller für die Erwachsenen notwendigen Inhalte bis etwa zum 24. Lebensjahr möglich ist. Das ist abhängig von den sozialen Anforderungen. Die biologische Reife ist nicht verfrüht. Sie tritt heute – ohne künstliche Behinderung – wie vor 200 Jahren und davor zwischen dem 11.–14. Lebensjahr ein. Die Bewertung der biologischen Reife hat sich jedoch geändert.

Menarche
Erster Eintritt der weiblichen Monatsblutung.

Menstruation
Weibliche Monatsblutung.

Narzißmus
Von Freud eingeführter Begriff zur Kennzeichnung der vom Objekt zurückgenommenen Libido (s. dort). Primärer Narzißmus = autoerotisches Stadium des Säuglings (s. a. Symbiose). Jedes Kind erlebt lustvolle Körpergefühle, die nur im Verhältnis zum Körperschema wahrgenommen werden. Sekundärer Narzißmus = vom Objekt zurückgezogene seelische Energie. »Selbstliebe« trifft nicht den vollen Sachverhalt, da es sich um unbewußte Prozesse handelt. Historisch: Griechische Mythologie: Narziß verliebt sich in sein eigenes Spiegelbild im Wasser und will es umarmen, dabei ertrinkt er.
Volkstümlich: Selbstverliebtheit, Eitelkeit.

Neurose
Ursprünglich von Neuron (auch Neurasthenie) in der naturwissenschaftlich-medizinischen Annahme, es handele sich um das Versagen von Nervenzellen = Neuron. Die allgemeine und spezielle Neurosenlehre hat sich aus den ersten Forschungen Freuds und Breuers entwickelt und wurde von Freud allein, später mit seinen Schülern fortgesetzt. Unter Neurose versteht man krankhafte seelische Erscheinungen (Zwangsgedanken, -handlungen, hysterische Symptome, Angstvorstellungen, Platz-, Buden-, Schulängste), die klinisch unterteilt werden. (Hysterie, Aktualneurosen, Zwangsneurosen, Übertragungsneurosen, narzißtische Neurosen usw.) Die Neurosen beruhen auf verdrängten, d. h. dem Bewußtsein nicht mehr zugänglichen Erlebnis-, Gefühls- und Phantasieinhalten der frühen Kindheit, die sich verdichtet und andere Erlebnis-, Gefühls- und Handlungsbereiche allmählich mit einbezogen haben. Freud wies die Zusammenhänge mit den kindlichen Sexualphantasien und Gefühlen nach, stieß aber vielfach auf Widerstand. 70 Jahre klinisch-wissenschaftliche Forschung und Therapie haben diese Zusammenhänge weiterhin erhellt, der Forschungszeitraum ist jedoch, gemessen an anderen Wissenschaften, noch zu kurz, um alle Probleme bindend beantworten zu können. Neurosen sind Krankheiten, die der Behandlung bedürfen. Sie sind vielfach heilbar. Eine moralische Bewertung ist unangebracht. Auch bei Schulkindern können Neurosen bestehen oder neurotische Symptome sich entwickeln. Beides deutet darauf hin, daß der Konflikt zwischen den Ich-Funktionen und den Triebstrebungen nicht wirklichkeitsgerecht gelöst werden kann. Sinn jeder Behandlung ist es, das Ich in seinem Abwehrkampf gegen die Triebe zu stärken, so daß die Neurose sich auflöst. Symptombehandlung allein ist keine Heilung, solange die seelische Struktur nicht verändert, d. h. ein Gleichgewicht der seelischen Instanzen nicht erreicht ist. Häufiges Mißverständnis: a) psychoanalytische Behandlung fördere ein »Ausleben« der Triebe und gefährde. Das Gegenteil ist der Fall: Das Ich soll zu einer besseren Triebkontrolle und Umwandlungsmöglichkeit der primitiven Impulse befähigt werden. b) Psychoanalyse diene der Anpassung an die Normen der Gesellschaft. Das Ziel der Ich-Stärkung beweist das Gegenteil: Normen sind internalisiert im Über-Ich, eine Behandlung zielt auf eine bessere Differenzierung des Über-Ich und Autonomie des Ich, das ist das Gegenteil sozialer Konformität.

Objektrepräsentanz
Innere seelische Erlebnis- und Vorstellungsbilder bzw. seelische Energiebesetzungen von Objekten (der Außenwelt). Die Objektrepräsentanz, d. h. die seelische »Gestalt«, die ein Objekt im Inneren verkörpert, kann verschieden vom realen Objekt der Außenwelt sein, da hier die eigenen, subjektiven Gefühls- und Erlebnisqualitäten mit dem Objekt verbunden werden.

Ödipaler Konflikt
Ödipus erschlug unwissend seinen Vater und heiratete seine Mutter (Sophokles; Atriden). Als normale Entwicklungsphase wird angesehen: Das Kind wünscht sich mit dem Beginn der phallischen Phase eine Vereinigung mit dem gegengeschlechtlichen Elternteil. Gleichzeitig wünscht es

den gleichgeschlechtlichen Elternteil »weg«. Die Rivalität und Aggressionen gegen den gleichgeschlechtlichen Elternteil lösen sich durch Anerkennung seiner Rechte und größeren Stärke auf. Es folgt die Identifizierung mit dem gleichgeschlechtlichen Elternteil. Der gegengeschlechtliche Elternteil bleibt »Objekt« unbewußter Phantasien und Wünsche. (Beim Knaben z. B. der Mutter gegenüber; z. B. Nähe, Zärtlichkeit, Wärme, Nahrung; beim Mädchen dem Vater gegenüber desgleichen, oft mit der Phantasie: ein Kind von ihm haben zu wollen, die Mutter zu ersetzen usw.) Der Konflikt ist seelisch, d. h., er muß nach außen nicht direkt in Erscheinung treten. Für das kleine Kind sind Vater und Mutter gleich bedeutsam. Das Kind muß also eine Objekt*wahl* treffen, um seine eigene Geschlechtsidentität zu finden. Beim Mädchen bedeutet dies einen Wechsel der Beziehung, denn das primäre Liebesobjekt ist die Mutter. (Siehe: Nunberg: Allgemeine Neurosenlehre, und A. Freud: Einführung in die Psychoanalyse.)

Ödipus-Komplex
Ödipaler Komplex

Bezeichnet den gleichen Vorgang wie ödipaler Konflikt. Später mitunter zur Kennzeichnung eines nicht gelösten, verdrängten Konfliktes gebraucht z. B. im Don-Juanismus, Vermeidungshaltungen und Charakterstörungen. Der ödipale Konflikt ist ein normales Entwicklungsstadium des Kindes.

Onanie

Siehe Masturbation.

Oral

Zur Mundzone gehörig, siehe: erogen und erogene Leitzone.

Partialtrieb

Teiltriebe, genauer Teiltriebqualitäten. Eingeteilt nach dem Ursprungsort aus der kindlichen Entwicklung hervorgehend. Der Reihenfolge nach: orale, anale, phallische Triebstrebungen. Zum oral-analen Übergang gehören Schau- und Zeigetrieb (Sehen = Einsaugen, Zeigen = Herausbringen, Vorstellen, z. B. bei der Reinlichkeitsgewöhnung, in der phallischen Phase dann als Imitation eines Phallus (Penis).

phallisch

Siehe: Phallus. Oft gebrauchter Begriff: phallische Frau (Mutter) = maskuline Frau (Mutter), nicht unbedingt in der äußeren Erscheinung, der ein »Phallus« zugeschrieben wird. Häufige Phantasie von Kindern beiderlei Geschlechts: Es gibt Frauen mit Penis (z. B. »Hexe mit Stock«).

Phallus

Penis; im griechischen Dionysoskult wurde der Phallus als Zeichen der Fruchtbarkeit und Männlichkeit verehrt. Kultureller Rest: Pylone, Säulen, Türme u. ä.

Penis

Männliches Geschlechtsorgan. Die deutsche Bezeichnung »Glied« ist mißverständlich, da plural »Glieder« auf Arme und Beine bezogen wird, ebenso auf Finger-Glied(er). (Siehe hierzu auch ethymologische Sammlungen der verschiedenen Nationalsprachen.)

Pollution

Nächtliche, unwillkürliche Samenentleerung (ohne Masturbation); bei Knaben je nach Vitalität verschieden. Bei mangelhafter Sexualerziehung und Vorbereitung oft überraschend, als peinlich oder als »Krankheit« erlebt. Entsprechend, jedoch seltener: spontaner Orgasmus bei Mädchen, nach Träumen oder ohne jede Einwirkung von außen durch Blutüberfüllung der Geschlechtsorgane kurz vor oder während der Menstruation. Häufig unbemerkt oder nur als fremdartiges »Glücksgefühl« erlebt.

Prägenital

Auch präödipal, d. h. vor der Erreichung des Genitalprimats – alle vor dem Untergang des Ödipuskomplexes liegenden partialen Triebstrebungen, -fixierungen oder -haltungen. Es gibt auch beim Erwachsenen Regressionen (s. d.) auf prägenitale Entwicklungsstufen. Entscheidend ist, ob sie im Dienst des Ich stehen, d. h. z. B. der vorübergehenden, kontrollierbaren Entspannung dienen, oder im Dienst unkontrollierter und ungewollter Triebentladung stehen (d. h. im Dienst des Es ohne Kontrolle des Ich; z. B. Schimpfkanonaden mit obszönen Worten bei einem sonst bedachtsamen Menschen). Kinder kehren lange Zeit immer wieder zu prägenitalen Befriedigungsformen zurück, ähnlich Pubertierende, bis ihnen die Einordnung des Teiltriebes gelingt. Die meisten »Vorlieben« hängen mit prägenitalen Bereitschaften zusammen, zeigen jedoch dann sozialisierte oder sublimierte, gelegentlich hochkultivierte Formen.

Projektion

Projizieren. Hier gemeint als die Verdrängung eines seelischen Inhaltes, der an anderen scharf gesehen, kritisch bekämpft wird. Beispiel: Verdrängte Sexualneugier der Moralisten führt zur Verdächtigung anderer. Ähnlich mit unterdrückten Aggressionen: »*Er* will *mir* Böses – nicht ich ihm.« Bei verdrängten homosexuellen Impulsen als krankhafte Eifersucht (bei Kindern auch »petzen«): »Ich liebe sie (die andere Frau, Mädchen, Lehrerin usw.) ja nicht – *er* liebt sie ja!« Die Projektion ist einer der tiefsten und frühesten Abwehrmechanismen, die sich in der frühen analen Phase ausbilden. Historisch: biblisches Gleichnis vom Pharisäer; ebenso vom Splitter im fremden und Balken im eigenen Auge. Die Projektion dient stets der Abwehr eigener, völlig unbewußter Triebstrebungen. Sie endet erst, wenn diese aus der Verdrängung auftauchen, wahrgenommen und angenommen werden können.

Psychodynamisch

Seelische Vorgänge sind in Bewegung (dynamisch). Alle Inhalte stehen je nach ihrem subjektiven Bedeutungsgehalt in einem bestimmten Spannungsverhältnis zueinander. Die beschreibende, d. h. auf der Annahme gleichbleibender Strukturen (s. d.) beruhende Psychologie und Psychiatrie wurde von der dynamischen Betrachtungsweise abgelöst. Dabei wird in der Lehre vom seelischen Konflikt angenommen, daß es sowohl intersystemische Konflikte (zwischen *mehreren* seelischen Systemen) wie auch intrasystemisch (innerhalb *eines* bestimmten seelischen Systems) stattfindende Konflikte gibt. Das kann unabhängig von äußeren Konflikten sein, obwohl diese häufig der ursprüngliche Anlaß in der Kindheit waren, jedoch nicht gelöst werden konnten.

Psychosexuell

Die seelische Erlebnisweise der Sexualität. Sie kann unabhängig von körperlichen Vorgängen sein. Dazu gehört z. B. die frühe Geschlechtsfindung, während der das Kind nur phantasiert, d. h. psychisch sexuelle Inhalte erlebt, ohne zunächst ein Bewußtsein dafür zu entwickeln.

Psychosozial

Die seelische Anpassung an soziale Forderungen und Normen, die das Verhalten beeinflußt. Beispiel: Ein Verbot muß seelisch verinnerlicht werden, bevor es wirksam werden kann. Dazu gehören sehr komplexe Vorgänge, wie Identifizierung, Objektbeziehung usw. Andernfalls wirkt das Verbot nur, solange die verbietende Person die Kontrolle aufrechterhält. Gleiches gilt für positive Werte und Normen.

Regression

(lat.: re-gredi) zurückgehen: Rückgriff auf frühere seelische Erlebnisweisen und Entwicklungsstufen (häufiges Beispiel: kindisch werden unter Alkohol). Hier jedoch im Sinne der Psychodynamik (s. d.). Wenn ein seelischer (unbewußter) Konflikt keine Lösung auf der Ebene der aktuellen Reife zuläßt, wird auf frühere Lösungsweisen zurückgewichen, die oft sachlich falsch, weil infantil sind. Die seelischen Funktionen verändern sich bei der Regression.

rektal

Von rückwärts; z. B. Fiebermessung in der Afteröffnung (verpönt i. angelsächsischen Kulturen). (lat: Rectum = Enddarm.)

Separation

Absonderung; Sonderung, Trennung. Hier die Wahrnehmung des Kindes, daß die Mutter »ein Anderes«, d. h. ein Objekt ist, das dem beginnenden Ich des Kindes gegenübersteht und verloren werden kann, d. h. nicht »da« ist. Der Säugling reagiert auf die Trennung mit Angst (und häufig mit Krankheit). Spätere Trennungsängste von Kindern (und Erwachsenen) haben hier ihre Wurzel.

Soziale Rangfolge

Siehe Hackordnung.

Struktur, seelische

Allgem.: Bauart, Gefüge, Gliederung, Anordnung. Hier im Sinne des Aufbaues seelischer Instanzen.

1. Das Es: Die Summe aller biologisch begründeten Triebenergien. Triebe als psychologische Faktoren des Seelenlebens. In der dualistischen Trieblehre: Aggressionstrieb versus Sexualtrieb. Im allgemeinen entsteht (genetisch) eine Triebmischung von Aggressionstrieb und Sexualtrieb, d. h., beide Triebe können einander vertreten. Z. B. sexuelle Impulse äußern sich als Aggression oder umgekehrt Aggressionen werden durch sexuelle Handlungen befriedigt. Deshalb häufig das Mißverständnis von Sexualität (»Sex« ist die Benutzung von Sexualität

zur Austragung aggressiver Konkurrenzängste). Triebentmischung, z. B. bei Regression, kann zu psychoseähnlichem Erleben führen, bei völliger Unterdrückung nur eines Triebanteiles.

2. Das Ich, ursprünglich Körper-Ich, dann bei Reflektion durch Erlernen des Sozialkontaktes a) bewußter Anteil zur Kontrolle der Realität, b) unbewußter Anteil, der Identifizierung (s. d.) enthalten kann. Das Ich hat mehrfache Funktionen, daher heute in der Ichpsychologie »Ich-Funktionen«. Diese seelische Instanz vermittelt zwischen Triebwünschen, Wirklichkeit, Phantasie und sozial-moralischen Geboten.
3. Das Über-Ich, Vorfunktion des kindlichen Gewissens. Entsteht aus dem zurückgenommenen Aggressionstrieb. Das kleine Kind hat Haß-, Rache- und Aggressionswünsche, wenn es sich frustriert (s. d.) fühlt. Es projiziert (s. d.) diese unbewußte Aggression nach außen und fühlt sich von den Erwachsenen bedroht. Diese Bedrohung wird schließlich im Untergang des Ödipuskomplexes (s. d.) dadurch erleichtert, daß sich das Kind mit den Ge- und Verboten des zuvor als Rivalen erlebten gleichgeschlechtlichen Elternteils identifiziert. Der »Erbe« des Ödipuskonfliktes ist das Über-Ich, dem alle aggressiven Energien zur Verfügung stehen. Sie können sich gegen das Ich richten oder gegen das Es. Das Über-Ich ist zunächst ein recht primitives seelisches Gefüge (Struktur), das sich zu einem positiven Gewissen ausdifferenzieren muß. Daher wirken frühe Einschüchterung, Traumatisierung und Verdrängung sich so belastend für die weitere Entwicklung aus. Die verdrängten, unter dem inneren Aggressionsdruck stehenden Inhalte des kindlichen Seelenlebens können sich nicht weiterentwickeln. U. U. kehren sie dann in voller Kindlichkeit und Primitivität beim Adoleszenten oder Erwachsenen wieder, wenn der Verdrängungsdruck nachläßt. (Typisches Beispiel: Triebdurchbrüche oder soziale Verhaltensauffälligkeit nach Enttäuschungen an zuvor bestehenden Werten, z. B. Erkennen der doppelten Moral Erwachsener.)

Die Strukturlehre ist ein Lehrbestandteil der dynamischen Psychiatrie. Die Lehre von den seelischen Instanzen ist ein Vorstellungsmodell im Sinne seelischer Funktionen, das sich klinisch als tragfähig erwiesen hat. Häufiger Irrtum: Psychoanalyse habe nur mit »Krankheit« zu tun. Die genaue Bestimmung des Grenzbegriffes »krank« erlaubt genügend Rückschlüsse und Beobachtungen auf das »normale« Verhalten und die gesunde seelische Struktur.

Submission

Unterwerfung, siehe Dominanz.

Symbiose

Allgemein biologisch: soziales Zusammenleben von Lebewesen; sich ergänzende Einheit (im Gegensatz zu Parasit, Schmarotzer). Hier als fester Begriff: Einheit zwischen Mutter und Kind. Vorgeburtlich bestehen zwei getrennte Organismen, die voneinander abhängig sind. Nach der Geburt erfolgt die biologische Trennung (Durchschneiden der Nabelschnur), jedoch besteht die Einheit vom Kinde aus gesehen fort (früher: das sogenannte »dumme« Vierteljahr). Die soziale Symbiose besteht fort, das Kind würde ohne die Beziehung zur Umgebung nicht überleben. Dieser ursprüngliche »symbiotische« Zustand wird immer wieder angestrebt (auch von Erwachsenen = Regressionsbedürfnis), obgleich er in der ursprünglichen Form nicht wiederkehren kann. Anlehnung, Zärtlichkeit, Wärme, Vereinigung, sexuelles Erleben und Glück, Sehnsucht, Heimweh und viele spätere, hochdifferenzierte Gefühle haben hier ihren Ursprung. Daher die Verlust-Bedeutung des ersten Trennungserlebnisses, das zugleich der erste Anstoß für die Frühentwicklung des Ich (Körper-Ich) ist.

Symptom

Hier im Sinne von neurotischem Symptom, d. h. Ausdruck eines seelischen Konfliktes (s. a.: Ambivalenz). Wenn zwei gegenläufige Strebungen aufeinandertreffen, Wunsch und Verbot, so kann ein Symptom entstehen, das den Konflikt zum Ausdruck bringt. Das Symptom ist niemals die Ursache, vielmehr wird in jedem Symptom versucht, beiden Seiten des seelischen Konflikts gerecht zu werden. Es kommt zu einer teilweisen, entstellten Befriedigung des Triebwunsches, der zugleich durch das Verbot an der Erfüllung verhindert wird. Beispiel: Frigidität: Der sexuelle Triebwunsch wird erfüllt, d. h. Geschlechtsverkehr ist möglich, aber die Empfindung ist taub, das Verbot, die sexuelle Lust zu empfinden, wird auch erfüllt. So wird sowohl Zufriedenheit wie Unzufriedenheit verhindert. Es gibt vielerlei Symptome, hysterische, zwanghafte, narzißtische usw. Schulkinder entwickeln fast stets Symptome, wenn ein seelischer Konflikt für sie unlösbar geworden ist, weil die Umgebung, das sind Elternhaus und Schule, die Vorsignale nicht wahrnehmen.

Trauma

Verwundung; erste Erfahrung, die auf seelisch ungenügende Bereitschaft trifft.

Traumatisierung

Chronische Verwundung. Beim kleinen Kind z. B. Vernachlässigung, Unpünktlichkeit in Ernährung und Pflege, lieblose Atmosphäre, aber auch ständiger Hinweis auf Fehler, Kälte und Grausamkeit von Erwachsenen. (Siehe: Traumalehre, ebenso: Traumatische Neurose.) Ein Schulkind kann sehr leicht traumatisiert werden, wenn es z. B. zuvor viel Zuwendung im Elternhaus erfahren hat, von Lehrern und Mitschülern aber abgelehnt wird. Häufige Traumatisierung bei beengten Wohnverhältnissen (»sozialer« Wohnungsbau): unfreiwillige Teilnahme (optisch oder akustisch) am elterlichen Geschlechtsverkehr. Kinder werden oft bis zum 5. Lebensjahr im elterlichen Schlafzimmer belassen, während die Eltern annehmen, das Kind schliefe fest. Trifft das sexuelle Trauma in die anale Phase (2.–3. Lebensjahr), so entwickeln viele Kinder sadistische Vorstellungen über den Sexualvorgang, den sie noch nicht verstehen können. Meist wird es ihnen auch später nicht erklärt, da die Eltern nicht damit rechnen. Traumatische Erlebnisse und Situationen werden später häufig unbewußt wiederholt.

Transitorisches Objekt

Fester Begriff (Winnicott); Übergangsobjekt. Wenn das Kind auf die ständige Anwesenheit der Mutter verzichten lernen muß, wählt es sich ein Übergangsobjekt (Stoffpuppe, -tier, Lappen, Tuch, Kissen u. a.), an dem es sehr hängt und das es um keinen Preis aufgeben oder verlieren möchte. Die oft sehr schmutzige Puppe oder der Gegenstand wird dem Kind dann mitunter weggenommen. Das ist seelisch gleichbedeutend mit dem Verlust der Mutter. Das Übergangsobjekt vertritt die ursprüngliche Bindung zur Mutter (siehe in vielen Ländern auch Amuletts, Talisman u. ä.). Es gibt Erwachsene, die ohne bestimmte Gegenstände nicht schlafen oder verreisen können. Oft lassen sich Übergangsobjekte bis in die frühe Kindheit verfolgen.

ubiquitär

Überall vorkommend.

Übertragung

Unbewußter Vorgang der Wiederholung von Gefühlen u. Erlebnissen. Jeder Mensch versucht z. B. unwillkürlich die gleiche Umgebung wieder herzustellen, die er in der Kindheit erlebt hat. Oft gelingt das: Z. B. älteste Geschwister oder jüngste Kinder. Viele Menschen »übertragen« unbewußt Gefühle, Wünsche, Ängste, die sie gegenüber ihren Eltern hatten, auf Personen ihrer Umgebung – am häufigsten in der Ehe. Die Übertragung in der Psychoanalyse und Psychotherapie beruht auf dieser Tatsache. Der Behandelnde wird oft so erlebt, als sei er wie Vater oder Mutter, oder es wird ähnliches von ihm erwartet oder befürchtet wie von den Eltern. In gewissem Umfang gilt dies bei Kindern auch für die Übertragung auf den Lehrer und für dessen Gegen-Übertragung.

Urethral

Zur Harnröhre (Urethra) gehörig, d. h. beim Kinde bildet das Wasserlassen genau wie andere Ausscheidungsvorgänge vorübergehend eine Lustquelle, nicht nur wie bei Buben deutlich durch das Herumspielen mit dem Harnstrahl. Urethrales Erleben kündigt zugleich eine Differenzierung an: Das Kind kann zwischen zwei verschiedenen Regionen (Harnröhre, Afteröffnung) unterscheiden und lokalisieren. Urethrales Erleben verbindet sich ähnlich wie anales Erleben mit dem Geltungswunsch und -erleben. (Vergl. auch Faszination durch Wasserfälle, Fontänen u. ä.)

Uterus

Gebärmutter.

Vagina

Weibl. Geschlechtsorgan, Scheide. Die deutsche Bezeichnung ist mehrsinnig: z. B. Scheideanstalt (für Metalle); Wasserscheide; Säbelscheide ist dann deutliche Gleichsetzung. Die medizinisch korrekte Bezeichnung ist international gültig, da lat. Sie ist ebenfalls wertneutral. Pädagogisch ist der Streit nicht geklärt, welche Bezeichnung verwendet werden soll, denn die Scheide ist nur ein Teil aller Geschlechtsorgane. Im Volkstümlichen gibt es für den deutschen Sprachraum etwa 90 Bezeichnungen.

Verdrängung

Fester Begriff; Abwehr von Triebimpulsen, unbewußten Inhalten, Wünschen, Ängsten usw. durch »Vergessen«, d. h. durch Abdrängen des Inhaltes aus dem Bewußtsein ins Unbewußte, wo er unverändert, jedoch auch unkontrolliert und unbeeinflußbar fortbesteht. Wiederkehr des Verdrängten = bestimmte Situationen oder Erlebnisse bringen den verdrängten Inhalt nach oben, so daß es zu Fehlleistungen (s. d.) oder ungewollten Handlungen, Gedanken, Gefühlen oder Übertragungen (s. d.) kommen kann.

Biographie

Hans-Heinz Tobias Brocher wurde am 21. April 1917 in Danzig geboren. Er entstammt einer westdeutschen Familie, die zahlreiche Pädagogen aufzuweisen hat. Erziehertradition bestand auch in der mütterlichen Familie. Entgegen dem Familienwunsch, Pädagogik zu studieren, entschied er sich, nach dem Besuch Berliner Schulen, dem Abitur (1935) am Paulsen-Gymnasium in Berlin-Steglitz und dem Beginn seines Studiums in Psychologie und Pädagogik (1936) Medizin zu studieren, behielt jedoch auf den Rat Dietrich Bonhoeffers die Zugehörigkeit zur philosophischen Fakultät in Psychologie, Pädagogik und Philosophie (Eduard Spranger, Nikolai Hartmann) während des Medizinstudiums.

Nach dem medizinischen Staatsexamen (1942, Berlin) und Notdienstverpflichtung an ein Berliner Krankenhaus, Einberufung zur Marine. Fachausbildung in Psychiatrie an der Stuttgarter Nervenklinik und im Psychiatrischen Landeskrankenhaus Schussenried/Wttbg., gleichzeitig Ausbildung als Psychotherapeut am Institut für Psychotherapie und Tiefenpsychologie Stuttgart (Wilhelm Bitter, Hermann Gundert, Felix Schottlaender). 1953 Analytisch-psychotherapeutische Fachpraxis in Ulm/Donau; 1954 Gründer und Leiter der Familien- und Elternberatung Ulm/Donau, 1955 Vorstandsmitglied des Instituts für Psychotherapie Stuttgart, 1956–1963 Vorsitzender und Leiter des gleichen Instituts. 1955 Gründung der Elternschule Ulm/Donau, 1958–1962 Geschäftsführender Vorsitzender der Deutschen Gesellschaft für Psychotherapie und Tiefenpsychologie, 1962–1968 Vorsitzender dieser Gesellschaft, seit 1968 Mitglied des Ehrenpräsidiums. Studienaufenthalt in London 1961–1963, Fortbildung am British Institute of Psychoanalysis, am Tavistock Institute of Human Relations und an der Hampstead Child Clinic. Mitglied der Deutschen Psychoanalytischen Vereinigung, 1962 Professor und wissenschaftliches Mitglied als Leiter der sozialpsychologischen Abteilung am Ausbildungs- und Forschungszentrum für Psychoanalyse und Psychosomatische Medizin (Sigmund-Freud-Institut des Landes Hessen, Direktor Prof. Dr. Alexander Mitscherlich). Zu den Aufgaben dieser Abteilung gehörte neben Forschungsarbeiten über öffentliche Erziehungseinrichtungen die praktische Erprobung der Methoden zur Selbsterfahrung in Gruppen, insbesondere mit Pädagogen, und die Entwicklung der Grenzgebiete angewandter Psychoanalyse.

1968–1970 Gastprofessur der Universität Pittsburgh, Pennsylvania, Gastvorlesungen in Chicago, Psa. Institut; Menninger Foundation; University of Michigan; Pastoral Institute Pittsburgh u. a., 1970 Sloan Professor der Menninger Foundation, Topeka, Kansas.

In den Jahren 1963–1965 entstanden neben zahlreichen wissenschaftlichen Publikationen und der Lehrtätigkeit am Sigmund-Freud-Institut, Frankfurt, Rundfunkvorträge sowie 13 Filme der Fernseh-Elternschule des ZDF zur Kinder- und Jugendentwicklung und 1967 13 Filme zur Psychologie des Alltags (Das unbekannte Ich, WDR/SDR III. Programm). Ergebnis langjähriger Tätigkeit als forensischer Gutachter war die Teilnahme an der UNO-Konferenz 1956 in Genf für die Behandlung heranwachsender Täter sowie die sich daraus ergebende enge Zusammenarbeit mit Jugendrichtern, Staatsanwälten, Sozialarbeitern und Bewährungshelfern in Frankfurt und Bonn.

Die Teilnahme an der UNESCO-Konferenz für Gesundheits- und Sexualerziehung 1964, Hamburg, bildete die Grundlage für internationale Vergleichsmöglichkeiten auf dem Gebiet der Sexualpädagogik.

Der Autor ist seit Juli 1940 mit der Bibliothekarin Sibylle Brocher-Gärtner verheiratet. Aus dieser Ehe stammen zwei Töchter, die ältere ist medizinisch-technische Assistentin in USA, die jüngere Feuilleton-Redakteurin in München.

Zentrale Themen vieler Arbeiten sind mitmenschliche Kommunikation, Interaktion von Menschen in Gruppen und Institutionen und die Auswirkungen der frühkindlichen Entwicklung auf Intelligenz, Begabungsentfaltung, Sozialverhalten und Charakterformung im Lebensablauf. Erste Vorlesungen über die menschliche Sexualentwicklung hielt der Autor auf Wunsch des Bischofs der Diözese Rottenburg/Wttbg., Josef Leiprecht, für katholische Theologen bereits 1953/54 an der Universität Tübingen im theologischen Seminar. Er war lange Jahre hindurch neben seiner wissenschaftlichen Tätigkeit Gastdozent katholischer und evangelischer Akademien, Volkshochschulen und Studentengruppen in der BRD.
Seine zukünftige Arbeit nach der Rückkehr aus USA 1970 wird außer der Ausbildung von Psychoanalytikern die begonnene Entwicklung neuer Methoden der Interaktion in Gruppen und Institutionen fortsetzen.
Im Dezember 1970 erfolgte die Berufung auf den ersten und einzigen Lehrstuhl für Sexualwissenschaft der BRD an der Justus-Liebig-Universität Gießen.